U0518440

最是书香能致远 腹有诗书气自华

Wei Zhongguo Jinrong Lilun

曾康霖 著

西南财经大学出版社
Southwestern University of Finance & Economics Press

图书在版编目(CIP)数据

为中国金融立论／曾康霖著．—成都：西南财经大学出版社，2022.2
ISBN 978-7-5504-5257-2

Ⅰ.①为… Ⅱ.①曾… Ⅲ.①金融—研究—中国 Ⅳ.①F832

中国版本图书馆 CIP 数据核字(2022)第 016016 号

为中国金融立论

曾康霖　著

责任编辑：王利
责任校对：植苗
装帧设计：穆志坚
责任印制：朱曼丽

出版发行	西南财经大学出版社(四川省成都市光华村街 55 号)
网　　址	http://cbs.swufe.edu.cn
电子邮件	bookcj@swufe.edu.cn
邮政编码	610074
电　　话	028-87353785
照　　排	四川胜翔数码印务设计有限公司
印　　刷	四川新财印务有限公司
成品尺寸	185mm×260mm
印　　张	28
插　　页	6 页
字　　数	301 千字
版　　次	2022 年 2 月第 1 版
印　　次	2022 年 2 月第 1 次印刷
书　　号	ISBN 978-7-5504-5257-2
定　　价	98.00 元

黄达教授对曾康霖教授的祝福语：

衷心祝贺曾康霖教授从教60周年！你是为教育事业奉献毕生才华令人尊敬的一员，应该向你致敬，更祝贺曾康霖教授毕生从教的西南财经大学在建设和发展的征程中，迎接更加绚丽的未来。

刘鸿儒教授对曾康霖教授的贺词：

衷心祝贺曾康霖教授从教60周年，金融科研取得丰硕成果，金融学科建设做出突出贡献。

赵海宽研究员对曾康霖教授的点赞：

曾老师是我们这一批金融学研究者中最勤奋、读书最多、贡献最大的，特别是主编的《百年金融学说史》影响很大。曾康霖同志是我们这一批人里贡献最大的，也是我最敬重的人之一！

刘诗白教授对曾康霖教授的评价：

衷心祝贺曾康霖教授从教60周年。曾老师毕业留校任教以来，60年如一日，辛勤耕耘，成果丰硕，为西南财经大学金融学科奠基，为党和国家培养金融人才、为中国金融建设发展、为中国特色的社会主义金融理论体系建设做出了卓越的贡献！

吴念鲁研究员对曾康霖教授的恭喜：

衷心祝贺西南财经大学举办的曾康霖教授从教60周年学术思想研讨会的召开，祝研讨会圆满成功。曾老师治学严谨，勤奋好学，视野开阔，笔耕不辍，他编著了许多优秀教材，撰写了许多杰出文章和专著，他是新中国成立以来金融学科成果最多的教授，是全国知名的著作等身的经济学家、金融教育家和金融理论家，我深信曾老师所带领的团队以及西南财大的金融学子，定将传承发扬曾老师的学术思想和高尚品格，投身社会实践，为新时代中国经济金融改革开放做出新的贡献。最后我衷心地祝愿曾老师学术思想长青，身体健康，身心愉快。

张亦春教授对曾康霖教授的祝福语：

曾康霖教授是我国著名金融学家，在金融学科建设和人才培养方面做出了卓越的贡献。六十年来他培养了大批学生，为国家的经济建设输送了很多优秀人才。他教学认真，辛勤劳动，孜孜不倦，桃李满天下。他为人师表的精神，令人尊敬。我衷心祝愿曾康霖教授学术之树常青，身体健康，阖家幸福！

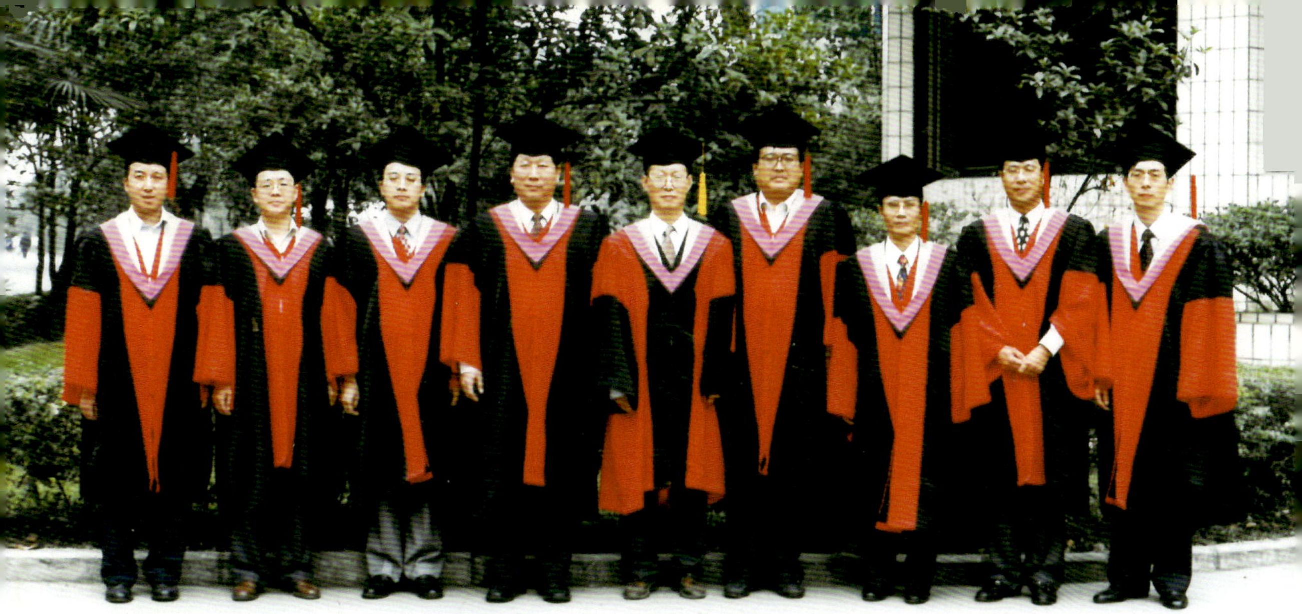

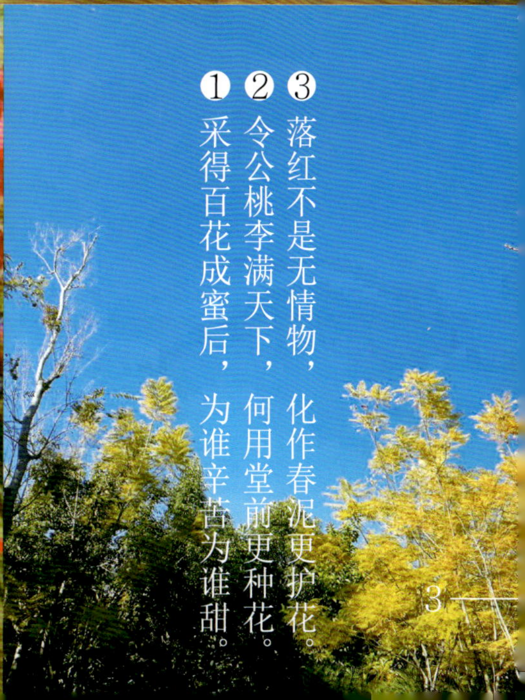

③ 落红不是无情物，化作春泥更护花。

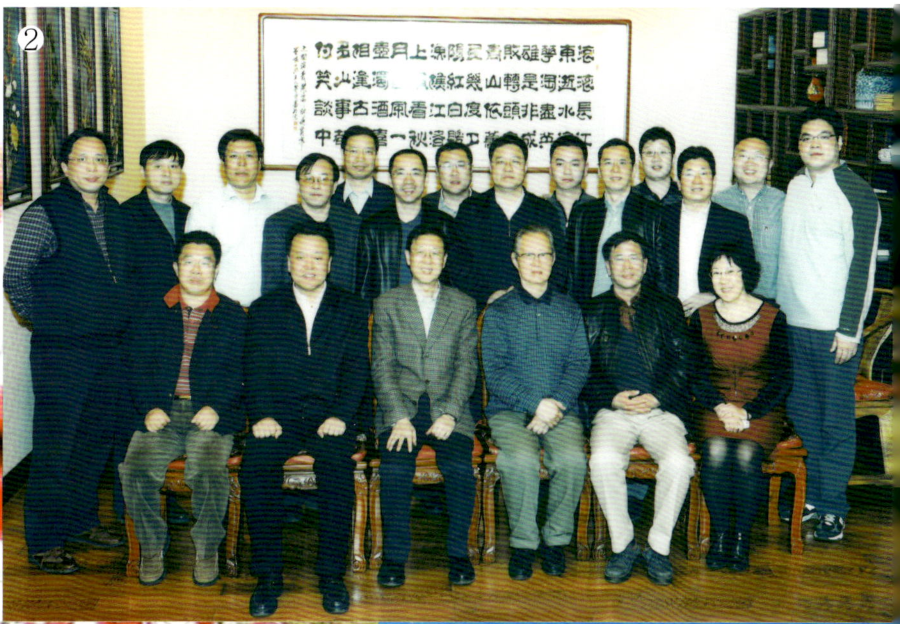

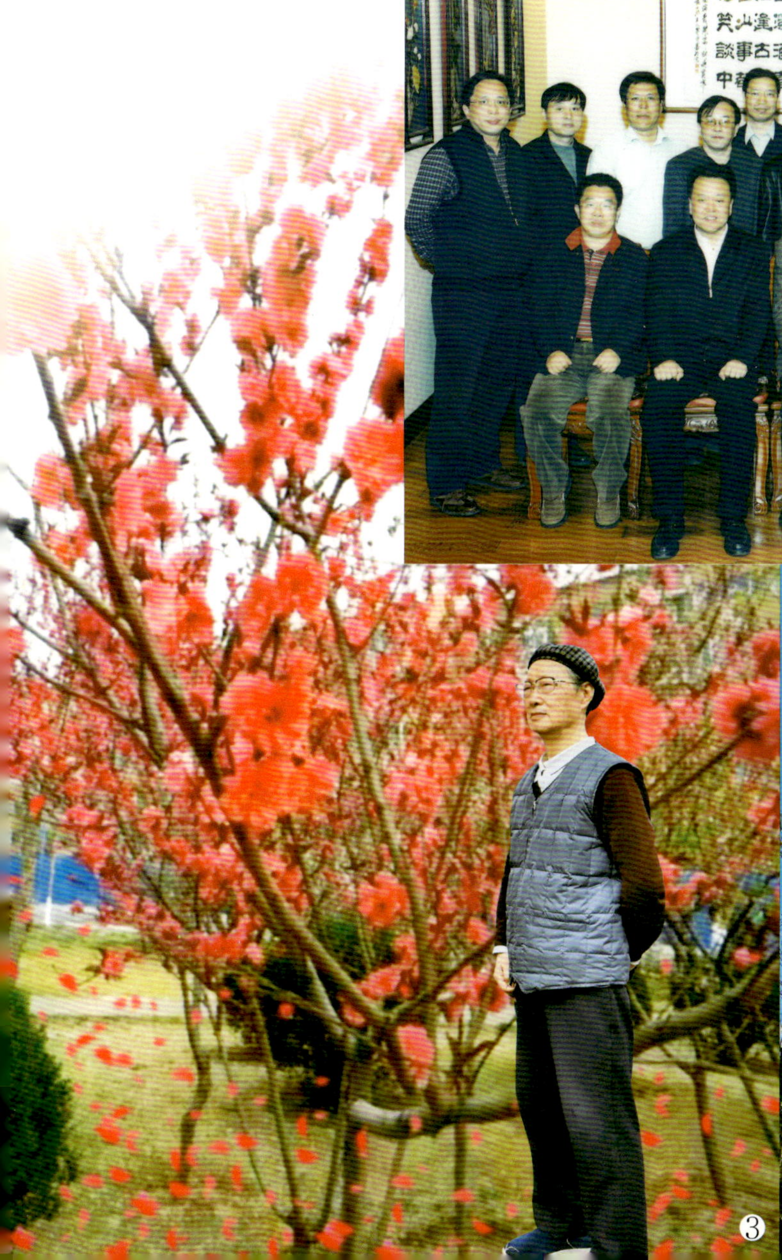

② 令公桃李满天下，何用堂前更种花。

① 采得百花成蜜后，为谁辛苦为谁甜。

❶ ❷

❶ 燃烧自己，照亮别人。留校任教，奉献一生。

❷ 桃李不言，下自成蹊。官学清博士看望老师。

序　言

对于金融，人们一般认为就是货币资金的融通。这样的认识说明：没有货币就没有金融，货币在先，金融在后。在金属货币（如金、银、铜、铁）存在的条件下，货币要能流通，必须加以铸造。铸造需要熔化，所以说那时的“铸造—熔通”，与现时货币融通，其词义是大体相同的。现时人们称为货币资金的融通，其着力点就是需要把货币转化为资金。货币转化为资金①是有条件的，其条件就是货币要转化为资本，劳动力就要成为商品（马克思语）。货币资金也是货币。这是从不同的角度，认知它的“身份”，即确认它的性质：从它是商品交换的媒介角度说，它是货币；从它是企业生产中资金循环或周转的一个阶段来说，它是货币资金。货币资金在循环、周转中起着购买生产要素和销售产品（半成品或成品）的作用。如果没有这种作用，生产要素就不能结合起来生产，产品也推销不出去，则货币资金就不能循环、周转，产品就不能增值。所以货币资金是企业乃至整个社会进行生产与再生产所必须具备的要

① 在新中国社会主义计划经济背景下，在相当长的时期中，曾回避使用“资本”一词。

素。货币资金的融通，条件缺一不可。在中国编写的教科书中，通常把货币资金的融通，诠释为金融机构的借贷活动，因而借贷双方就成了金融活动的重要内容。这种活动要发生权利和义务的关系，因而从法理的角度讲，金融的概念就可概括为主要以货币和有价证券为载体[①]的债权债务关系。

理论是对实践的升华，概念是对实际经济关系的概括。怎样给金融定义，从方法论来说有以下几种选择：①如果从融资活动的运作机理考察，可以把金融定义为金融资产的交易行为；②如果从融资活动的领域和着力点考察，可以把金融定义为资本市场运营和资产的供给及定价；③如果从融资活动主体的行为目标考察，可以把金融定义为风险与报酬的权衡；④如果从融资活动的社会效应考察，可以把金融定义为不同主体对货币资金的管理等。这样来讨论问题，与其说是金融概念的规范问题，不如说是规范金融概念的方法问题。

在当代，党和国家领导人对金融的关注，始于邓小平，当时的历史背景是改革开放之初。1979 年 10 月 4 日，在中共中央召开的各省、自治区、直辖市党委第一书记座谈会

① 进一步说，以信用为载体。

上，邓小平明确指出：**“银行应该抓经济。现在只是算账，当会计，没有真正起到银行的作用。必须把银行真正办成银行。要把银行作为发展经济、革新技术的杠杆。”**①

1986年11月14日，邓小平会见以纽约证券交易所董事长约翰·范尔霖为团长的美国纽约证券交易所代表团时，把一张上海飞乐音响股份有限公司的股票赠送给客人。国际社会由此发出了“中国与股市握手”的惊呼。邓小平的这一具有历史象征意义的举动实际上是在向全世界宣布：股票市场并非资本主义所专有，社会主义中国同样可以利用这一工具发展自己的经济。

1986年12月19日，邓小平再次强调：**“金融改革的步子要迈大一些。要把银行真正办成银行。我们过去的银行是货币发行公司，是金库，不是真正的银行。”② 他同时也强调防范改革风险，“要在改革过程中，保持生产有较好的发展，不要勉强追求太高的速度，当然太低了也不行”。他明确指出：“过去十年的发展速度不算低，如果今后这些年**

① 参见邓小平在武昌、深圳、珠海等地谈话要点。邓小平. 邓小平文选：第三卷［M］. 北京：人民出版社，1993：370-384.

② 邓小平. 邓小平文选：第三卷［M］. 北京：人民出版社，1993：193.

也保持比较好的速度，我们深化改革的风险就小得多了。”邓小平这种既要积极推进改革，又要着力防范风险，在发展中解决问题的思想，成为我国金融改革的重要指导思想。

1991年初，邓小平在上海视察，听取上海市负责同志的工作汇报时，针对浦东新区“金融先行”的做法，明确指出：**“金融很重要，是现代经济的核心。金融搞好了，一着棋活，全盘皆活。上海过去是金融中心，是货币自由兑换的地方，今后也要这样搞。中国在金融方面取得国际地位，首先要靠上海。那要好多年以后，但现在就要做起。”**①金融是人类社会商品的货币关系发展的必然产物，金融的发展对社会经济的发展起着重要的促进和推动作用。在现代经济中，金融的作用几乎影响到社会经济生活的各个方面，从社会资源的配置、社会财富的分配到货币发行、投资、就业，再到价格水平、个人收入等，无不通过金融活动来实现。因此，从这个意义上说，搞好金融工作，是推动一国社会经济发展的关键。邓小平透过现代经济纷繁复杂的表象，敏锐地抓住了现代经济的核心，对金融在现代经济中的作用给出了科学定位、深刻地揭示了现代经济与

① 邓小平. 邓小平文选：第三卷［M］. 北京：人民出版社，1993：366-367.

金融之间的辩证关系。

20 世纪 90 年代初期，出现了一股批评市场化改革，把计划与市场的争论上升为两条道路问题的错误思潮，导致包括金融体制改革在内的改革开放压力重重。在这重大历史关头，邓小平于 1992 年初发表了著名的南方谈话，果断指出**“证券、股市要坚决地试”**。邓小平的这个表态，有力地澄清了当时人们的思想认识，对推进中国金融市场的形成与发展，起到了重大的历史性作用。这些话实际上就是要各级领导干部正确认识金融的地位与作用，充分发挥金融在促进经济发展、技术进步、资源配置及宏观调控方面的重要作用。这在计划经济思想还禁锢着人们头脑的情况下，可谓振聋发聩，让人们重新发现了金融包括银行的价值。

党的十八大召开以来，习近平总书记高度重视金融。他在这一方面的论述，按时间排序有：

（1）推进政策性金融机构改革，当前要发挥好现有政策性金融机构在城镇化中的重要作用，同时研究建立城市基础设施、住宅政策性金融机构。

——2013 年 12 月 12 日至 13 日，习近平在中央城镇化工作会议上发表重要讲话

（2）培育市场化创新机制，改善金融支撑。

——2014年12月9日，习近平在中央经济工作会议上发表讲话

（3）改革金融服务，疏通金融进入实体经济特别是中小企业、小微企业的管道。

——2015年7月17日，习近平在长春召开的部分省份党委主要负责同志座谈会上的讲话

（4）发展普惠金融，提升金融服务的覆盖率、可得性、满意度，满足人民群众日益增长的金融需求。

——2015年11月9日，习近平在中央全面深化改革领导小组第18次会议上的讲话

（5）减轻实体经济债务和利息负担，宏观上防范金融风险，当前重点是"三去一降一补"，五大任务相互关联、环环相扣。去产能、去库存，是为了调整供求关系、缓解工业品价格下行压力，也是为了企业去杠杆，既减少实体经济债务和利息负担，又在宏观上防范金融风险。降成本、补短板，是为了提高企业竞争力、改善企业发展外部条件、增加经济潜在增长能力。

——2016年5月16日，习近平在中央财经领导小组第13次会议上的讲话

(6) 发展绿色金融，是实现绿色发展的重要措施，也是供给侧结构性改革的重要内容。要通过创新性金融制度安排，引导和激励更多社会资本投入绿色产业，同时有效抑制污染性投资。要利用绿色信贷、绿色债券、绿色股票指数和相关产品、绿色发展基金、绿色保险、碳金融等金融工具和相关政策为绿色发展服务。

——2016 年 8 月 30 日，习近平在中央全面深化改革领导小组第 27 次会议上的讲话

(7) 我们决心完善全球经济金融治理，提高世界经济抗风险能力。我们同意继续推动国际金融机构份额和治理结构改革，扩大特别提款权的使用，强化全球金融安全网，提升国际货币体系稳定性和韧性。我们决心加强落实各项金融改革举措，密切监测和应对金融体系潜在风险和脆弱性，深化普惠金融、绿色金融、气候资金领域合作，共同维护国际金融市场稳定。

——2016 年 9 月 5 日，习近平在二十国集团领导人杭州峰会上的闭幕辞

(8) 金融是现代经济的核心。保持经济平稳健康发展，一定要把金融搞好。改革开放以来，我们对金融工作和金

融安全始终是高度重视的，我国金融业发展取得巨大成就，金融成为资源配置和宏观调控的重要工具，成为推动经济社会发展的重要力量。

——2017 年 4 月 25 日，习近平在主持中共中央政治局第 40 次集体学习时的讲话

（9）准确判断风险隐患是保障金融安全的前提。总体看，我国金融形势是良好的，金融风险是可控的。同时，在国际国内经济下行压力因素综合影响下，我国金融发展面临不少风险和挑战。

——2017 年 4 月 25 日，习近平在主持中共中央政治局第 40 次集体学习时的讲话

（10）为实体经济发展创造良好金融环境，疏通金融进入实体经济的渠道，积极规范发展多层次资本市场，扩大直接融资，加强信贷政策指引，鼓励金融机构加大对先进制造业等领域的资金支持，推进供给侧结构性改革。

——2017 年 4 月 25 日，习近平在主持中共中央政治局第 40 次集体学习时的讲话

（11）金融是现代经济的核心，金融安全是国家安全的重要组成部分。必须充分认识金融在经济发展和社会生活

中的重要地位和作用，切实把维护金融安全作为治国理政的一件大事，扎扎实实把金融工作做好。

——2017年4月25日，习近平在主持中共中央政治局第40次集体学习时的讲话

（12）对存在的金融风险点，我们一定要胸中有数，增强风险防范意识，未雨绸缪，密切监测，准确预判，有效防范，不忽视一个风险，不放过一个隐患。

——2017年4月25日，习近平在主持中共中央政治局第40次集体学习时的讲话

（13）金融是现代经济的血液。血脉通，增长才有力。我们要建立稳定、可持续、风险可控的金融保障体系，创新投资和融资模式，推广政府和社会资本合作，建设多元化融资体系和多层次资本市场，发展普惠金融，完善金融服务网络。

——2017年5月14日，习近平在“一带一路”国际合作高峰论坛开幕式上的演讲

（14）必须加强党对金融工作的领导，坚持稳中求进工作总基调。遵循金融发展规律，紧紧围绕服务实体经济、

防控金融风险、深化金融改革三项任务，创新和完善金融调控，健全现代金融企业制度，完善金融市场体系，推进构建现代金融监管框架，加快转变金融发展方式，健全金融法治，保障国家金融安全，促进经济和金融良性循环、健康发展。

——2017 年 7 月 14 日，习近平在全国金融工作会议上的讲话

（15）金融是国家重要的核心竞争力，金融安全是国家安全的重要组成部分，金融制度是经济社会发展中重要的基础性制度。

——2019 年 2 月 22 日，习近平在主持中共中央政治局第 13 次集体学习时的讲话

（16）我国金融业的市场结构、经营理念、创新能力、服务水平还不适应经济高质量发展的要求，诸多矛盾和问题仍然突出。我们要抓住完善金融服务、防范金融风险这个重点，推动金融业高质量发展。

——2019 年 2 月 22 日，习近平在主持中共中央政治局第 13 次集体学习时的讲话

（17）金融要为实体经济服务，满足经济社会发展和人民群众需要。

——2019年2月22日，习近平在主持中共中央政治局第13次集体学习时的讲话

（18）金融活，经济活；金融稳，经济稳；经济兴，金融兴；经济强，金融强。

——2019年2月22日，习近平在主持中共中央政治局第13次集体学习时的讲话

（19）经济是肌体，金融是血脉，两者共生共荣。我们要深化对金融本质和规律的认识，立足中国实际，走出中国特色金融发展之路。

——2019年2月22日，习近平在主持中共中央政治局第13次集体学习时的讲话

笔者学习习近平总书记关于金融的重要论述的体会是：习近平总书记的认知是不断深化的，从政策制定、工作安排、改革推动到风险防范、思想成熟、理论确立，逐步形成了一套具有中国特色的关于金融的理论体系。这套体系，

按上述时间顺序大体来说，(1) ~ (5) 属政策制定、工作安排，(6) ~ (12) 属改革推动、风险防范，(13) ~ (19) 属思想理论确立。总之，习近平总书记关于金融的重要论述，继承和发扬了邓小平关于金融的思想和理论。这当中值得关注的是：关于金融本质的论述、关于金融是治国理政的重要组成部分的论述、关于金融必须落实到实体经济的论述（其中包括两大部分："金融活，经济活；金融稳，经济稳"和"经济兴，金融兴；经济强，金融强"）、关于金融必须"以人为本"的论述、关于普惠金融的论述等。

本书分为上、下两篇，上篇集中论述了笔者学习习近平关于金融的重要论述的体会，遵循习近平新时代中国特色社会主义思想，试图为中国金融的建设和发展奠定理论基础。下篇紧密联系实际，论述和探讨了现阶段中国金融领域的现状和存在的问题，试图从理论与实际的结合上，增强人们对金融的理性和感性的认知。

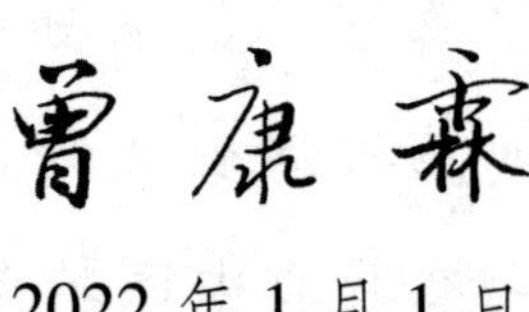

2022 年 1 月 1 日

目　录

上篇

第一章　当代金融的本质：金融与经济双向互动、共生共荣

导读：

当代金融的本质：金融与经济双向互动、共生共荣，旨在说明金融与经济的关系。

通常人们把金融与经济的关系表述为：经济决定金融，金融反作用于经济，含有“因与果”“先与后”“主导与从属”的意思。

本章在揭示金融的性质时，认为人们基本上将经济与金融作为两个相互对立的事物来考察，并评介了学术界、实业界对金融本质的认知。笔者指出，考察“经济决定金融”时需要注意三点，即商品经济的发展程度；政府、企业、居民家庭有多大的金融活动空间；社会成员的金融意识。笔者指出，在考察“金融反作用于经济”时，需要从宏观的视角关注金融交易对社会生活的影响。

本章指出：“金融作为现代经济的核心”，具有金融主动推动经济社会发展的含义，同时我们必须认知其在一定条件下的脆弱性。

本章指出：现代金融是包含着多学科内容的广泛概念。现代金融是现代化经济体系的组成部分。

本章指出：信用、杠杆、风险三者相互转化，关键在于把握好一个度。笔者指出：“要坚持金融服务于实体经济。”“金融脱离实体经济是无源之水，无本之木。”“金融发展要以人为本。”

一般来说现象是可感知的、具体的，相对于现象而言，本质是不可感知的、抽象的。如关于货币的本质是什么，学界的答案有多种：固定地充当一般商品等价物的特殊商品；信用；货币供给者的负债；等等。这表明：抽象地认知货币的本质，还有不同的视角，即站在什么立场上。美联储前主席本·伯南克（Ben Shalom Bernanke）2014 年 4 月出版了《金融的本质》一书，评析了美联储从 1914 年成立以来至 21 世纪初 90 余年的历史，主要分析美联储的金融政策，特别是应对金融危机的政策，其核心的思想是“控制通胀、稳定金融”。这表明：他所谓的“金融的本质”是想要表明中央银行的地位和功能。中国经济界的知名人士黄奇帆把“金融的本质”概括为三句话：为有钱人理财，为缺钱人融资；信用、杠杆、风险；为实体经济服务。这表明：在他看来，考察、思考事物的本质，离不开事物存在的价值。理性上的认知：一种事物和其他物相互联系中所表现出来的特性，就是事物的性质。一事物区别于另一事物的一种内部规定性，就是事物的本质。性质是事物所具有的属性。本质是事物中隐藏的最基本的、要通过现象反映的理性认知。认识事物的性质是认知的第一层次，认识事物的本质是认知的第二层次。

一、对金融本质的梳理和概括

通常人们认为，金融就是货币资金的融通，即通过货币流通和信用渠道融通资金的经济活动。《辞源》（1915 年版）：“今谓金融之融通曰金融，旧称银根。”1920 年，北洋政府发行的“整理金融公债”中的“金融”专指通过信用中介进行的货币资金融通。此外，《辞海》（1936 年版）：“monetary circulation 谓资金融通之形态也，旧称银根。”《辞海》（1979 年版）则称：“货币资金的融通。一般指与货币流通及银行信用有关的一切活动。”1961 年，*Merrzam-Webster Third New International Dictionary*（《韦氏第三版新国际英语大辞典》）[①] 中把相当于“FINANCE”含义的内容定义为：“The system that includes the circulation of money, the granting of credit, the making of investments, and the provision of banking facilities.”（金融是包含货币流通、信贷发放、投资、银行服务等经济活动的体系。）

可见，“资金融通论”历史最为久远并居主流地位。但深入分析后可以发现，这一定义虽然比较准确地概括了金融的活动过程，却把金融的本质属性隐藏在背后，没有予以揭示。

考察中国的实际，在计划经济时期，金融是计划的工具，而在市场经济条件下，金融则是宏观调控手段。这二者的含义都指出了金融的功能，强调它是媒介系统，或称“金融媒介论”。金融媒介论着力于金融是媒介经济运行的虚拟系统，同样只是注重它的功能，忽视了它自身的本质。

要揭示金融的本质，首先要认知传统的金融与现代的金融是既有联系又有区别的。认知这种区别，先要从由汉字“金”和“融”组成的“金融”与英语“FINANCE”语

---

① 韦氏词典是最权威的美国英语辞书，有近 200 年的历史。《韦氏第三版新国际英语大辞典》（*Merrzam-Webster Third New Interantional Dictionary*）出版于 1961 年，是美国结构主义语言学派的硕果之一。

义翻译论起。黄达（2001）和曾康霖（2002）分别对二者的词义和关系，做了详细的、权威性的讨论，其基本结论是汉语的“金融”有宽、窄两个口径。宽口径是：泛指银行、保险、证券、信托及相关活动。窄口径则把“金融”界定在资本市场运作与金融资产供给及价格形成的领域。而英语中的“FINANCE”则有宽、中、窄三个口径。宽口径是指一切与金钱有关的活动，不仅包含了汉语的“金融”，而且还包括了“政府财政”“公司财务”“家庭理财”等含义。中口径是指银行、证券公司、保险公司、储蓄协会、住宅贷款协会以及经纪人等中介服务等。窄口径则专指资本市场，尤其是股票市场。由此可见，汉语“金融”的宽、窄口径分别相当于“FINANCE”的中、窄口径，而宽口径的“FINANCE”则是我国“政府财政”“公司财务”“家庭理财”和“金融”的总称。

此外，曾康霖还提出了“金融产业论”①。他指出：金融业是国民经济的第三产业或第四产业，金融业作为一种产业，有它的成长发展过程，有它的特点（先导产业、风险产业、知识密集型产业），有它的正负效应（再分配中的正负效应、债权债务关系转化中的正负效应、影响人们信心中的正负效应、资产保值增值中的正负效应、对实体经济增长和发展的正负效应等）。金融产业的基本单位是企业，并分析了它们的组织形式、经营方略、追求目标以及金融业发展的趋势。“金融产业论”强调：金融业是与国民经济其他产业部门平等的产业，金融产业以经营金融商品和相关服务为手段，以追求利润为目标，金融产业以市场

① 曾康霖. 金融经济学［M］. 成都：西南财经大学出版社，2002：419-470.

运作为基础，以金融组织体系及运行机制作为支撑。“金融产业论”对金融的界定更多地涉及金融在市场经济条件下的运行机制和内在属性，强调了金融是经济系统的一个平等的组成部分，主要侧重于从产业角度进行论证，其作用机制包含在产业的概念之中。

白钦先提出了“金融资源论”（2000）。他指出，金融是人类对社会财富的索取权，是货币化的社会资财；是以货币形态表现的，具有存量形态的，既联系现在与过去，也联系现在与未来的金融存量投入、消耗过程及相应的体制转变；金融是一种资源，是有限的或稀缺的资源，是社会战略性资源。该定义为金融资源的配置奠定了理论基础，但其只注意到了金融的静态意义，忽视了金融的过程和功能。

在这里，笔者需要着力评价宁波大学商学院熊德平教授在其国家社科基金研究报告《农村金融与农村经济协调发展研究》中，对金融的本质“信用交易论”的新解。熊教授认为，金融是信用货币出现以后形成的一个经济范畴，它和信用是两个不同的概念：①金融不包括实物借贷而专指货币资金的融通（狭义金融），人们除了通过借贷货币融通资金之外，还以发行股票的方式来融通资金。②信用指一切货币的借贷，金融（狭义）专指信用货币的融通。人们之所以要在“信用”之外创造一个新的概念来专指信用货币的融通，是为了概括一种新的经济现象：信用与货币流通这两个经济过程已紧密地结合在一起。最能表明金融特征的是可以创造和消减货币的银行信用，银行信用被认为是金融的核心。

熊德平教授认为金融的本质蕴藏于金融产生与发展的历史过程之中，金融的不同定义，实际上是具有不同历史背景的金融现实，在不同视角和目的下的思维写照。沿着金融与经济关系理论的分析框架，考察金融产生与发展的历（史过）程和当代表现，在综合前人的定义的基础上，该成果基于交易视角认为“金融”不论是“资金融通”（monetary circulation）的金融，还是“finance”即“Financial Market（金融市场），Capital Market（资本市场）”的金融，其本质都是信用交易制度化的产物，是由不同的产权主体，在信任和约束的基础上，通过信用工具，将分散的资金集中有偿使用，以实现“规模经济”的信用交易活动以及组织这些活动的制度所构成的经济系统及其运动形式的总称。该概念可以被概括为“信用交易论”。

“信用交易论”的核心要点是：①金融是分工和交换的产物。不同产权主体的存在是金融产生和发展的必要条件。②所有权的分散性与生产集中性的矛盾，不同产权主体的抗风险能力和经营能力，以及资金的所有者和缺乏资金的人，在时间和空间上的不对称分布是金融产生和发展的充分条件。前者是金融的社会基础，后者是金融的自然基础。③“规模经济”的存在和产权主体对“规模收益”的追求是金融存在和开展活动的内在动力。④在制度的有效约束下建立起来的，以心理上的信任和安全感为基础的信用交易是金融的基本特征。⑤全赖信用维系的金融，在促进经济发展的过程中，不断使经济金融化，进而使信用成为经济发展的基础，金融成为现代经济的核心，经济系统可以从金融经济和实体经济两个相互融合的系统加以观察和研究。这是金融的功能效应。⑥金融的表现形式和组织方式始终处于发展变化之中，其形态多样化、结构多元化、功能扩大化、制度规范化、组织正规化成为金融发展的外在特征。现代金融已经发展为由资金的流出和流入方、连接这两者的金融中介机构和金融市场以及对其进行管理的中央银行和其他金融监管机构及运行制度和机制共同构成的，不仅可以通过融通资金、传递信息、提供流动性支持等提高资源配置效率，而且还通过大数定律、提供专业化服务和套期保值等手段来有效地分散和降低风险，进而降低交易成本、提高生产或消费效率，与其他经济系统具有平等交换关系的，具有核心地位的经济系统。

二、当代金融的本质是金融经济双向互动、共生共荣

长期以来，学术界关于金融的性质的研究，基本上是将金融与经济作为两个相互对立的事物来考察的。通常我们说经济决定金融，金融反作用于经济。这里需要我们思考“决定”与“反作用”的含义。谁决定谁？有主动的一方和被动的一方。如说经济决定金融，则经济是主动地对金融产生效应；如说金融反作用于经济，则含有金融被动地产生对经济的效应的意思。主动与被动，含有时间序列因素，主动应当在先，被动应当在后，所以用“决定”与“反作用”去描述经济与金融的关系，含有“因与果”“先与后”“主导与从属”的意义。如果用“互动”则没有或淡化了上述意义，“互动”含有相互推动、相互制约、“一荣俱荣”“一损俱损”的意义。

通常我们说金融是国民经济中的一个产业，也就是把金融作为经济内部的构成去考察。考察事物内部的结构，要考察这一事物内部的结构状态、结构机制、局部与整体、各个环节之间的关联等。金融业作为国民经济中的一个产业，要分析它与其他产业的关系。

笔者在《金融经济学》一书中，在剖析“经济决定金融”时，指出考察经济是否决定金融需要注意三点：一要注意商品经济的发展程度；二要注意政府、企业、居民家庭有多大的金融活动空间；三要注意社会成员的金融意识。这三个方面概括起来说，就是要历史地、社会地去看问题。这样的考察比较宏观、粗略、笼统。如果深入地考察这个问题，可做以下分解，即宏观经济与宏观金融、中观经济与中观金融、微观经济与微观金融。前者以全球或一个国家为考察对象，后者以一个地区为考察对象，最后以一个企业或家庭为考察对象。

（1）以全球或一个国家为考察对象，经济决定金融的内容有：一是经济总量决定金融总量，如 GDP（国内生产总值）的总量或消长的程度决定货币供给量的总量或消长程度；二是科学技术的发展水平决定金融运作的总的技术水平；三是经济制度、环境决定金融成长和发展的环境，比如建立市场经济体制为金融发展创造了条件；四是经济政策包括政府的干预、调控决定经济增长等。

（2）以一个地区为考察对象，经济决定金融的内容有：一是发达地区经济为金融运作创造了宽松的环境，如我国沿海发达地区的经济对金融机构展业的影响；二是欠发达地区经济对金融生长和发展的制约，如我国西部地区对金融展业的影响；三是发达地区经济之间的经济联系，决定了金融的联系；四是发达地区与不发达地区经济的互补，决定了它们之间金融的互补。

（3）以一个企业、家庭为考察对象，经济决定金融的内容有：一是企业、家庭的兴衰，决定了与之相关的金融机构的兴衰；二是企业、家庭的资产结构、状况和安排，决定了与之相关的金融市场的交易状况；三是企业、家庭的金融意识，决定了其金融行为选择。

在《金融经济学》一书中，笔者在剖析“金融反作用于经济”时，概括了10个方面。这10个方面是从不同的角度描述金融的功能，而且均从宏观的角度描述，这样的描述比较粗略。其中论述“金融交易对社会经济生活的影响”时，立足于企业、家庭，即从微观的角度描述，这样的描述显得比较抽象。所以，对金融怎样反作用于经济，还需要具体地、深入地考察，特别要注意发现新事物、新现象、新的途径、新的效果。

总之，对于经济与金融的关系，长期以来学术界的认知是：经济决定金融，金融反作用于经济。这种决定与反作用的关系是基于货币的中介功能和货币资金是再生产过程的动力与持续的动力的理论。简单地说，就是通过货币的中介作用把生产要素结合起来，推动再生产过程的发展。应当承认，在市场经济条件下，这一理论并未过时，它正在继续发挥着作用。但仔细考察可以发现，这一理论把金融置于被动的位置上，而且将其功能范围局限于再生产过程，这就有失偏颇了。

要知道，金融的发展有内因和外因，内在因素主要是货币收入状况，外在因素主要是别人的示范效应。从逻辑关系来说，应该是：经济发展→收入分配政策→收入水平→流动性资产→金融交易→金融中介→金融业发展这7个变量和函数，其特征是前者决定后者（在一定条件下后者反作用于前者）。通俗地说，人们有了钱才可能形成金融依赖度。金融依赖度取决于持有人的金融意识，持有人的金融意识强不强取决于持有人拥有多少流动性资产。自己拥有了流动性资产，要想保值增值，要看别人是怎样做的。

“金融作为现代经济的核心”具有金融主动推动经济社会发展的含义，同时，我们还必须认知在一定条件下金融也具有脆弱性。金融脆弱性（financial fragility）有广义和狭义之分。狭义的金融脆弱性是指金融业是高负债经营的行业，这一特点决定了其更易失败的本性，又被称为“金融内在脆弱性”。广义的金融脆弱性是指金融在一定的经济周期阶段，容易趋于高风险的金融状态，泛指一切融资领域中的风险积聚。现在通用的是广义的金融脆弱性概念。金融脆弱性与金融稳定性相辅相成，其稳定性发挥着对经济的推动作用，其脆弱性发挥着对经济的阻滞作用。在我国，凡是经济发达的地区，金融脆弱性与金融稳定性并存。为什么强调金融要着力支持实体经济发展，要着力支持供给侧结构性改革，要着力支持“三农”和普惠金融的成长？就是因为要促进社会和谐稳定健康发展。要知道，现代一切经济活动的背后，都有一只强大的“金融之手”在支撑着；相反，近些年席卷全球的各类金融乱象，则破坏了经济和社会稳定的良性健康发展。金融支持经济、服务民生，最终是要让广大人民享受到经济发展、文明发达的成果，否则就是无意义的、无效益的。普惠金融着力于搞活金融，着力于为弱势群体提供金融服务以消除贫困。实现社会公平正义，就能推动金融“活”和“稳”的高度契合。

三、考察金融怎样发挥其核心作用时应有的思维逻辑

金融怎样发挥其核心作用，取决于金融市场参与者的行为。参与者的行为取决于其价值观，其价值观的形成可以有经济人的假设和半经济人的假设。在当代，金融市场参与者如企业家的价值观受外部约束的条件增多，而约束条件增多的原因又受执政者意识形态（主流意识）和国际公约的左右，比如“以人为本”“和谐社会”“财富观”“生活质量取向”等。所以，金融是否发挥其核心作用，必须考察社会经济的方方面面：宏观层面，要考察一个国家的社会经济状况；中观层面，要考察一个地区的社会经济状况；微观层面，要考察一个企业、家庭的社会经济状况。

考察一个国家的社会经济状况，包括：①怎样判断一个国家是否富有；②一个国家的经济怎样发展；③社会成员的生活质量怎样提高。考察一个地区的社会经济状况，包括：①地区经济社会发展资源的配置（人力、物力、财力资源）；②地区经济社会发展的变迁（如珠江三角洲企业为什么外迁）；③城乡差距（特别是农业、农村、农民的变化）。考察一个家庭的社会经济状况，包括：①一部分人（家庭）是怎样富起来的（这里有机会是否均等的问题）；②创造什么条件可以让更多的人获得财产性收入（这里有怎样让农民拥有可增值的财产的问题）；③怎样为社会公众

分散或转移风险（金融机构要为社会公众分散或转移风险）。按照这样的思维逻辑，金融是现代经济的核心，其考察框架的逻辑如图 1.1 所示。

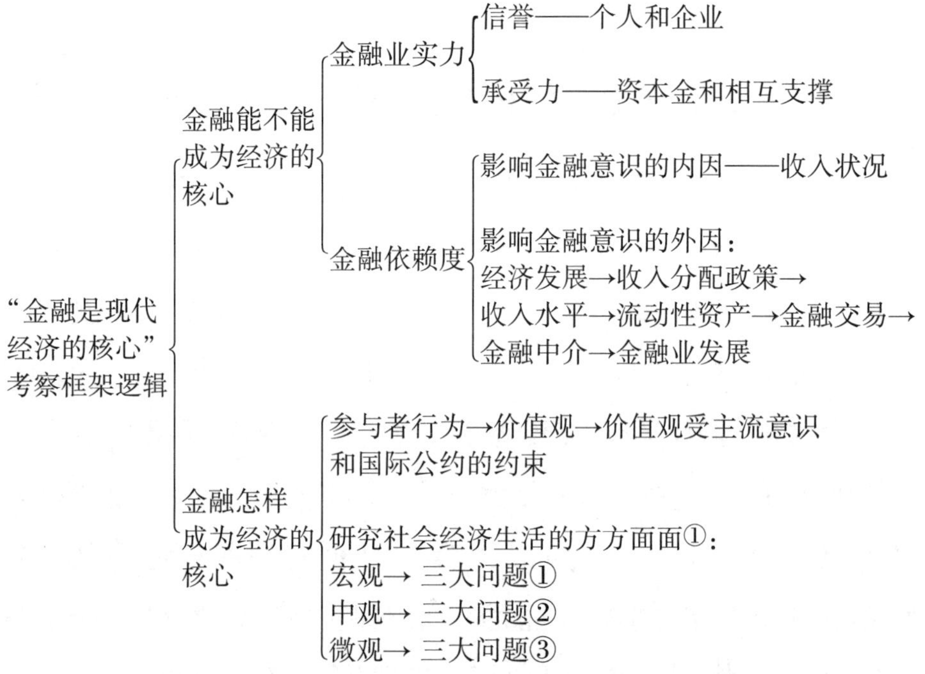

图 1.1 “金融是现代经济的核心”考察框架逻辑

按照这样的思维，经济发展与金融发展的逻辑链应当是：经济发展与收入分配政策——经济发展了，谁得利；收入分配政策与收入水平——政策制定对哪个阶层有利（影响他们的收入水平）；收入水平与流动性资产——有了钱怎样形成资产（含其中的流动性资产）；流动性资产与金融交易——金融交易决定金融意识；金融交易与金融中介——人们有强烈的金融意识才能推动金融中介的发展；金融中介与金融业发展——各种金融中介的互动，才能推动整个金融业的发展；衡量资本市场的发达程度——证券

① ①②③三大问题，见前面第 13 页。

化率。田俊荣在《人民日报》上撰文指出：2006年我国证券化率仅为42.8%，发达国家基本都达到了100%。据国际清算银行统计，美国直接融资比重高达88%，而我国仅2%。

从学科建设上观察，现代金融是包含多学科内容的广泛概念，具体包括finance意义上的微观金融、宏观经济学意义上的货币银行学（包括货币理论、信用理论、宏观调控中的货币政策，等等）以及国际经济学中的汇率理论等。可以说，我们所说的“金融”是在对微观经济学、宏观经济学和国际经济学以及不断发展的新的经济学理论整合的基础上形成的。

从经济发展的角度观察，现代金融应当是现代化经济体系的组成部分。现代化经济体系要加快发展先进制造业，推动互联网、大数据、人工智能和实体经济深度融合，在中高端消费、创造引领、绿色低碳、共享经济、现代供应链、人力资本服务等领域培育新增长点，形成新动能。现代金融要支持传统产业优化升级，加快发展现代服务业，瞄准国际标准提高水平。金融业是现代服务业的组成部分，现代金融业包括在现代经济体系中，顺理成章。进一步说，现代金融就是创新金融、协调金融、绿色金融、开放金融和共享金融。

所以，按现代金融的功能，金融在推动经济社会发展中起着主导作用。主导作用不是被动地发挥适应功能，而是主动地发挥引领功能。这是现代金融的实际，也是现代金融与传统金融重要的分界线之一。关于金融与经济双向互动、共生共荣的关系，我们在以下有关章节将进一步论述。

但必须看到，在考察金融与经济的关系时，国内外实业界和学术界有两种倾向：一种是把二者的关系确立为金融与实体经济的关系；另一种是把二者的关系确立为金融与虚拟经济的关系。前者，把金融与实体经济的关系概括为支付结算，货币资金借贷以及投资（包括支持科学技术的发展，促使生产要素结合起来，创造财富，提高人们的物质和文化生活水平）；后者，把金融与虚拟经济的关系，主要概括为“货币资金融通”，“保障人们的货币收入和财产保值增值”。前者，主要揭示经济社会欠发达国家和地区金融与经济关系的基本状况；后者，主要揭示经济社会发展及发达国家和地区金融与经济关系的基本状况。

有人基于这两种基本状况，把金融的本质概括为三句话：一是为有钱人理财，为缺钱人融资；二是“信用、杠杆、风险”；三是金融的要义是为实体经济服务。具体地讲，金融的第一个本质定位通俗易懂，但第二个本质定位就不是那么简单了。

首先是信用。没有信用就没有金融，信用是金融的立身之本，是金融的生命线。金融的生命线，既体现在金融企业本身的行为上，即金融企业本身要讲信用；又体现在与金融机构借贷的企业行为中，也就是说双方都要讲信用；此外还体现在老百姓行为中。各种中介服务类的企业都要讲信用。信用，是金融安身立命之本。

其次是杠杆。金融的特点就是杠杆，没有杠杆就没有金融。信用是杠杆的基础。在商品交易中通常有赊销、预付，在资金收付中会发生透支，都是以信用为基础的杠杆。杠杆通常表现为数与数之间的比例关系。

银行的存贷比，就是一种杠杆。银行注册资本 10 亿元，可以有 100 亿元贷款，资本充足率 1∶10。租赁公司如果有 50 亿元资本，可以搞 500 亿元租赁，也是 1∶10。搞期货交易，一般是 1∶20 的杠杆，5 块钱的资金可以做 100 块钱的生意。股票市场搞融资融券也是一个杠杆，你有一定数额的股票，可向证券公司融入一定比例的资金或证券。总之，没有比例就没有金融，但杠杆过高就产生风险。

最后是风险。我们能够说一切坏账、一切风险、一切金融危机都是没有把握住使用杠杆的度造成的。危机源于风险，风险源于坏账，坏账源于杠杆。

所以，解决金融危机的全部办法也就是三个字："去杠杆"，去杠杆就是降低负债比例。实质就是这么简单。

信用、杠杆、风险，这三者相互转化，关键在于要把握好一个度！

金融的要义是为实体经济服务。这是"画龙点睛"的表述。实体经济是金融的"母体"，没有实体经济就没有金融。实体经济的生存和发展，不仅是满足人类生存和发展的需要，而且是金融自身存在的需要；金融生活在债权债务的关系中，债权需要索取，债务需要偿还，这需要以实体经济的生产与再生产为基础。如果没有这个基础，金融只能玩"空手道"，人们总是摆脱不了危机。

2020 年 10 月 24 日，国家副主席王岐山在第二届外滩金融峰会上致辞指出："探索中国特色金融发展之路是一项长期、复杂、艰巨的任务。当前，全球金融经济环境变化剧烈，既要坚持守住底线，也要灵活应对风险挑战，勇于破旧立新。**要坚持金融服务于实体经济。金融脱离实体经**

济是无源之水、无本之木。中国金融不能走投机赌博的歪路，不能走金融泡沫自我循环的歧路，不能走‘庞氏骗局’的邪路。要坚持金融发展基本规律和金融从业基本戒律，贴紧企业生产经营，抓住市场新趋势、新机遇，支持经济发展重点领域和薄弱环节，使金融服务与实体经济相互促进、健康发展。”

进入21世纪后，有人认为金融就是研究投资者（企业家）在金融市场对各种金融商品怎么定价的哲学，即按什么价格买进，或按什么价格卖出，才能够赚钱或赚到更多的钱，从而扩大投资，促使经济增长，增加收入，提高福利，人们的生活能更富足。并认为这是推动金融发展的经济学，是揭示金融本质的真谛。这样的立论，笔者认为在确认金融的本质上有失偏颇。它的立足基点是市场经济发达的国家，是基于金融产品丰富且长期投资为主的资本市场；进一步说，它崇尚的是“公司金融”，从资本家（企业家）的私人利益出发研究金融，它不可能造福社会，只能使社会日益两极分化。

四、金融发展要以人为本

在已有的文章中，论述金融“以人为本”的文章并不多见，而且大都着眼于金融企业建设如何以员工为本这个角度。本节试图从金融业发展过程中，研究如何以客户为出发点和归宿来实现以人为本的问题。

（一）“以人为本”的内涵和外延

党的十六届三中全会指出：坚持以人为本，树立全面、协调、可持续的发展观，促进社会和人的全面发展。它明确地将社会的发展与个人的发展并论，凸显出很强的人文色彩，启发我们正视个体差异和个性色彩，实现个体和群体的协调发展。

一般来讲，“以人为本”就是一切活动都要以人为出发点和归宿，不断满足人的需求，实现人的全面协调发展。我们认为，“以人为本”的含义具有不同的层次：既要满足不同层次的人的需求，也要满足人的不同层次的需求；不仅要满足人的物质需求，更需要满足人的精神需求，也就是满足物质需求和精神需求的内在同一；不仅要满足人的需求，还要适应人的需求，引导人的合理需求，为实现人的个性自由、促进人的全面发展服务。本节“以人为本”视角向外，从客户的角度讨论金融业的发展，而不是从改善内部治理、调动员工积极性的角度来讨论。

（二）金融业的运营发展要“以人为本”

金融之所以要“以人为本”，主要基于以下几点原因：

首先，社会是由人以一定的生产和生活方式组成的，人是社会最基本的构成要素，因此，社会的发展，应该以满足人的需求、促进人的全面发展为目标，否则就将成为一个异化的社会。金融作为社会的组成部分，是现代经济的核心，是国民经济的支柱产业之一，其发展的目的也应是促进人的全面发展。正如社会经济学家拉斯金所说，“世界上没有财富，只有生命”，他认为一项活动或一件商品，有没有价值以及有多大价值的衡量标准是“对人们的生命有多大好处”。

其次，金融业作为国民经济的第三产业，其服务对象和赖以生存发展的基础是人。作为一项服务性的产业，金融业的发展必须关注自己服务的对象，着眼于自己的客户是什么样的人，他们对金融服务都有些什么样的需求，而且随着社会的发展，他们的需求会有什么变化。当社会的物质财富日益丰富，居民的金融消费需求日趋多样化、个性化时，金融机构如能眼光敏锐，洞察先机，满足消费者对金融商品的偏好及“不同口味”，抓住消费者的“胃”，也就是金融机构如果能“以人为本”，满足消费者的个性化需求，就能巩固和发展与客户之间的关系，让自己立于不败之地。

最后，从我国的历史文化看，中华民族是一个深受传统文化影响的民族，具有普遍的重情义、恋旧情的民族文化心理。当金融施行“以人为本”，考虑到消费者的个性需求的时候，它对消费者付出人性化关怀，收获的则不仅仅是新业务增长带来的利润，更有与消费者之间的情感纽带，这种情感联系有助于树立金融机构在社会上良好的公众形象，得到更广泛人群的心理认同，为金融的长远发展奠定良好的社会基础。比如金融机构针对一些弱势群体推出急人所难的金融服务，它推广的就不仅仅是客户群，而是它关怀弱者的人文理念。如对家庭贫困的学生，推出助学贷款，让学生顺利完成学业，成为自食其力的劳动者，从而改变命运。不难设想，受益的学生会因这份特殊的感情而成为这家金融机构的终生忠实客户和推介者。金融所关怀的人越多，回报它的“泉水”也就会越多，就越有利于金融的长远发展。

（三）金融业“以人为本”的理念、方式和效应评价

（1）金融业“以人为本”需要转变经营理念。过去，金融业主要从事存贷汇业务，面向企事业单位服务，而对个人的需求和发展则关注较少。金融“以人为本”，主要通过满足人们的需求来促进人的全面发展，因此，分析金融如何“以人为本”就应从考察人的需求入手。

（2）考察不同层次的人的不同需求。根据不同的标准可以将人划分为不同的阶层，不同的阶层由于收入水平、价值取向、风险承受能力以及金融意识等因素的不同会产生不同的金融需求。其中，收入差异和年龄差异是引起金融消费分化的主要原因。

改革开放以来，由于社会生产的发展，人们的收入水平和生活水平发生了深刻的变化，以“按劳分配”为主的多种分配格局已经建立起来。当前，我国多种收入阶层并存已成为社会的现实。伴随着这种社会变化，不同收入阶层的消费需求、消费理念和消费行为产生了分化，在消费取向上呈现出多元化趋势。在金融消费领域中的分化是非常明显的。低收入阶层的消费者遵循传统，讲究理性和安全，主要讲求金融资产的保值，选择金融产品极度单一，以传统存取汇业务为主；中等收入阶层的消费者则对琳琅满目的金融商品日趋关注，开始尝试使用信用卡、消费信贷等现代金融工具，是金融消费中极具潜力的一个阶层；高收入阶层的消费者追求消费过程中的个体价值实现，注意消费品质，乐于尝试各种差异性产品，追求生活上的享受，使用个人支票、网上银行日益成为他们生活的一部分。

不同阶层的人进行金融消费的动机也不同，金融消费

的方式也不尽相同。以银行客户为例，求利型的人常希望从中获得收益，以增加私人财富；求稳型的人则要求银行手续保密，安全设施好；求方便的人则对银行能否提供个人信贷和便捷的结算产品比较关注。

年龄的差异导致的金融需求的分化也非常明显。一个人在人生的各个阶段有着不同的需求。在求学阶段，主要考虑顺利完成学业，因此就对能保证顺利完成学业的金融产品有需求；步入社会后，会产生安居乐业的需要，可能会因事业发展而需要创业启动经费，或者产生住房和汽车等消费贷款的需要，进一步还可能会产生诸如子女的健康成长、人身安全、教育、个人养老等需求，这一阶段占据了人生的大部分时间，所需金融产品的种类是最为多样化的；进入老年阶段，则更多地关注老有所养，一般讲求金融产品的安全性。金融应针对不同年龄的消费者，推出“量体裁衣”式的产品和服务，满足不同人的个性化需求。

（3）促进人的个性自由的实现。马克思在《共产党宣言》中指出：每个人的自由发展是一切个人的自由发展的条件。马克思主义的出发点和最终理想，就是实现个人的个性自由与自由发展。西方从中世纪扼杀个性的神权统治到现代意义的启蒙运动，就是将人从神的压迫下解放出来，重新正视人的自由天性，奠定了多元化社会的基础。西方社会的民主，将自由主义看成现代社会发展的内在要求，把天赋人权、实现个人利益的最大化作为基本的内核，尊重个人的自由与发展，是文明发展和社会进步的标志。这是需要讨论的。

从人的需求来看，随着社会的进步，在满足了吃、穿、住、行等基本需求后，开始追求个性自由，个体发展和价值实现成为一种必然。在金融领域，人们的金融消费行为日趋多元化、个性化，这时如果金融机构少，金融产品和服务单一，则会使消费者无自由选择的余地，被迫产生对特定金融机构或产品或服务的依赖，压抑了个性的自由和发展。相反，金融机构如果能创造多样化的金融产品和服务，符合消费者的个性，使消费者有选择的空间，可以根据个性自由选择，则会促进个性自由的实现。

为了满足消费者个性自由发展的需要，金融企业应时刻保持与“人”俱进的认识，不断创新，不断适应消费者变化的金融需求，更新经营理念，善于运用现代科技手段，改善和创造金融产品和服务，满足人们的个性化需求。

（四）培养人们的金融意识，以“供给推动需求”

在日常生活中，许多中高收入阶层的人，不知道怎样使用自己的财富，甚至产生了一些消费的误区，导致了财富的浪费，反映出金融意识比较差的现实。对于这些人，金融企业要通过创造供给，引导他们科学合理地消费，从而树立正确的消费价值和财富观念。可以加大宣传和推介金融产品和服务的力度，以他们的个性化需求为本，设计符合他们个人需求的金融创新产品，给他们提供个性化的服务，帮助他们选择比较，找到适合自己的产品和服务，从而提高他们的生活品质，实现理性消费，让他们善用手中的社会财富。

对于一部分金融意识比较强的中高收入阶层的人，金融企业就要积极进行金融创新，设计出他们迫切需要的，或是可以需要但没想到的，和其收入、地位相匹配的金融产品和服务，引导他们去消费，也就是创造新供给使其带来新需求，找到新的利润增长点。

一般认为低收入阶层的人的金融意识差，谈不上什么金融需求，对他们金融需求的关注也较少。其实这是一种认识的误区。作为一个社会群体，他们的生存和发展状况关系到整个社会的和谐稳定。对他们而言，金融机构应该积极创新，根据他们的需求，推出有助于改善他们生存状况和发展前景的金融产品和服务。如今，不断“更新出炉”的助学贷款、下岗职工贴息贷款、小额扶贫贷款等方兴未艾，体现出现代金融机构对低收入阶层的日益关注。以前，这些都是他们需要而没有的产品。这些产品和服务一旦面市，就产生了巨大的需求。也许有人认为，针对低收入阶层所开展的业务，没有提供的必要，特别是对以追求利润为目的的现代金融企业来说，带来了巨大的外部经济，其社会效益远大于给金融企业带来的经济效益。但是，我们不能忘记，社会发展的目的是人的协调发展，一个不协调不稳定的社会，即使短期得到了发展，将来也是会为此付出惨重代价的，最终也会因为少数而影响到大多数。

（五）对金融“以人为本”效应的评价

依据我国的各类金融法律规定，金融消费者的特殊权利主要有以下六个方面：一是金融知识获知权，二是金融消费自由权，三是金融消费公平交易权，四是金融资产保密安全权，五是金融消费求偿求助权，六是享受金融服务权。目前，我国还存在着国民的整体金融知识不足的问题，金融企业应切实保障金融消费者的这些权利。

第二章 金融是治国理政的重要组成部分

导读：

金融是治国理政的重要组成部分，其认知的基本点是：金融是国家重要的核心竞争力，金融安全是国家安全的重要组成部分。

本章论证为什么金融是国家重要的核心竞争力。简要的回答是：世界金融发展的历史证明，金融强国、资本市场强国均有一个或几个国际金融中心。国际金融中心掌握着或至少在很大程度上影响着世界经济资源的配置权和定价权。

本章指出："金融是现代经济的核心"，在原理上要理解"现代经济"的含义和对金融"核心"定位的把握。从原理上理解"现代经济"，习近平总书记对此有科学而逻辑严密的思考。对金融"核心"定位的把握，既包括微观方面，又包括宏观方面。

本章重点论述："弗里德曼理论的局限性"；"对通货膨胀的再认识"；"不能忽视在推动'全球一体化'的趋势下，也存在区域化、多极化"；"既要坚持开放，更要反对霸权"。

本章指出：金融安全是国家安全的重要组成部分。回答为什么时，要点有：新的国家安全观；金融安全有着丰富的内涵和深刻的含义；影响金融安全的首要因素是经济周期。

本章重点论述：一个国家的政权，将怎样受到金融不安全的威胁，以及怎样维护国内金融安全、维护国际金融安全。

在金融业的发展历史上，金融通常与货币、机构联系在一起。货币是避免物物交换的媒介，机构通常是管理和经营货币的平台。这两者的结合：货币通常是在经济发达、商品流通的区域，统一地、法定地存在，而机构通常各式各样地、广泛地存在。一些国家的领导人在相当长的时期中，除了征收赋税，维护政权机构运转外，对金融的其他方面，均觉得无足轻重，谈不上金融是治国理政的重要组成部分。

把金融当成治国理政的重要组成部分，是习近平总书记的首创，是对金融理论的升华。他认知的基本点主要有：金融是国家的重要核心竞争力，金融安全是国家安全的重要组成部分。笔者对这两方面的认知如下所述。

一、金融是国家的重要核心竞争力

（一）为什么金融是国家重要的核心竞争力

“金融是国家重要的核心竞争力”，是在 2019 年 2 月 22 日中共中央政治局就“完善金融服务、防范金融风险”举行的第 13 次集体学习会上，习近平总书记提出来的。为此，要问一个为什么。简要的回答是：世界金融发展的历史揭示了一个规律，即经济强国必然是金融强国。经济大国离不开有活力、有韧性的资本市场，离不开国内外资本流动的交互。所以，金融强国主要体现为资本市场强国。资本市场是经济的神经中枢，资本市场在经济运行中具有“牵一发而动全身”的作用，所以人们通常把资本市场称为经济的“晴雨表”。

世界金融发展史揭示：金融强国、资本市场强国均有一个或几个国际金融中心，国际金融中心掌握着或至少在很大程度上影响着世界经济资源的配置权和定价权。

（1）习近平总书记的这一论断，旨在表明：要全方位、多层次地建立和完善金融服务体系；要更高层次地理解资本市场的战略方位；要有更强的政策合力深化资本市场的改革和发展。

（2）习近平总书记的这一论断，旨在表明：资本市场是现代金融体系的重要组成部分。中国已成为世界的第二大经济体，但金融业在全球的影响力、话语权，还存在“短板”，大而不强，还不能说中国金融业富有国际竞争力。

（3）习近平总书记的这一论断要求广大金融业从业人员，深入领会、认知、实践“金融是现代经济的核心”，这一核心既包括银行，又包括资本市场。

（二）“金融是现代经济的核心”是邓小平基于制度或体制的认知

1991 年初，邓小平在上海视察时，发表了“金融是现代经济的核心”的著名论断。他指出：“金融很重要，是现代经济的核心。金融搞好了，一着棋活，全盘皆活。”这一论断，言简意赅，寓意深刻，它是邓小平对金融与经济关系的深入判断。之所以是深入判断，源于他对我国金融与经济关系现实的深入了解。

中华人民共和国成立以后，在相当长的时期，中国学苏联，实行的是计划经济，计划经济以产品为核心，社会产品的生产、分配、交换、消费通通被纳入计划，由专业部门管理，并被纳入政府的行为当中。计划经济中的产品，不需要经过市场作为商品实现价值（经典著作中，称为“惊险的一跳”）的中介从而实现生产、分配、交换、消费。在这种制度或体制下，货币只是核算工具，资金只起配套作用，钱随物走，资源的配置是“计划点菜，财政买单，银行掏钱”，银行就是出纳，只管收钱付钱，完全变成只有发行货币功能的货币发行机构和无条件接受政府指令的印钞造币工厂，金融被极度轻视和抑制，不能有效地发挥其对经济的推动作用。在这种体制下，经济是缺乏效率的。如果实行市场经济，情况就截然不同。在市场经济中，商品要经过“惊险的一跳”，物随钱走，生产和流通借助于货币推动，货币犹如国民经济的血液，金融活动作为货币资金运动的桥梁和中介，渗透到社会再生产过程的各个环节，起着调剂资金余缺、促进储蓄向投资转化、按市场需求迅速黏合各生产要素从而形成新的生产力以及引导资金合理流动、提高资金使用效益，同时金融还是宏观经济总量和结构调控的重要杠杆。在这种体制下，金融的作用得到充分发挥，经济也富有效率。

正是针对我国曾经长期实行计划经济、金融的作用没有得到充分发挥、经济效率低下的体制性缺陷，并且基于两种体制下金融作用以及经济效率的比较，邓小平做出了“金融是现代经济的核心”的论断。这个论断，一方面指出了金融发挥其应有作用所需要的体制条件，即我国经济改革的市场化方向；另一方面深刻揭示和高度概括了金融在经济中的重要地位和作用，点明了推动经济发展需要重点抓好的核心一环。完整地把握上述这两个方面，才能准确理解这一论断的内涵及其对我国经济改革和金融发展所具有的深远意义。

这表明：邓小平关于金融是现代经济的核心的论断，并非一时兴起而发的感慨，而是在多年领导经济和金融工作、重视金融经济发展的实践基础上，经过理论总结和深思熟虑后提出的。关于金融在经济中的地位，早在新中国成立初期，邓小平就曾针对当时工作中遇到的一些难题，指出："如市场问题、贸易问题、金融问题等，这些经济问题也遇到了，如果不解决，就会动摇政治的基础。"他还就如何建立稳固的财政，论述了财政和金融的关系："金融不稳定，财政不可能稳固。"改革开放以来，在建设现代经济的实践过程中，金融的成长与发展及其经济核心地位的形成成为可能。1979 年 10 月，邓小平提出，银行要抓经济。他设想，通过经济体制改革和金融体制改革，"把银行真正办成银行"，使之真正履行市场经济条件下银行的职能，成为"发展经济、更新技术的杠杆"，不断增强金融对经济的作用，这就在实践中揭开了金融走向经济核心这一进程的序幕。

（三）在原理上理解"现代经济"的含义

据学术界考证："现代化"一词最早可追溯到 1951 年在美国芝加哥大学举办的一次学术讨论会。在这以前，在西方，有人试图用"工业化"来代替"现代化"。如果这样代替，则"现代化"就是一个"生产技术水平的概念，其内涵包括：劳动手段现代化、产业结构现代化、科学技术现代化、管理现代化"。国内学术界有人认为，这样的代替，夸大了"工业化"的作用，抹杀了制度层面的作用。

中国学术界研究现代化遵循着马克思主义经济学原理。

1988 年，中国当代经济学家、经济史专家、中国社会科学院荣誉委员吴承明（1917—2011）教授撰文指出：工业化实质也是现代化，但不等同于现代化，它是 1860 年以后开始的。西方现代化是从市场化开始的，商业革命引起工业革命。吴承明教授说："我一直都在研究现代化问题。我现在采用希克斯的学说：现代化就是市场经济化。"继吴承明之后，中国人民大学赵德馨教授将市场化与工业化联系起来，在前人的基础上前进了一步。他的主要观点有：①经济近代化的含义是多层次的，但主要是市场化和工业化，市场化和工业化在不同的历史阶段的表现形态不同；②强调市场化是经济现代化的基础和前提；③经济现代化的进程，是从市场化开始的，并从流通领域进入生产领域。著名经济学家张培刚（1913—2011）则进一步讨论了现代化与工业化的关系，认为两者之间的相同点是：工业化和现代化最主要的本质特征是手工劳动转变为机器操作的技术创新或者技术革命，伴随而来的或者同时发生的各级生产组织的变革以及各层次经济结构的调整和变动的组织创新或者是制度创新。作为结果，则是从手工劳动为主的小生产转变为以机器或其他现代生产工具为主的社会化大生产。两者的区别是：从内容范围来说，现代化远比工业化广泛。工业化所包含的主要是生产力的变革，现代化包含的内容，除了工业化外，还包含政治的、法律的、社会的、文化的和思想意识方面的变革；从时间过程来说，现代化远比工业化久远。他认为："所谓现代化，首先的也是最本质的，必须包括工业化的基本内容；但除此之外，还要包括其他如政治思想、生活观念、文化修养等方面许多新的内容，其中不少部分又是由工业化这一大变革过程所必然引起而发生的。”

这表明：现代经济是一个历史的经济范畴，是一个不断“化”的概念，它包括经济、政治、法律、社会、文化、思想等方面的变革。

（四）对于现代化经济，习近平总书记有着科学而逻辑严密的思考

习近平总书记指出：现代化经济体系，是由社会经济活动各个环节、各个层面、各个领域的相互关系的内在联系构成的一个有机整体。这个定义涵盖了现代化经济体系的基本要素的核心内容，可概括为：

（1）要建设创新引领、协同发展的产业体系；

（2）要建设统一开放、竞争有序的市场体系；

（3）要建设体现效率、促进公平的收入分配体系；

（4）要建设彰显优势、协调联动的城乡区域发展体系；

（5）要建设资源节约、环境友好的绿色发展体系；

（6）要建设多元平衡、安全高效的全面开放体系；

（7）要建设充分发挥市场作用，更好发挥政府作用的经济体制。

这些基本要素和核心内容可区分为三个层次：第一层次是建立各种体系（如第 7 点，也可以说是要建设宏观调控体系），是现代化经济要实现的目标；第二层次（有高端形容词作为前置词的部分，即“……的”的部分）是对什么是现代化经济的衡量标准；第三个层次即“要建设”是实现现代化经济的动力。这表明，对于如何实现现代化经济，在习近平总书记心目中，已经有科学而逻辑严密的思考。

建设现代化经济体系是党的十九大做出的重大战略部署。习近平总书记明确指出，建设现代化经济体系是跨越关口的迫切要求和我国发展的战略目标。必须充分认识这一决策部署的深刻的理论意义和实践意义。

第一，现代化经济体系是我国全面实现现代化的需要。党的十九大报告明确提出到2035年基本实现现代化，到21世纪中叶把我国建成富强民主文明和谐美丽的社会主义现代化强国。相比于西方发达国家，我国经济体系步入现代化之路的时间较晚，经济体系现代化发展的底子薄。同时，我国现代化经济体系建设的外部环境也面临着保护主义、单边主义、霸权主义的严峻挑战。机遇与挑战并存。我国需要加快推进建设现代化经济体系，培育提升我国在全球产业链、价值链、供应链中的优势地位，延续全球产业链分工，有效应对贸易保护主义和逆全球化趋势，确保顺利实现“两个一百年”奋斗目标，推进我国经济社会现代化进程。

第二，现代化经济体系是应对新时代我国社会主要矛盾的必然要求。党的十九大报告明确提出，中国特色社会主义进入新时代，我国社会主要矛盾已经转化为人民日益增长的美好生活需要和不平衡不充分的发展之间的矛盾。这一论断为今后推进我国经济社会发展提供了科学指南——只有抓住并解决主要矛盾，各种问题才能迎刃而解，才能实现真正的发展，才能延续新中国成立以来取得的重大成就，并将我国社会主义事业在新的历史阶段推向新的高潮。现代化经济体系的7个内涵部分无一不是针对社会主要矛盾的解决的，都是面向提升供给结构和水平，满足全体人民的美好生活向往的。

第三，现代化经济体系是我国经济高质量发展的重要保障。党的十九大报告指出，我国经济已由高速增长阶段转向高质量发展阶段。新时代推动高质量发展，需要现代化经济体系建设来支撑和确保高质量发展。在此背景下，建设现代化经济体系，着力推进质量变革、动力变革和效率变革，是推动我国经济由高速增长转向高质量发展的关键一招，是跨越由高速增长阶段转向高质量发展阶段这一关口的迫切要求和我国发展的战略目标。建设现代化经济体系与经济高质量发展要求相互贯通、相互促进、相互融合，共同构成新时代我国经济社会转型发展的主要脉络。

具有中国特色的现代化经济体系，主要有三大特征：一是中国共产党领导下的现代化，二是社会主义的现代化，三是共同富裕的现代化。

（五）金融“核心”定位的微观与宏观认知

对金融“核心”定位的把握，总的来说，既包括微观方面，又包括宏观方面。笔者在《重庆金融》1998 年第 12 期上，曾撰文指出：小平同志说过，金融是经济的核心，金融搞活了全盘皆活。核心怎么理解？社会的进步、经济的发展要靠金融推动。金融业在国民经济中是先导产业。这种先导性体现在：①价值要以货币计量，而币值是否稳定，不只是物资的供求影响，很大程度上也取决于人们的信心。②生产要素的结合要靠货币资金推动。③财富在很大程度上要体现为金融资产，要靠金融资产流动、保值、增值。金融问题处理不好，过去的成就可能毁于一旦，将来的复苏可能拖慢延长。当务之急是防范和化解金融风险。

以银行为例，现代银行业的功能不同于传统银行业的功能。传统银行业的功能主要是吸收存款、发放贷款，同时办理汇款，即所谓的“存、放、汇”。现代银行业的功能主要是“信用记录”和提供信息。增强现代银行业的功能，不等于丢掉传统银行业的功能。所以，金融是经济的核心，从银行来说，可以概括为四个方面：①提供融资服务，促进各种生产要素的结合；②提供货币收支结算服务，提高经济效率，降低成本；③提供信用记录服务，保障良好经济运行秩序；④提供信息服务，保证政府和社会成员利益，防范风险。结合我国实际，增强四个服务，发挥金融的核心作用，要着力做好以下工作：①提高结算服务质量，扩大非现金结算范围，从银行来说，要提高效率，要承担责任，要承诺义务，在一定的时间界限内“兑不了现”，甘愿受罚。过去那种截留汇差资金，故意拖延结算的做法是不允许的，是“失信于人”的。要知道，巨额的现金在“体外循环”不是好事。可建立促进内部循环的商业法规，如万元以下现金交易的商业纠纷，法院视情节轻重，可以不予受理。②要建立客户的经济档案，记录客户的信用状况、支付能力和履约记录。在美国，商业银行与老百姓的关系最为密切，对个人的收入、账目、财产、赋税等均有严密的管理和监督功能。到美国任何一家银行开户，必须出示有照片的身份证或驾驶执照，提出存款人的真实姓名、详细地址、电话、社会安全号（SSN）、出生年月等，全部输入联网电脑。银行根据姓名、地址邮寄存款账单、已付账支票或支票本、信用卡申请表、新服务项目的宣传材料等。在美国，交易支付都以支票经银行备案，否则会有逃税嫌疑。有人说，美国人一生下来就开始纳税，此话不假。因为一个婴儿降生与纳税人填写抚养人口及纳税税率有关。银行操作高效率，美国银行不仅无处不在，而且无时不有，24 小时全天候服务。为此，银行需要有关组织配合，如工商联合会、消费者协会等，要有“民办公助”的信用调查、评估、咨询机构。③放款要看纳税记录和偿债记录。利润越多，交税越多；信用越好，获得贷款的可能性越大。在税收政策与信贷政策之间，在操作上建立良性循环。诚信者不仅享有公平的税负而且享有更多的贷款发放机会。④提供保密制度，保障财产安全。瑞士有专门办理秘密储存业务的银行，在这些银行里，不准拍照，不讲姓名，不设招牌，只标经营者姓名。在这里存款，不求利息多少，只求安全第一（1987 年瑞士修改了保密法，今后不再设置匿名账户）。

以上论述表明：生产要素的结合，离不开银行；债权债务关系的了结，离不开银行；维护社会信用秩序，离不开银行；保障财产的安全，分散风险，离不开银行；保证政府的财政收入无损，离不开银行。银行地位和作用的变化、发展，集中地体现了金融是经济的核心。

这样去看待金融是经济的核心，也许有部门之见。如果站在整个社会的发展来看，则能“更上一层楼”。当代，金融业作为国民经济的第三产业，其产出在 GNP（国民生产总值）的构成中占有相当大的比例，在一些发达的市场经济国家甚至占了绝大部分；当代，人们的价值观在起变化，对于什么是财富，能够被更多人接受的观点是：超出了个人物质资料和产品需求的范围，金融商品作为一种代表财富的资产，已经构成财富的组成部分；当代，市场作为商品交易的体系更加丰富多彩，金融商品交易占据了相当大的领域，在国际市场体系中，金融商品的交易已经大大超过了实物商品的交易；当代，人们的需求也在起变化，居民的生活消费超出了吃、穿、住、行的范围，需要精神支柱和精神文明建设，企业家追求实现更多的社会价值，金融业在为居民的生活服务和企业家的经营管理中，不仅起着货币结算和融通资金的作用，而且起着提供信息、保障信用、维系社会秩序正常的作用。所以有人把金融业也称为信息业。所有这些都表明，对于金融业在人类社会经济生活中的地位和作用，要进一步更新认识和评价。

20 世纪 90 年代，亚洲金融危机发生以后，金融与经济的关系看来不能只从决定与反作用的“双向”关系去理解，还需要从“辐射、折射”等多层次、不同方位去考察。我认为：这样来诠释金融是经济的核心，是遵循邓小平同志指出的“金融搞好了，一着棋活，全盘皆活”精神的。这样的诠释正是基于运行机制的。

从宏观的角度来把握金融“核心”地位，集中到中央银行制定和执行什么样的货币政策上。在现代经济的条件下，货币政策的首要目标，是保障就业和防范通货膨胀。对金融“核心”地位进行这样的理解尤为重要。在这里笔者仅指出以下问题：

1. 弗里德曼理论的局限性

是不是货币多了物价就涨？这在理论上和实践上都是值得探讨的问题。学术界和实际部门不少人都认为货币多了物价就涨。其理论根据主要是弗里德曼（Milton Friedman，

1912—2006，美国经济学家、诺贝尔经济学奖获得者）的“通货膨胀纯粹是一种货币现象”。这个论断是弗里德曼在1963年出版的《通货膨胀：原因与结果》一书中提出来的。其核心思想是强调通货膨胀只能由货币数量急剧增加而引发，并非产出增长所致。弗里德曼为什么得出这一结论呢？他本来是学文学的（本科和硕士阶段学文学，博士阶段学哲学）。获得了学位后，他先到纽约一家经济研究所工作，研究经济问题。1941年12月，太平洋战争爆发，美国军费急剧增加，人们担心通货膨胀，于是他与同事们在哥伦比亚大学承担了一个课题：通货膨胀与税收政策。对这一课题的研究得出的结论是：提高税收→抑制需求→防止价格上涨。这样一种思想的形成，有当时战争形势的导向的影响。还要指出的是：弗里德曼肯定通货膨胀纯粹是一种货币现象这个结论的提出，也是在一个课题的研究当中。1963年，他与另外一个人（安娜·施瓦茨）共同完成了课题《美国货币史（1867—1960）》，课题整理了美国100多年以来的货币供给，发现货币供给增长→名义收入增加→价格上涨，有同向相关关系，而且这种相关关系有“时滞”即时间间隔。时间间隔有长有短，从长期观察，货币供应量是稳定的。所以，他所谓的“纯粹”是一种货币现象内含着货币供给对物价影响的传导过程，并非较多的货币追逐较少商品这样简单。

之后，1991年，弗里德曼在《货币的祸害——货币史片段》中对“纯粹”又有新的诠释：“在今天的世界里，通货膨胀就是一种印刷机现象，政府操纵印刷机，也可理解为纯粹是政府行为。”他还说：无论何时何地都是一种货币现象。这是他考察了多国后，从“经验感知”和“崇尚（个人主义、自由主义）”里得出的认知。

弗里德曼是经济自由主义者。他与夫人共同写了《自由的选择》一书，主张对内自由放任，对外自由贸易，反对国家干预。他认为推动社会发展和进步有两个原则，即按指挥的原则和按自愿组合的原则，认为社会的一切秩序都是通过自愿合作交换建立和发展起来的。

2. 对通货膨胀的再认识

（1）通货膨胀不完全是一种货币现象。不是货币多物价就涨，也不是货币多，物价就不涨。货币多物价涨的逻辑是基于需求，货币都变成购买力；货币少物价涨是基于人们的心理预期，如中国1988年价格改革中的所谓“闯关”。

（2）物价没涨，但人们的经济负担仍然会加重，人们持有的资产仍然会遭到损失。产生这种状况的原因：①物价上涨的程度是人为统计出来的，统计的数据有误；②人们的负担加重没有被统计在物价指数中；③有行无市，持有的资产不能变现，只能是观念的，不能是现实的，也可称之为“影子损失”。

（3）在特定时期，中国主要是成本推动型通货膨胀。需求拉动型通货膨胀主要不是消费，而是投资。当前通货膨胀与一些经济领域持续高速发展相关，在这种形势下，要降低通货膨胀就要放缓发展速度。巴西中央银行把基准利率提高到了11.75%，仍未控制住通货膨胀。提高利息，可抑制投资，但会增大成本，特别是抬高资金的社会成本。有风险偏好者，即使提高利息，股市仍然会上涨。

（4）通货膨胀是国际现象。这有两层意思：一国通货膨胀传导使别国通货膨胀；一国抑制通货膨胀，需要别国配合。从人民币与美元的关系考察，美元是信用货币，靠政府信用支持，具体地说，靠美国国债支撑，而美国国债又靠中国购买支撑。从这个意义上说，美元的信用与中国外汇储备3万多亿美元紧紧地连在一起。

在目前的国际金融格局下，美元与全球的经济运转紧紧地连在一起，如果没有美元，全球的经济很难运转。从这个意义上说，3万亿美元不只是中国的外汇储备，而且是全球的货币储备。

全球承担了美元增发带来的通货膨胀压力，中国是这一压力的最大承担者。中国承担通货膨胀的压力，不仅要使美元稳定，而且要使全球的经济稳定。

3. 不能忽视在推动“全球化、一体化”的趋势下，也存在“区域化，多极化”

展望未来，当代世界存在着“经济全球化，金融一体化”的趋势是正确的，但从改革开放的现实出发，我们更应当看到当代世界已经形成了经济与金融的区域化和多极化。从经济领域来说，至少有“三元结构”，即北美自由贸易区、欧洲自由贸易区和亚太自由贸易区。

不可否认，在这“三元结构”的自由贸易区中，都有一个国家占主导地位，或者说起着举足重轻的作用。在北美自由贸易区，起主导作用的是美国；在欧洲自由贸易区，起主导作用的是德国；在亚太自由贸易区，起主导作用的是中国和日本。它们之所以起主导作用，是因为它们的经济实力强，在资金、技术、人才方面具有优势。所以，不仅“三元结构”的贸易区之间有“摩擦”和竞争，而且自由贸易区内部也存在主导国与非主导国、地区之间的“摩擦”和竞争。从金融领域来说，三个自由贸易区主导国的本币，成了国际货币。有人曾预测21世纪的世界货币的格局是美元、欧元、日元“三足鼎立”，但这种预测的可行性和现实性，归根到底也要取决于其经济实力。在经济贸易区“三元结构”的条件下，我国怎样适应经济全球化的形势？在国际货币“三足鼎立”的条件下，我国怎样适应金融一体化的形势？恐怕不能只注重它们统一、趋同的一面，更要注意它们差别和矛盾的一面。

二、既要积极参与，更要权衡利弊

有人说在经济全球化和金融一体化的形势下，我国与其被动地适应，不如主动地参与。主动参与是必要的，但必须权衡利弊得失。

在经济全球化的趋势下，发达国家与发展中国家不可能公正、公平地往来，这种不公正、不公平性表现在以下几个方面：①资金流向不公正、不公平。资金流向受利率（有时也称“利息率”，后面不再注明）、汇率杠杆的影响，受信用等级的制约。由于发达国家经济实力强，可以操纵利率、汇率杠杆，由于发达国家权威信用评级机构的“偏好”，任意变动发展中国家金融机构信用等级，使得发展中国家在国际融资中处于不利地位，使资金流向不公正、不公平。②技术转让的不公正、不公平。一些发达国家把过时的、落后的技术设备转让给发展中国家。③贸易上的不公正、不公平。这种不公正、不公平排除价格因素不论，发达国家要求发展中国家着力推销它的“剩余产品”，如农产品，而发展中国家供给它们的是“初级产品”和日用消费品。这表明，通过贸易转让主要是为它们提供原材料和生活服务，而不是让发展中国家吸纳先进技术。④环境保护上的不公平。发达国家为保护自己的环境，拥有丰富的能源资源而不开发，从其他国家进口能源，维护它自己的资源，不致破坏、污染环境，这可以说是转嫁环境危机。在经济全球化趋势下，不公正、不公平的事还有很多，不能一一列举。究其原因，主要是：跨国公司的垄断和缺乏共同的规范。经济全球化实际上意味着跨国公司的垄断全球化，垄断没有公正、公平可言。再说，经济全球化进程中产生的矛盾和出现的问题没有一个统一的道德标准，没有一个公正的法庭裁判，自然就不公正、不公平。在这种不公正、不公平的态势下，经济全球化的趋势使发达国家从中得到的好处肯定比发展中国家从中得到的好处大得多。

三、既要坚持开放，更要反对霸权

在当代经济学中有这样的理念：①当代经济已形成一个世界性的生产网络。在这一网络中，你中有我，我中有你，国界开始模糊，各国都是商品生产链条中的一环。②经济的发展要靠出口启动，世界经济增长取决于世界贸易的发展。③某个国家的经济结构，不能关起门来调整，关起门来调整是始终调整不好的。应当说这样的理念是要把国别经济融入全球经济之中，因而为开放奠定了理论基础。但不可否认，这样的理念是对以下理论的否定和削弱：

自力更生、增强实力，发展民族经济；扩大内需是发展经济的战略选择和长远方针；在国别范围内保持经济持续、稳定、健康地发展。因此上述理念需不需要调整修正，不是不可以讨论的。在这里仅仅指出一个事实。1999 年，西方 7 国首脑会议在德国科隆召开。首脑们虽然在讨论国际货币、国际收支、国际债务与经济全球化和金融一体化的问题，但各有各的算盘，都热衷于维护自己的国家利益，争权夺利。所以在当代，全球都在大讲开放的条件下，我们不能不反霸权。概括地说，经济、金融方面的霸权有：只许我实行保护主义，不许你实行保护主义；共同的协议和法规，只对你有约束力，不对我有约束力；提出高的“要价”，设置加入国际组织的障碍，要你屈服于他；单方面的经济制裁或以经济制裁相威胁；把与经济、贸易不相干的问题，如“人权”等联系起来，施加政治压力；控制世界金融组织，制定有利于己的国际法规，修改不利于己的游戏规则；依仗资本优势，通过代理人逼迫受援国家按自己的意图改革开放；纵容一些金融组织造市投机，传递金融危机，掠夺别国财富。

在对外开放中反对霸权，我们需要增强国力，把经济与政治、军事力量联系起来；我们需要在科学技术上创新，既要掌握和运用尖端科学技术，又要掌握和运用实用科学技术；我们需要在制度上创新，实现计划经济向市场经济体制转变，调动人们的积极性，让市场提高效率，优化资源配置；我们需要建立健全内部管理系统，防范内部可能发生的经济风险和金融风险，也要有效地抵制外部传导来的经济风险和金融风险。

四、金融安全是国家安全的重要组成部分

（一）新的国家安全观

习近平总书记提出：要坚持总体国家安全观，要走出一条中国特色国家安全道路。他指出，①当前我国国家安全内涵和外延比历史上任何时候都要丰富，时空领域比历史上任何时候都要宽广，内外因素比历史上任何时候都要复杂；②贯彻落实总体国家安全观，必须既重视外部安全，又重视内部安全，对内求发展、求变革、求稳定、建设平安中国，对外求和平、求合作、求共赢、建设和谐世界；③处理好同外部世界的关系，是中华民族伟大复兴征程上需要长期面对的重大课题；④一个国家要谋求自身发展，必须也让别人发展；要谋求自身安全，必须也让别人安全；要谋求自身过得好，必须也让别人过得好；⑤我们要坚持走和平发展道路，但决不能放弃我们的正当权益，决不能牺牲国家核心利益，任何外国不要指望我们会拿自己的核心利益做交易，不要指望我们会吞下我国主权、安全、发展利益受损的苦果；⑥不管全球治理体系如何变革，我们都要积极参与，发挥建设性作用，推动国际秩序朝着更加公平合理的方向发展，为世界和平提供制度保障。这六点应当是新国家安全观的主要内容。

习近平总书记指出：坚持总体国家安全观，要以人民安全为宗旨，以政治安全为根本，以经济安全为基础，以军事、文化、社会安全为保障，以促进国际安全为依托，走出一条中国特色国家安全道路。这条道路怎么走呢？习近平总书记指出：①既要重视国土安全，又要重视国民安

全，坚持以民为本、以人为本，坚持国家安全一切为了人民、一切依靠人民，真正夯实国土安全的群众基础。②中国是一个大国，决不能在根本问题上出现颠覆性错误，一旦出现就无法挽回、无法弥补。③网络安全和信息化对一个国家很多领域而言都是牵一发而动全身的，要认清我们面临的形势和任务，充分认识做好工作的重要性和紧迫性，因势而谋，因势而动，顺势而为。④要正确把握党的民族、宗教政策，及时妥善解决影响民族团结的矛盾纠纷，坚持遏制和打击境内外敌对势力利用民族问题进行的分裂、渗透、破坏活动。对此，习近平总书记进一步指出了亚洲安全观：概括地说，亚洲安全就是要搭建地区安全合作新架构，努力走出一条共建、共享、共赢的亚洲安全之路。亚洲安全是：共同安全、综合安全、合作安全、可持续安全。

所谓共同，就是要尊重和保障每一个国家安全；

所谓综合，就是要统筹维护传统领域和非传统领域安全；

所谓合作，就是要通过对话合作，促进各国和本地区安全；

所谓可持续，就是要安全和发展并重，以实现持久安全。

经济的发展、金融制度的改革，必须关注金融安全。这需要先在理论上弄清一个概念：金融安全的含义怎么规范？或者说什么是金融安全？**金融安全有着丰富的内涵和深刻的含义：它包括防范金融风险、金融危机；防范金融领域的盗窃、诈骗、贪污、挪用；杜绝金融工作岗位上的失职行为；反逃汇和非法套汇、反假钞、反洗钱等。**这样讲，旨在表明：金融安全是一个涉及多种因素的复合概念。一个区域乃至一个国家的金融是否安全，应以以下指标去衡量：①人们持有的金融资产的价值（包括货币）不遭到损失；②社会金融秩序能得到维护；③金融机构能正常运转；④国家政权不受到金融威胁。所以它的底线是：所谓国家的金融安全，就是绝不能发生金融领域存在的问题，导致国家政权受到威胁。

国家政权会怎样受到威胁呢？

（1）物价涨跌影响收入分配，收入分配影响民心。国民党政府垮台，就是恶性通货膨胀，使民心向背发生了变化。在20世纪亚洲金融危机中，印度尼西亚的苏哈托政权倒台，也是物价飞涨，不得人心的结果。

（2）资产价值特别是国有资产的价值高低关系着政权的经济基础。资产的价值就是以货币衡量的，货币贬值就是对资产的掠夺。在开放的条件下，某个国家货币贬值使资产价值下跌，另一国则能够进行收购。在美元贬值、日元升值的情况下，有利于日本人收购美国的资产；相反，则有利于美国人收购日本的资产。当一国的资产被别人收购，就丧失了政权的经济基础，特别是国有资产。

（3）市场由谁占领，关系着人们的经济生活是否正常、稳定。在市场经济条件下，人们的衣、食、住、行都要靠市场。市场是经济生活的供给者，供不供给、供给什么、供给多少，在什么空间、时间范围内供给，按什么价格供给，都影响着每个家庭的生活安排。如果这个市场由别有用心的人掌握，他就可能会制造混乱，让政府难以维持。

结合金融领域来说，在人们富裕起来了的情况下，人们的资产选择要靠市场。市场是金融商品的供给者，同样，供不供给、供给什么、供给多少，在什么空间、时间范围内供给，按什么价格供给，都要影响到每个人的资产选择。如果这个市场被投机者操纵，则可能会带来混乱，让政府难以维持。

要知道，金融能使你成为“暴发户”，也能使你瞬间变成“穷光蛋”。金融能使你立刻成为债权人，也能使你迅速变成债务人。

外汇汇率的变动，关系着政府财政的清偿力。20 世纪末，俄罗斯发生金融危机的事例，充分表明了这一点。

总之，金融安全是个有着多重意义的复合型概念。影响金融安全的首要因素是经济周期，并不主要是金融机构的运作。在对外开放、经济全球化、金融一体化的条件下，金融安全很大程度上取决于外因，而不主要取决于内因。因此，金融安全，必须关注世界经济的格局、经济周期的变动和我国的开放程度。多年前有人写文章提出“根据外资金融机构常用的策略，可以模拟出它们在中国本土攻城策略的基本路线图”①，即所谓的八个步骤。我认为这是有条件的，其中最重要的条件是货币的国际化程度和资本市场的开放程度。所以，这样的基本路线图只具有可能性，没有必然性。进一步说，讨论金融安全，要研究外资金融机构对宏观经济、信贷供给、就业创造、金融服务水平、市场与竞争的垄断程度的影响，等等。

当前，人们主要是针对引进战略投资者后金融机构的运作来讲金融安全的，比如金融信息被别人掌握，不利于

---

① 余云辉，骆德明. 谁将掌握中国的金融？[J]. 财经科学，2005（6）：1-6.

自主竞争；别人参股、控股商业银行，做出不利于发展我国民族经济的决定；利率、汇率和其他金融产品的价格受到别人的操纵冲击，不利于资金流动等。对于这些比较具体而涉及的因素较多的问题，应怎样认识？

第一，要防范金融信息被别人掌握的问题。在信息技术高度发达的今天，信息（包括金融信息）是容易被别人掌握的。一方面，人们能够通过互联网收集、整理、加工、转让相关信息；另一方面，有关国际组织要求有关国家定期如实报告；加之，现在国内外不少机构（包括金融组织）专门在研究信息。在这种情况下，难以封锁信息。但话说回来，每一个国家为了自身利益也必然在公开、公正透明信息方面有所保留，有所防范。外国如此，我国也不例外。就拿股份制商业银行来说吧，一旦在海内外上市后，就必须向证券交易所和监管部门定期报送有关信息，并向投资者和社会公众公开，但按国际惯例或有关规定，允许对其中的某些部门（如关系着军事机密和国家安全）进行保密，或做技术上的处理，也就是说不直接公示。这可以说是不言而喻的，彼此心知肚明，相互机会均等。当前，银行信息系统值得注意的安全问题是：

（1）银行信息系统建设与维护依赖外国公司。目前绝大多数银行信息系统建设的核心技术，如系统主机、小型机、存储磁盘等高端硬件设备，操作系统、数据库等核心系统软件，大多由外国公司提供；相关系统升级、扩容和维护也都依赖这些外国公司；部分银行应用软件研发也在一定程度上依赖外国公司。

（2）金融电子信息的安全和保密存在一定风险。银行信息系统缺乏安全管理标准，保密意识不强，一些重要或涉密的金融电子信息有被境外机构获取的隐患。此外，一些银行聘请外资中介机构对其信息系统进行审计，审计范围和调阅的资料有可能涉及核心信息。

（3）银行数据中心的建设与管理存在信息安全隐患。目前，银行大都采取数据集中管理模式，存在数据中心选址布局过于集中、灾难备份与恢复能力不足、机房安检措施不够严格等问题。

第二，要有自己的话语权。别人参股、控股以后是否做出对我国发展不利的决定，这要看别人有多少话语权。按我国现阶段的政策，战略投资者的话语权是有限的。再说，别人到我国来主要是占领或部分占领中国金融市场。金融市场的发展要靠经济的增长和发展，其中包括中国的民族经济。所以，如果它做出决定来限制中国民族经济的发展，对它自己有多大的好处呢？

必须指出的是：限制我国经济发展的原因主要不在于金融运作，更不在于引进战略投资者，而在于技术，特别是尖端技术由谁来掌握、推进。在我国现阶段，一些领域被外资经济占据了优势，都是它们掌握和控制了先进技术、尖端技术。为什么习近平总书记强调“自主创新”，强调要建设“创新型国家”？我认为就是要从技术创新方面振兴发展民族经济。

第三，要避免利率、汇率被别人操纵。利率、汇率和其他金融商品的价格被别人操纵、冲击问题，主要取决于经济、金融实力和政治博弈，把这个问题简单地归结为引进战略投资者是欠妥的。我国是经济大国，是经济持续增长的国家，经济金融实力已经增大并正在增强，加上政府对经济、金融的强有力的调控和干预，别人想在资金和金融商品上做文章，是不容易的。

人们担心金融安全，表明他们关心我国金融事业的发展，提醒管理层决策者不要“上当受骗”，这是广大理论工作者、实际工作者的爱国心、责任心的集中表现，是值得倡导的。要让学术界和实际工作者充分发表意见，管理层决策者要“兼听则明”，这是我国民主制度推进的表现。不过要说明一点：有一些人的担心是因为他们不熟悉甚至不懂金融。经典作家说银行是绝妙的机关。现在看来，其中绝妙的学问，不仅需要专家掌握，而且也要适当做普及宣传。

第四，从现实出发，金融安全要注意：既要控制通货膨胀，更要关注就业。在发展中国家的经济发展过程中，物价上涨是一种必然的趋势，特别是生活资料的物价上涨，在所难免，因为需要通过市场、通过价格去调配资源。比如农产品中的粮食价格上涨，不仅是难免的，而且是应当的。它能够增加农民收入。所以，在通货膨胀条件下，要使生活资料价格降下来是不可能的，是不现实的。现实的选择是如何保持币值的稳定，不降低人们的实际收入。在信用货币制度下，币值取决于购买力，保持单位货币的购买力不变的办法，除了降价外，还可以增加购买者的货币收入，物价上涨→货币收入等比例增加→购买力不变。所以，在我国现阶段讨论通货膨胀问题，与其说是讨论如何使物价降低，不如说是讨论如何增加各阶层人们的货币收入，使购买力稳定。

控制通货膨胀，稳定币值是货币管理当局的首要职责。控制通货膨胀有操作目标、中间目标、最终目标。一般来说，存款准备金率、公开市场业务和再贴现率是控制通货膨胀的操作目标，利率和货币供给量是控制通货膨胀的中间目标，而最终目标是要兼顾经济增长、充分就业和国际收支平衡。当代，影响货币供给量的变数较多，对货币供给量的调控有局限性，而利率的敏感度受正式制度和非正式制度的影响较大，调控利率的效应往往会被若干因素抵销。在这种状况下，为了实现控制通货膨胀的最终目标，要着力调控人们的预期。

结合我国现阶段的实际，必须明确以下三个问题：

（1）控制通货膨胀，目标是什么？怎么选择？一种选择是使物价降下来，接近原来的水平。另一种选择是维持币值稳定，不降低人们的实际收入。

增加人们现实的货币收入，又有着若干种选择：可以提高利息，可以减税，可以补贴，还可以控制各种费用开支。但除了增加人们现实的货币收入外，还应当给人们一个预期。预期取决于人们的行为，行为反映对物价上涨的承受力。所以，在通货膨胀条件下，要着力调控人们的预期。

（2）生产资料价格上涨，怎样影响 CPI（消费者物价指数）变动，很大程度上取决于对生产资料的供求。如果供>求，生产过剩，则影响度弱；如果求>供，生产短缺，则影响度强。比如现阶段的煤、电、油、运，处于短缺状态，它们价格上涨，对 CPI 的影响度强。影响度实际上就是相关生产生活资料与人们生产生活的关联度，煤、电、油、运与人们的生产生活关联度强。

（3）在通货膨胀状况下，中央银行采取什么货币政策，要分析经济增长主要靠什么，特别是经济增长与就业的关系。中国经济增长，一靠投资，二靠消费，三靠出口。现阶段，推动中国经济增长，要着力打造“双循环”，即以国内大循环为主体，国内国际双循环相互促进。这样的“双循环”，既要扩大出口，增加外需，更要增加投资和消费，扩大内需，所以控制通货膨胀，归根到底是一个货币供给与对商品的需求问题。在新时代，中国社会的主要矛盾是人民日益增长的美好生活需要和不平衡不充分的发展之间的矛盾，所以控制通货膨胀，防范经济泡沫，确保广大人民的资产不受损失，提高生活水平和质量，是治国理政的重要组成部分。

从学理上说，通货膨胀是经济学研究永恒的主题，之所以“永恒”主要是因为通货膨胀与就业密切相关：人口的增长，劳动力的增加，人们生活水平的提高，必然要增加就业；要增加就业，必须发展经济；而经济的发展，需要货币推动；货币的推动避免不了商品价格的波动；商品价格的波动会带来通货膨胀。进一步说，社会经济的发展，难以在零失业率或零通货膨胀率状态下进行，社会经济发展的组织者只能选择较低的失业率或较低的通货膨胀率。而失业率与通货膨胀率的存在有一个共性，那就是社会需求，因而从需求管理的角度说，二者有替代关系是能够成立的。问题是在什么条件下失业与通货膨胀能够相互替代，在什么条件下失业与通货膨胀不能相互替代。从政府行为的角度说，如果能以失业去替代通货膨胀，则政府的行为将侧重于治理失业。换句话说，在前一种情况下，治理通货膨胀以失业为代价，在后一种情况下，治理失业以通货膨胀为代价，都需要社会成员付出，就是说，都需要做出一定的牺牲。能付出多少，能承担多大的牺牲，要考察社会成员对失业或对通货膨胀有多大承受力。

在考察社会成员对失业或通货膨胀有多大承受力时，需要在理论上划清界限：是指对公开失业的承受力，还是指对包括隐蔽失业在内的整个社会失业的承受力；是指对公开通货膨胀的承受力，还是指对包括隐蔽通货膨胀在内的总体通货膨胀的承受力。失业这个概念，在市场经济国家，通常是指具备了劳动能力、愿意工作而找不到合适工作的人群所处的状态。这样说，是否哪些具备了劳动能力、愿意工作，而且有工作岗位的人都是非失业者呢？经济学的研究讲求劳动资源的合理配置和充分运用，所以不能简单地肯定有工作岗位的人就是非失业者。有的人在一定的工作岗位上劳动，但不能充分地发挥劳动力的作用，比如中国农村人多地少，有部分农民实际上处于隐蔽失业状态，或者说在人多地少的中国农村有剩余劳动力。要计算有多少隐蔽失业者是困难的。理论分析的办法是：假定抽走部分劳动力后，不至于使农业生产力下降，则被抽走的这部分劳动力便是农村的隐蔽失业者。隐蔽失业者除农村外，在一些城市也有，但不如农村明显、严重。在考察社会成员对失业有多大的承受力时，惯例是把隐蔽失业者排开，仅以公开失业者而论。因为公开失业者既没有工作也没有收入，往往是引起社会不安定的因素之一，而隐蔽失业者虽然在其岗位上收入不多，但一定时期内不至于直接影响社会安定。所以，治理公开的通货膨胀特别重要，不能掉以轻心。

据彭博新闻社网站 2021 年 3 月 12 日报道，现在金融市场最大的问题是，新冠肺炎疫情后的复苏是否会带来新一轮通货膨胀。在世界经济的一些角落，通货膨胀已经出现。原因在于大豆或铜等大宗商品以及航运等行业，价格一直在迅速攀升，这与疫情冲击的直接影响、政策应对措施或在复苏预期下的需求激增有关。进一步的深入分析是：

政府为摆脱疫情导致的经济萧条而采取的措施包括：对基础设施项目进行投资，为那些将部分现金用于电子产品消费的家庭提供财政支持。两者都导致对金属的需求飙升，从而推动金属价格稳步上涨。金属价格上涨增加了制造商的成本。这就是中国在一定时期内公布的工业生产者出厂价格指数高于预期的原因之一。

在疫情封锁和居家办公的一年里，从笔记本电脑、电视机到网络摄像头，半导体是许多热销产品的重要组成部分。存储芯片等一些产品的价格出现攀升。

疫情后的食品反弹是全球食品价格上涨的一个推动因素。在美国，随着订单量巨大的餐馆恢复营业，鸡腿价格出现上涨。中国国内经济的复苏正在刺激对大豆的需求，大豆价格在过去一年里上涨了超过 60%。还有许多推动价格上涨的其他因素，包括常见的干旱和疾病。

能源在需求强劲、经济复苏很可能带来更多旅行行为的同时，由于产油国决定限制产量，石油也遭受了供应短缺的打击。这推动原油价格涨至接近每桶 70 美元，为近两年来的最高水平。这尤其对依赖能源进口的新兴工业国家构成了威胁，如土耳其和印度。这些国家有可能被推向更大的贸易和预算赤字，导致投资者望而却步，货币贬值。

近几个月来，航运价格飙升，背后的原因是集装箱短缺，这必然导致进口商品的成本增加。

还要指出的是：在国际上，当代金融不仅竞争激烈而且是一种隐形的战争方式。金融是现代经济的制高点。大规模金融动荡能够使一个经济体崩溃、社会动荡、政府下台。美国国防部在2009年3月曾举办了人类历史上第一次金融战争演习。对这场演习，人们总结为三个方面：攻击金融制度、制裁金融主体、破坏货币的供需和价格。

（1）在攻击金融制度方面，主要是胁迫目标国，过快过急、过度开放金融市场，以金融自由化为契机，控制目标国金融机构，投资目标国的资本市场，推动目标国金融泡沫的形成，在泡沫破灭前又抛售资产"剪羊毛"。

（2）在制裁金融主体方面，主要是三点：一是切断支付清算渠道，二是对金融机构、实体企业和个人进行金融制裁，三是下调主权国和企业的信用等级。美国对外通过三个支付系统，即环球银行间金融通信协会和纽约清算所银行同等支付系统。这两个系统，前者交换电文，后者进行实际支付清算。还有一个对内的支付系统：联邦储备通信和国内支付清算系统。为什么能对目标国进行制裁？一是掌握了制裁权，高管层是美国人；二是行使"长臂管辖权"，他认为你违法了，就处罚你。

（3）在破坏货币的供需和利率、汇率方面有：如果认定你是"汇率操纵国"，它就可加征惩罚性关税，限制对目标国的进口，迫使目标国货币升值。在迫使目标国货币升值的同时，又引出目标国放水应对。如目标国放水应对，又造成该国货币贬值。在目标国货币贬值时，又导致资本恐慌性地抽资外逃，造成金融市场动荡。

此外，恶意做空目标国股票和债券市场：利用美元的国际地位，进行货币超发输出通货膨胀，引发新兴市场债务危机或货币崩溃，也是金融战。

有专家指出："金融战"不仅指一个经济体对另一个经济体发动的金融制裁，还包括一个强大的国际金融资本突然对一个金融体系存在严重漏洞的主权国家或关税经济体发动货币狙击。长期的金融战会引发一个国家的金融危机，摧毁其经济体系，使其经济发展陷入长时间停滞。回顾近几十年的历史，美国非常擅长通过金融战操纵全球经济，从而达成自己的战略目的，其常用的武器就是金融制裁。为了在关键时刻顺利发动金融制裁，美国还准备了一系列法律依据。美国发动金融战的底气在于美元霸权、支付清算垄断与无可替代的发达的金融市场。以美国曾经发动的金融战为样本，对金融战进行一些前瞻性的分析与研究是十分必要的①。

黄志凌指出，金融战有这样几个鲜明的特点：一是危害性强。实施金融制裁和货币狙击等手段，意在引发相关国家或经济体的金融危机，最终摧毁其经济体系，使其经济发展陷入长时间的停滞，而且危机后经济的恢复通常又是长期的、困难的。二是隐蔽性强。不像贸易战那样透明（譬如加征关税、进出口管制等都是公开的），受到货币狙击的国家或经济体在初期往往不知道具体的"敌人"是谁，

① 黄志凌. 关于金融战的理解［J］. 全球化，2020（3）：23-39.

金融制裁也是先以合规性理由从个案（有时是关键核心企业或金融机构）入手，具有“温水煮青蛙”效应。三是专业性强。大量操作通过金融市场进行，尤其是一些汇率异常波动、非正常交易等，有些属于市场投机行为，有些属于有计划的金融战行为，非专业人士很难识别与判断。四是突发性强。一旦暴发，就不会给被攻击与制裁的国家或经济体留下充足的应对时间。五是传染性强。透过市场特有的“恐慌机制”，由一个具体的交易或具体的市场形态，迅速蔓延至整个金融市场并形成金融危机。

因此，我们对于金融战的特殊性必须予以高度重视，更不能简单套用贸易战或军事战争的逻辑与思维来应对可能发生的金融战。

（二）维护国际金融安全的选择

应当承认，多少年来，金融动荡搅动了全球。回顾历史，亚洲金融危机的影响还没过去，俄罗斯的金融危机接踵而至，进入 1999 年，巴西又陷入金融危机的深渊之中。危机使新兴市场经济国家饱受痛苦，发达的市场经济国家难免受损，使全球经济处于不景气状态。怎样看待、遏制、防止这场震动全球的金融危机，维护金融安全，经济学家们有自己的见解，政府权威人士有不同的意见，金融家们有建议的方案。

冷静地思考经济学家的见解和西方政府权威人士的意见，就会发现：①他们的见解和意见都是有利益倾向性的。这种利益倾向性概括地说，就是站在发达的市场经济国家的立场上，为资本的利益追求出谋献策，所谓成立定期论坛，交换情况，无非是为资本的利益追求提供更多的信息。

②这种利益倾向不由单个的国家去维护，而要共同维护。西方七国集团提出的建立金融危机的预警机制，最明显地体现这一点。③所谓见解和意见，更多的是要发展中国家尽义务，而不是要发达国家承担责任，所谓的增强经济和金融的“透明度”，无非是要发展中国家亮出“底牌”让别人选择。④这些见解和意见从经济理论上去评析，能够分为两类，即在防范和克服金融危机中是崇尚市场行为，让市场去调节，还是崇尚政府行为，让政府去干预。增加各种信息“透明度”，实际上是崇尚市场行为，让市场调节，因为它的理论假设是：只要信息灵通，市场就能自理；制定各种规章制度，加强监管，实际上是崇尚政府行为，让政策干预，因为它的理论假设是：政府是理性的，只要政府干预，非理性就能够得到抑制。

基于对经济学家和西方权威人士相关意见的上述评价，我们认为在研讨维护国际金融安全时，①要从维护发展中国家的利益出发，尽力所能及的义务，享应当享有的权利，义务与权利应当是对等的。②发达国家特别是大国，在稳定国际金融秩序、维护国际金融安全方面，要尽更多的义务，承担更大的责任，特别是在维持国际货币汇率的稳定方面，更应如此。③在汇率机制方面，也要反对“美元霸权”。在 2021 年 2 月 20 日召开的七国集团财长及中央银行行长会议上，德国财长拉方丹提出建立美元、欧元、日元“汇率目标区”的建议，不无道理，因为能够起到相互制衡的作用。可是这个建议遭到美国财长鲁宾断然否决，这就是“美元霸权”在汇率机制方面的表现。④资本的流进流出都要权衡收益与成本。这种权衡主要是回报率，它们直接体现在汇率和利率的变动上。汇率和利率有名义和实际之分。名义汇率和利率主要取决于货币管理当局的调控，但实际汇率和利率受多种因素影响，各国政府不仅要稳定汇率，而且要协调汇率与利率的关系，并从协调汇率与利率的关系中引导资本流动，特别要防止资本逆向流动。⑤加强国际金融监管的合作是必要的，但国际金融监管合作必然建立在健全国内金融制度、加强国内金融监管的基础上。⑥加强国内外金融监管，及时掌握信息，提高技术水平是必要的，但资本项目下的可兑换应当是有序的、渐进的。国际资本流动是不能阻止的，但是能够管理的。对短期资本的流动，可按照国际通行的做法采取征税、保证性依存以及规定国内机构的国外负债率等措施去管理。⑦金融的基础是经济，金融是经济的核心，防范和克服金融危机，重要的还在于发展经济。各国都要调整经济结构、扩大内需，金融危机带来的损失要靠发展经济去弥补，不应把危机带来的损失转嫁到国内外老百姓的身上。

第三章 金融制度是经济社会发展中重要的基础性制度

导读：

之所以金融制度是经济社会发展中重要的基础性制度，概括地说，是因为：①在现代经济条件下，金融不是被动地适应经济发展的需要，而是主动地推动经济社会发展；②金融要成为现代经济的核心，取决于供需双方。

本章指出：随着金融科技的发展，金融社会化已是大势所趋。在经济社会的发展中，金融的地位和作用关系着全局：社会就业靠金融推动，社会债权债务关系靠金融维护，社会资本靠金融形成，金融风险靠社会承担。

本章指出：在金融制度建设和安排中，必须关注的要素有：①建立多元化的金融组织系统；②敬畏市场规律，金融对实体经济要精准扶持；③防范和化解金融风险的着力点和切入点；④提高参与国际金融治理的能力。

本章指出：资本的无序扩张是违背了法律和道德的扩张。防止资本无序扩张，必须建立和完善道德情操和监管制度。

2019年2月22日，在中共中央政治局第13次集体学习会上，习近平总书记在指出金融是国家的重要的核心竞争力和金融安全是国家安全的重要组成部分的同时，再次指出金融制度是经济社会发展中重要的基础性制度。

之所以金融制度是经济社会发展中重要的基础性制度，概括地说，是因为：①在现代经济条件下，金融不是被动地适应经济发展的需要，而是主动地推动经济社会发展；②金融要成为现代经济的核心，取决于供需双方。一方面取决于金融业实力强不强，另一方面取决于社会成员对金融业的依赖度。影响金融业实力的因素首先是信誉，其次是承受力，重要的是对风险的承受力（其中包括资本率）。社会成员对金融的依赖度取决于人们的金融意识。一个人的金融意识强不强，受个人内在因素和外在因素的影响。“内在因素主要是货币收入状况，外在因素主要是别人的示范效应。”[①] 通过这样的分析，密切结合国内外的实际，笔者深深感到金融问题已经不仅仅是经济问题，而且也是社会问题。对此，分析必须从两个方面切入：既指出金融社会化是大势所趋，更着力阐述社会的进步和发展靠金融推动。

一、随着金融科技的发展，金融社会化已是大势所趋

（一）金融社会化，源于货币的社会化

马克思主义经济学从商品价值形态的发生、发展，科

① 曾康霖. 再论经济与金融的关系及其制度安排［J］. 征信，2019（7）：1-5.

学地揭示了货币的产生，把货币定义为“一般等价物”。“一般”是相对于“特殊”而言的，把货币定性为“一般等价物”，表明能为社会大众接受，具有社会化的含义。马克思主义经济学中的货币是指黄金，意思是黄金=一般等价物=货币。从这个意义上说，货币又是特殊商品。之所以特殊，是因为黄金作为货币只能在一定的空间和时间范围内使用，超出这一定的时空范围，黄金就不是货币了。但必须指出，这是从黄金的使用价值来讲的。马克思说：“黄金天然是货币，货币天然不是黄金。”黄金作为货币有它的自然属性，即黄金的使用价值的特殊性，但货币天然不是黄金，黄金在成为“一般等价物”前也是一种特殊商品，只有在它成为“一般等价物”后，才成为其他商品用以表现自身价值的尺度，才成为被追求的对象。这样的分析，表明“黄金天然是货币”的逻辑，也表明了货币社会化的进程。

（二）信用是金融社会化的公众基础

在中国的传统文化中，信用文化丰富多彩，如“人无信不立”“无信不言”“诚信天下”“童叟无欺”等。这样的立论，基于个人品德、行为而言，可谓微观视野。而从宏观视野认知信用，则必须确立信用是人们的财富的概念。

之所以说信用是人们的财富，基于以下原因：①人们生活在权利与义务的关系体系中，信用是享有权利与应尽义务的社会学概括。“人无信不立”正表明人必须生活在这样的关系中。②当代货币都是信用货币，信用货币是信用关系的主要载体。信用货币不仅由社会权威的金融机构如中央银行和商业银行供给，而且随着科学技术的发展、制度的变迁，信用货币还能够由非金融机构供给，如数字货币。换句话说，货币是以相应的信用为基础和保障的货币符号。通俗地说，数字货币就是信用关系的量化。用它来收支结算，标识着人们权利与义务关系的建立和消除。③权利与义务关系的建立和消除，是建立在财产所有权确立和明晰的基础上的，没有这个前提条件，就无所谓权利与义务。而权利与义务是人们拥有和运用财产过程中的法理表述。财产是财富的重要构成或同义语，所以，确认信用是财富是顺理成章的，是被普惠金融实践证明且更是被社会认同的。

有人说“未来个人的财富路线是：行为→能力→信用→人格→财富”，意思是，社会的发展使得人们的行为和能力在大数据和互联网的推动下转化和彰显为相应的信用度，而信用度的彰显提升着人格，人格的提升能使人占有和运用更多的财富。这样的概括，既适合于个量分析，也适合于总体分析。这表明社会的每一个人有信用度——财富值，每一个国家或地区有信用度——财富值。这就是我们要归纳的结论。

结合实际进一步进行深入剖析，可以证明信用是人们的生存剂。按有的国家（如美国）的法律规定，如果符合规定条件，个人能够破产，个人破产后所欠债务一笔勾销。这是法律的规定，也是个人能够做出的选择。这样做的好处是个人能够得到法律的保护，在个人创业失败破产后，不被债务缠身，可以一身轻松。但其弊端是增加了个人信用的不良记录。以后无论你去了哪里，这一不良记录会一直跟着你，可以说相伴终生。这样的不良记录，不仅给你的生活带来影响，而且威胁着你的生存。比如你不能在银行开户，不能获得信用卡，不能租车、租房，甚至不能买卖生活资料，不能取得别人的信任、帮助。近年来，我国也加强了社会诚信制度建设。2015 年 7 月 6 日，最高人民法院审判委员会通过了《最高人民法院修改〈最高人民法院关于限制被执行人高消费的若干规定〉的决定》，被执行人为自然人的，对其采取限制高消费的八条严厉措施。可以说，缺乏信用，寸步难行。可见信用是人们的生存剂。总之，信用作为金融社会化的公众基础，是人们生存和发展至关重要的因素。

（三）网络技术是金融社会化的压舱石和推进器

在当代信息网络化的条件下，金融归根结底是收集、储存、处理和交易信息的业务。金融的这些业务不受地理区域限制，让全球各地更多的人参与这样的交易，享有和使用金融服务，这通常被称为金融的包容性。金融的包容性集中体现在以下三个方面：①在支付结算上，使市场参与者之间直接结算成为可能，而不需要通过银行和第三方，比如比特币交易依附的区块链技术；②在融资方面，使存款人直接将货币资金借给借款人成为可能，而不需要通过银行和第三方（比如 P2P）；③在投资方面，由投资者直接选择项目，而不需要通过中介公司（如众筹等）。理论来源于实践，实践是不断丰富和发展的，由此我们能够悟出：包容其实就是允许、鼓励创新和发展。包容是世界的潮流，创新是大势所趋。

进一步分析，让我们感到震惊的是，近年来，随着金融科技的发展，金融社会化已是大势所趋。中国人民银行的数据显示：近年来我国非货币交易的业务总量稳中有进，在支付系统平稳运行的同时，交易规模不断扩大。从 2008 年开始，智能支付呈现非常明显的不断上升的趋势，到 2015 年有所放缓。最新数据显示，2018 年第二季度的非现金支付业务共 533.58 亿笔，同比增长 44.61%，说明智能支付仍在大幅增长[①]。以腾讯支付为例，2014—2017 年微信红包收发总量在 3 年间增长了 700 倍，2014 年总量仅有 2 000 万元，但到 2017 年总量达到 142 亿元。仅 2018 年除夕，参与微信红包收发的总人数已达到 6.88 亿，同比增长 15%，“互联网+”已经改变了传统的支付方式[②]。

近年来，得益于经济增长、政策红利、社会财富持续积累等因素，加上消费方式的升级促进了保险市场的发展，逐渐实现核保定价及承保、保单管理与服务自动化，消费者购买保险的意愿和能力不断增强。《2017 年中国互联网保险行业发展报告》显示，2011 年仅有 28 家保险公司经营互联网保险业务。截至 2017 年底，经营互联网保险业务的企业共 147 家，其中官网直销类企业共 23 家，代理中介企业共 52 家，第三方比价平台共 72 家。互联网保险的保费收入达到 1 835.29 亿元，与 2012 年互联网保费收入相比增长 16.5 倍，未来仍有较大的增长空间[③]。

中国银行业协会在《2017 年中国银行业服务报告》中

---

① 中国人民银行 2018 年第二季度支付体系运作总体情况［EB/OL］. http:/www.pbc.gov.

② 腾讯研究院，腾讯金融科技智库，等. 腾讯智慧金融白皮书 2018［R/OL］. https://wenku.baidu.com/view/a29a41e6294ac850ad02de80d15abe2300f5.html.

③ 中国保险行业协会. 中国互联网保险行业发展报告（2017）［M］. 北京：中国财政经济出版社，2017.

指出，“轻型化、智能化、特色化、社区化”已成为当今银行业发展的趋势①。面对这样的新形势，各大银行纷纷进行改革创新，推动了银行业务的智能化发展。首先，交易逐渐实现智能化。数据显示，2017 年银行业的平均离柜业务率达 87.58%，离柜交易为 2 600.44 亿笔，离柜交易金额为 2 010.67 万亿元，同比增长分别为 46.33%和 32.06%。其次，银行网点逐渐转型升级。截至 2017 年底，银行业建设自助银行 16.84 万家，约是 2016 年的 1.05 倍；安置自助设备 80.26 万台，其中创新自助设备占 14.19%。最后，电子渠道逐步拓展，手机银行和网上银行业务得到快速发展。2017 年网上银行和手机银行交易分别达 1 171.72 亿笔、969.29 亿笔，同比增长分别为 37.86%、103.42%；交易金额分别为 1 725.38 万亿元、216.06 万亿元，同比增长 32.77%、53.70%。银行智能业务的拓展和创新得益于智能技术的发展和运用。

总之，随着金融科技的不断发展，与我们生活息息相关的金融服务、金融产品、金融设备已经逐渐走向社会。

二、金融在社会发展中的地位

金融业的社会地位，体现在金融业的功能上。金融业功能的变迁，与社会对金融的需求相关，社会公众通过对金融功能的需求，推动着经济社会的进步和发展。

一个国家经济社会的进步和发展，必须建立两大系统：

---

① 中国银行业协会. 2017 年中国银行业服务报告［EB/OL］. http.www.China-cba.

一是社会成员生活水平提高的保障系统，二是社会成员生命和财产安全的保障系统。从社会管理的角度来说，这两大系统主要由政府建立并实施。对于前者，概括地说，在西方资本主义国家，主要有福利国家与非福利国家之分。福利国家（如欧洲诸国[①]）即已安排福利制度的国家，其功能为：缩小贫富差距，维护社会稳定；调节社会需求，推动经济发展；促进社会服务，缓解就业压力；扩大公民自由，体现团结互助。但必须看到，西方资本主义国家在建立并实施福利制度的同时，也面临着各种危机：在劳动力不断增加的同时，存在失业危机；在福利成本不断增大的同时，存在财政危机；在人口老龄化的同时，存在老龄危机；在贫富差距不断扩大的同时，存在社会危机；在过分依赖社会和国家救助的同时，存在思想危机。这种状况表明福利制度的建立和实施是一个国家经济社会的进步和发展所必需的，但矛盾是始终存在的。

经济社会进步和发展的矛盾，也存在于非福利国家中。美国是发达的资本主义国家，但它不是实施福利制度的国家。比如在美国，没有实行全民医保。一部分人的医保由两部分组成，即公共医保和商业医保。公共医保由财政出钱，财政替你付医药费；商业医保由保险公司出钱，替你付医药费，但你必须向保险公司交纳保险费，才能享受医保待遇，所以商业医保实际上是“私人”医保。对欧洲诸国而言，产生这样的差别，主要不是财政负担问题，而主要是社会制度和价值观念问题。美国是联邦制的国家，奉

① 世界上社会福利较好的国家是法国、德国、丹麦、加拿大、瑞典、英国、芬兰、比利时等。

行“大市场，小政府”。医疗保险应当是各州政府管辖的范围，但各州政府参与甚少，主要理念是：政府不该大部分接管医保，不应当把政府的职能“做大”。在自由主义价值观念的支配下，人们普遍认为，如果政府参与医疗保险，就干预了公民的自由。奥巴马曾推出了《患者保护与平价医疗法案》，其目标是提高医疗质量，扩大医疗受保人群，增加医疗保险可支付性。其核心措施是所有美国公民都必须购买医保，否则受罚。可是，这项法案遭到特朗普的强烈反对。他认为该法案损害了美国中产阶级、企业主、年轻人和保险公司的利益。进一步分析，美国的民主党和共和党在医保问题上的尖锐对立，反映了两种截然相反的价值观。具体地讲，个人的健康卫生医疗是个人的责任，还是社会的责任？民主党将个人的健康卫生医疗纳入基本人权的范畴，认为人们享有基本的健康卫生医疗权利。而共和党则认为美国的宪法把言论、结社和信仰自由定为天赋人权，但没有把经济收入公共分配列为人的基本人权，如果把提供健康卫生医疗保障归纳为政府责任，则是不公平的，政府只能在一些特殊的领域（如老人、贫困人口）构建安全网，实施救助，而不能实施全民医保。在这里，我们对它们的争论，存而不论。

值得我们思考和必须进一步研究的是：美国是非福利国家，但美国实施“信贷福利制度”。简明地说，“信贷福利制度”就是通过银行贷款来增进人们的福祉，推动经济社会的发展。这集中表现在人们吃、穿、住、行的日常生活消费方面。政府实行低利率政策，鼓励人们按揭贷款买房；同时组建“房利美”这样的金融机构推动政策实施；

鼓励人们借款消费，超前消费；颁布实施“家庭破产政策”等。这样的制度安排，表面上增进了人们的福利，实际上增加了人们（主要是低收入阶层）的债务负担。有研究成果表明：1980 年以前，美国工业化大生产处于全球领先地位。1980 年以后，里根总统上台进行自由化改革，使美国中下层人们的福利需求走向信贷化，称为“信贷福利主义”。按经济学的原理，生产为了消费，消费推动生产发展，在生产与消费之间，分配和交换起中介作用。问题是怎样架起这座桥梁，构建起从优的框架？在美国这样的社会里，由于在收入分配上企业家优先，年复一年，日积月累，便形成了“两极分化”，有钱的人越来越少，仅占人口的极少部分。而收入相对低的人越来越多，占人口的绝大部分。在这种局面下，所谓的“信贷福利制度”实质上是通过负债机制，推动经济社会发展。这样的机制，直接表现为政府、企业、家庭的负债率即杠杆率日益增高，“寅吃卯粮”的状况比较普遍。同时，在这种情况下，引起金融系统和金融功能的变异。“庞氏效应”就是金融功能变异的表现形式之一①。

我国自 20 世纪 80 年代提出改革开放以后，在开放促改革的形势下，在一定程度上和一定范围内，借鉴和学习美国经验。也就是说，在一定范围内和一定程度上仿照美国进行了改革。近年来国内外的金融体系和金融功能正在起变化。从金融的社会地位剖析，应聚焦的问题是：是着力

① “庞氏效应”又称“庞氏骗局”，它是 1919 年意大利商人查尔斯·庞兹（Charles Ponzi）“发明”的。其中心内容：以高息融资，然后以后来的投资者的本金作为先来的投资者的利息，不断循环。以此为计，骗取钱财。

作为宏观调控体系的建设和发展，还是着力作为国民经济的一个服务体系的建设和发展。现阶段我国金融呈现出多功能的趋势，概括地说，金融有：媒介服务的功能、信息服务的功能、代理服务的功能、保证服务的功能、保险服务的功能、商品载体的功能。聚焦的问题是：优先建立和完善什么功能。

这样来讨论问题，需要强调的是：现代金融要推动社会发展。社会发展包括经济发展，但不完全是经济发展。换句话说，经济发展不等于社会发展。社会发展包括其他内容，反映人类社会的进步和人们的生活质量。

在社会发展中，金融处于一个什么样的地位？概括地说，金融发展是社会发展的组成部分，金融发展为社会发展提供条件。前者，主要体现为金融是国民经济中的一个产业；后者，主要体现为金融促进经济发展。当前，我国金融业的发展，一方面显得不充分，另一方面又显得有些乱，有点不顾成本和效率。金融业务的发展，一方面呈现出过度竞争的趋势，另一方面又没有消除垄断的局面，金融机构的科学发展还需要深入研究。

三、社会就业靠金融推动

不论是发达国家，还是发展中国家，中小企业总是占绝大多数（在企业总数中占99%以上）。中小企业是社会就业的命脉，国外如此，我国也不例外。有一个指标可以被用来衡量社会就业的程度，即每1 000人口中有多少中小企业。据统计，在市场经济已经成熟的国家，每1 000人口中，中小企业的数量平均为 40~55 个，全部劳动力在中小企业中就业的比例为 65%~80%。所以，只有人们安居乐业，社会才能发展。而就业的载体主要是中小企业，支持中小企业发展，是金融的重要社会定位。

党的十八大召开以来，习近平同志多次重申坚持基本经济制度，坚持“两个毫不动摇”。党的十八届三中全会提出，公有制经济和非公有制经济都是社会主义市场经济的重要组成部分，都是我国经济社会发展的重要基础；公有制经济财产权不可侵犯，非公有制经济财产权同样不可侵犯；国家保护各种所有制经济产权和合法利益，坚持权利平等、机会平等、规则平等，废除对非公有制经济各种形式的不合理规定，消除各种隐性壁垒，激发非公有制经济活力和创造力。党的十八届四中全会提出要“健全以公平为核心原则的产权保护制度，加强对各种所有制经济组织和自然人财产权的保护，清理有违公平的法律法规条款”。党的十八届五中全会强调要“鼓励民营企业依法进入更多领域，引入非国有资本参与国有企业改革，更好激发非公有制经济活力和创造力”。党的十九大把“两个毫不动摇”写入新时代坚持和发展中国特色社会主义的基本方略，作为党和国家一项大政方针进一步确定下来。

之后，习近平同志又再次强调，非公有制经济在我国经济社会发展中的地位和作用没有变！我们毫不动摇鼓励、支持、引导非公有制经济发展的方针政策没有变！我们致力于为非公有制经济发展营造良好环境和提供更多机会的方针政策没有变！我国基本经济制度写入了宪法、党章，这是不会变的，也是不能变的。任何否定、怀疑、动摇我国基本经济制度的言行都不符合党和国家方针政策，都不要听、不要信！所有民营企业和民营企业家完全可以吃下定心丸，安心谋发展！

改革开放40多年来，民营企业得到蓬勃发展，民营经济从小到大、由弱变强，在稳定增长、促进创新、增加就业、改善民生等方面发挥了重要作用，成为推动经济社会发展的重要力量。支持民营企业发展，是党中央的一贯方针，这一点丝毫不会动摇。

2021年是改革开放44周年。40多年来，我国民营经济从小到大、从弱到强，不断发展壮大。截至2017年底，我国民营企业数量超过2 700万家，个体工商户超过6 500万户，注册资本超过165万亿元。概括起来说，民营经济具有“五六七八九”的特征，即贡献了50%以上的税收、60%以上的国内生产总值、70%以上的技术创新成果、80%以上的城镇劳动就业、90%以上的企业数量。在世界500强企业中，我国民营企业由2010年的1家增加到2018年的28家。我国民营经济已经成为推动我国社会经济发展不可或缺的力量，成为创业就业的主要领域、技术创新的重要主体、国家税收的重要来源，对我国社会主义市场经济发展、政府职能转变、农村富余劳动力转移、国际市场开拓等发挥了重要作用。长期以来，广大民营企业家以敢为人先的创新意识、锲而不舍的奋斗精神，组织带领千百万劳动者奋发努力、艰苦创业、不断创新。我国经济发展能够创造中国奇迹，民营经济功不可没！

近年来，一些民营企业在经营发展中遇到了不少困难和问题，有的民营企业家将其形容为遇到了“三座大山”：市场的冰山、融资的高山、转型的火山。这些困难和问题的成因是多方面的，是外部因素和内部因素、客观原因和主观原因等多重矛盾问题交织的结果。

一是国际经济环境变化的结果。一段时间以来，全球经济复苏进程中风险积聚，保护主义、单边主义明显抬头，给我国经济和市场预期带来诸多不利影响。民营企业出口额占我国出口总额的45%，一些民营出口企业必然会受到影响，那些为出口企业配套或处在产业链上的民营企业也会受到拖累。

二是我国经济由高速增长阶段转向高质量发展阶段的结果。当前，我们正处在转变发展方式、优化经济结构、转换增长动力的攻关期，经济增长速度会放缓，但消费结构全面升级，需求结构快速调整，对供给质量和水平提出了更高要求，必然给企业带来转型升级的压力。在结构调整的过程中，行业集中度一般会上升，优势企业胜出，这是市场优胜劣汰的正常竞争结果。市场有波动、经济有起伏、结构在调整、制度在变革，在这样一个复杂背景下，部分民营企业遇到困难和问题是难免的，是客观环境变化带来的长期调整压力。对高质量发展的要求，民营企业和国有企业一样都需要逐步适应。

三是政策落实不到位的结果。近年来，我们出台的支持民营经济发展的政策措施很多，但不少落实不好、效果不彰。有些部门和地方对党和国家鼓励、支持、引导民营企业发展的大政方针认识不到位，工作中存在不应该有的政策偏差，在平等保护产权、平等参与市场竞争、平等使用生产要素等方面还有很大差距。有些政策的制定过程中，前期调研不够，没有充分听取企业意见，对政策实际影响考虑不周，没有给企业留出必要的适应调整期。有些政策相互不协调，政策效应同向叠加，或者是工作方式简单，导致一些初衷很好的政策产生了相反的作用。比如，在防范和化解金融风险的过程中，有的金融机构对民营企业惜贷，不敢贷甚至直接抽贷断贷，造成企业流动性困难甚至停业；在“营改增”的过程中，没有充分考虑规范征管给一些要求抵扣的小微企业带来的税负增加；在完善社保缴费征收过程中，没有充分考虑征管机制变化过程中企业的适应程度和带来的预期紧缩效应。对这些问题，要根据实际情况加以解决，为民营企业的发展营造良好环境。

现阶段，我国民营经济遇到的困难也有企业自身的原因。在经济高速增长时期，一部分民营企业经营比较粗放，热衷于铺摊子、上规模，负债率过高，在环保、社保、质量、安全、信用等方面存在不规范、不稳健甚至不合规合法的问题，在加强监管执法的背景下必然会面临很大压力。应该承认，当前一些民营经济遇到的困难是现实的，形势相当严峻，必须高度重视。同时，也要认识到，这些困难是发展中的困难、前进中的问题、成长中的烦恼，一定能在发展中得到解决。我相信，只要我们坚持基本经济制度，落实好党和国家的方针政策，民营经济就一定能够实现更大发展。

四、社会债权债务关系靠金融维护

值得思考的问题是：债务的清偿和对投资者的保护。一般来说，在资本市场发达的条件下，需要清偿的私人债务占CDP比例较低。相反，在银行体系发达的条件下，需要清偿的私人债务占GDP的比例较高。对投资者权益的保护主要是股权，股权不需要清偿但要保护。股权得到保护，资本市场发达；相反，则资本市场欠发达。在资本市场欠发达的地区，是否银行体系就发达呢？不一定。意大利和比利时，无论是资本市场还是银行体系，发展都相对缓慢，主要原因是对投资者的法律保护不足。

从法律体系考察，奉行海洋法系的国家和地区（如美国、英国、加拿大、澳大利亚、印度、新加坡及中国香港地区），向股东提供最好的法律保护；奉行大陆法系的国家（如法国、意大利、西班牙、葡萄牙等），向股东提供较差的法律保护；奉行德国和斯堪的纳维亚法系的国家（如德国、日本、韩国、芬兰、瑞典、挪威），向股东提供的法律保护居中。

社会债权债务关系靠金融维护，除必须依法行事外，还必须关注两点：一是适当的货币供给。在维护社会的债权债务关系中需要还本付息，还本付息需要有货币支撑，这在一定时空的货币供给中必须有相应的增量。没有或缺少货币增量，社会债权债务关系就要拖延断档，就要损害人们的经济生活。二是要随着科学技术的发展，进行必要的基础建设和平台设置，比如互联网的兴起和金融科技的利用。这都是维护社会债权债务关系所不可缺少的。

五、社会资本靠金融形成

影响金融业发展的重要因素之一是社会成员的道德基础。经济学家洛瑞（Loury，1977）把社会成员的道德基础表达为“社会资本”。对于社会资本的含义有不同的解释，概括地说，它是一定范围内推动人与人之间关系建立的社会力量。这种力量包括：信任、合作、公民意识。它对金融业发展的影响在于：融资是建立在双方彼此信任的基础上的，融资额度的大小形成取决于双方的信任度；合作是利己利人，融资是承诺将来归还更多的资金来换取今天所需的资金，既利己又利人，是一种合作；公民意识就是要有规范、约束政府行为的意识。有了这种意识才能提高政府的信任度，政府信任度提高（比如法律透明、稳定）是金融发展不可缺少的条件。

在一个地区，社会资本的水平取决于当地人传统的道德观念和受教育的程度。社会资本的水平与融资合约的产生和发展呈正相关。

文化（包括宗教）对金融业发展的影响，主要是三个方面：一是通过作用于价值观的形成对金融业的发展产生影响。不同的文化背景和宗教信仰，就有不同的价值观。如债权人的权利，在天主教和新教那里就有不同的价值标准：天主教认为企业家不应只想赚钱而要增进人类福祉，新教则强调对私人产权的维护和尊重自由。二是通过作用于制度的形成和发展对金融也产生影响。大陆法系基于天主教教义，对个人行为制定准则，要每个人遵守；海洋法系基于新教教义，不主张对个人行为制定准则，它认为不应当给予个人以更多的权利，以避免腐败，而应当赋予个人更多的责任。比如判案，要由案例来裁决，而不是条文。三是通过作用于资源配置，对金融发展产生影响，不同的文化背景对资源配置的导向不同。

我国各省份经济发展有很大的差异，就与以下因素有关：

一是民风民俗。有的民族，有钱的不愿放债，要放债就要收高息，因为放债承受着风险。所以，在高利贷盛行的地区，金融业欠发展。

二是人均耕地。人均耕地面积越大，越可能以农业为主，商业文化就越可能不发达。商业文化越不发达，金融业也越不发展。

三是金融机构的发达程度。一般来说，金融机构迅速扩张的地区，金融业也发达。

六、金融风险靠社会承担

金融是个风险产业，金融风险难以避免。产生的金融风险只能转移、弥补、淡化，不能消除。不能消除的金融风险带来的损失，归根结底将由社会承担。这在我国已经被事实所证明。

（1）1999 年 3 月全国第九届人大二次会议上通过的《政府工作报告》中，明确提出要“逐步建立资产管理公司，负责处理银行原有的不良信贷资产”。于是之后，建设银行、工商银行、农业银行、中国银行分别成立了信达、华融、长城、东方四家资产管理公司。从 1999 年 4 月起到

2000 年 6 月止，四家资产管理公司分别接受了第一批不良资产 1.4 万亿元人民币，名曰政策性不良资产剥离，实际上是 1∶1 的收购，收购的资金来源是财政部拨付的注册资本金、中央银行的再贷款和四家资产管理公司发行的债券。不良资产剥离后，四大银行的不良资产率由 45%降至 25%。从 2004 年开始到 2005 年，中国银行、建设银行、农业银行、工商银行实行股份制改造，再次剥离不良资产。这次剥离不是 1∶1 收购，而是按面值 5 折收购。经过第二次的大规模剥离，四大银行的不良资产率从原有的 25%普遍降到了 5%左右。

（2）为什么成立四家资产管理公司剥离四大银行的不良资产？当时有一种“冰棍理论”，认为对银行的不良资产不采取保全措施，不良资产就会像“冰棍”那样每时每刻都在融化。其含义就是不良资产在自己的手中持有的时间越长，损失越大。在这样的理论指导下，当时处理不良资产的行动就是一个“快”字，银行与资产管理公司都求快，对不同类型的不良资产没有进行合理定价，分类处理，而是“一锅煮”，都“打包”处理。也就是说，当时在剥离不良资产时，根本没有考虑“资产回收”的目标，而主要的目标是“轻装上市”。所以当时处理不良资产的管理公司，几乎没有激励机制，而只拿管理费用。

（3）按道理，国有商业银行的最大股东是财政部，其资产损失应从国家财政收入中报销，可事实上没有报销，而是采取“挂账”的办法。在“挂账”期间，四大资产管理公司对不良资产的处置实施现金回收率和费用率指标目标责任制。即使如此，到 2007 年年底，信达资产管理公司不良资产回收率最高，也仅为30%，华融资产管理公司不良资产回收率为18%，东方资产管理公司不良资产回收率为20%，长城资产管理公司不良资产回收率不到10%。低回收率导致四大资产管理公司在扣除各项费用之后，绝大部分用于支付中央银行再贷款和金融债利息。

（4）处置不良资产的资产管理公司的生命力原定为10年，10年以后按原设想退出。可是到了10年后都没有退出，2009年建设银行宣布持有的信达资产管理公司的2 470亿元债券延期10年，随后中国银行也跟进延期债券10年，利率维持年息2.25%不变，财政部继续对债券提供担保，同时，资产管理公司欠中央银行的5 739亿元再贷款则停息挂账。这种状况表明：在中国，国有大型商业银行对不良资产的处理先采取收回的办法，后采取挂账的办法。按照1∶1的比例收购，实际上让财政的钱、中央银行的钱和老百姓的钱变成了商业银行的“现金”，商业银行的不良资产变成了优良资产；采取挂账的办法，实际上是把包袱移交后人，成为一大笔历史负债。这一大笔历史负债，从商业银行的角度说，不存在还与不还，因为它已经通过收购转化为优良资产了。但从中央银行的角度说，的确没还，但可以不还。因为中央银行供给货币也是对货币持有者即老百姓的负债。对老百姓的负债在一定条件下是能够不还的（如老百姓长期持有中央银行供给的货币）。事实上，2010年以后，财政部与国有商业银行不良资产采取共管账户的办法，虽然这样有利于资产管理公司股份制改造、市场化运营，但应该看到这样的运作，不仅圈了投资者的钱，而且还让资产管理公司能够盈利。所以，我们能够从中国商业银行不良资产的处理中悟出金融风险产生的损失最终由社会负担即纳税人负担的真谛。

过去我们常说：经济决定金融，金融反作用于经济，把决定与反作用的关系理解得比较死，始终认为二者是主导与被主导的关系，似乎经济是主导的，金融是被主导的。现在看来，对它们的关系必须辩证地看待。是什么因素使二者关系发生了颠倒？①经济发展，人们收入提高，中产阶层的形成，储蓄与投资渠道、方式的变化。②科学技术的进步，特别是信息技术的出现，使得金融运作和产品营销发生了变化。③金融市场（广义的）的变化。这种变化，概括地说是：货币不完全随商品流通而进入流通，货币的供给量不完全取决于商品流通的需要；银行信贷资金供给不完全基于对工商企业货币资金的调剂，其中相当大的一部分是基于金融机构自身的需要；金融产品的创新不完全是为了适应实体经济发展的需要，而是为了资产选择和避免风险的需要。总之，这种变化表明的是：金融作为商品在市场中的存在、活动、发展的演化，有其自身的范围、形式和特定的规律。④人们金融意识、信用素质的提高，信用观念的变化。

七、在金融制度建设和安排中，必须关注的要素

习近平总书记提出，要正确把握住金融的本质，深化金融供给侧结构性改革。金融已经不仅是个体经济之内货币资金的融通，而是社会成员以货币和有价证券为载体的权利与义务关系的建立和消除。社会成员之间权利与义务

关系的建立和消除，是经济、社会发展和前进的重要条件。所以金融是经济增长的保障，更是社会发展和前进的保障。对金融本质的这一定性，在金融制度的建设和安排中，必须关注以下几个方面：

（一）建立“多元化”的金融组织系统

结合我国的现实，当今的金融供给侧结构性改革，首先是要建立“多元化”的金融组织系统。这个系统包括：要构建多层次、广覆盖、有差异的银行体系，积极开发个性化、差异化、定制化金融产品，增加中小金融机构数量和业务比重，改进小微企业和“三农”金融服务等。

这样的制度建设和安排：一是要打破金融机构的垄断局面；二是要建立健全民营银行和社区银行；三是要给城市商业银行、农村商业银行、农村信用合作联社定位，有的文件上称“回归本源”。

这样的改革，它的初衷是要建立和发展普惠金融。普惠金融的真正含义：使社会金融资源的分配和享有实现公平正义。普惠金融的作用是保护弱势群体。现阶段在农村，要保护“三农”，在城镇，要保护小微企业及个体工商业者。得到保护就是要他们公平正义地享有金融资源的分配。在市场经济和金融资源分配市场化的条件下，金融资源的分配更多地体现为商业行为，但不能不要政策行为。从这个角度说，普惠金融制度的建立和安排，既要体现在商业性金融中，也要体现在政策性金融中。进一步说，这样的制度建设和安排就是要“以人为本”，不能让一些人通过金融资源的分配和享有，扩大贫富差距。相反，要缩小贫富差距。缩小贫富差距是社会主义的重要内容。

（二）敬畏市场规律，金融对实体经济要精准扶持

市场规律说到底就是供求关系，在这种关系中，主导方面是需求，能够满足物质需求和精神需求的经济是实体经济，所以金融支持经济的发展，其方向、主业是实体经济，而非虚拟经济。所谓精准，即集中选择好对象。2002年10月，世界银行下属的国际金融公司和荷兰银行在英国伦敦召开的国际知名银行会议上，确立了项目融资的“绿色金融”贷款准则。这项准则要求金融机构在向一个项目投资时，要对该项目对环境和社会可能带来的影响进行评估，强调要利用金融杠杆在保护环境和促进社会和谐发展方面发挥积极作用。这是金融对实体经济要精准扶持的应有之义。

（三）防范和化解金融风险的着力点和切入点

防范和化解金融风险的着力点和切入点：①要在稳增长的基础上，平衡稳增长与防风险的关系，要把握好节奏和力度。②财政政策也要发挥逆向周期调节作用。③要引导市场预期。④要“看住人，看住钱，扎牢制度防火墙”。⑤在防范和化解金融风险中，要进行适时动态监管，对线上线下、国际国内、资金流向流量等都要严格监管，特别是要着力反洗钱。

（四）在金融改革方面，特别强调加强基础制度的建设

基础制度建设是金融事业发展的行为规范和措施指南。它包括市场准入和退出的制度建设，高管层权责利相互约束的制度建设，以及规范投资者行为的制度建设等。这些方面，从金融机构来说，其准入要着力于从业人员和资本

金“门槛”的质量考核，其退出要着力于资产、负债状况和风险度的考核。其考核的标准不能带有随意性，但可以带有层次性，也就是说，必须有基础制度建设的约束。从资本市场的准入和退出来说，更需要分门别类，条理清楚，做出行为规范。

当前值得重视的是金融机构治理结构的治理和规范。主要是一些银行的股权关系不透明不规范、股东行为不合规不审慎，董事会履职有效性不足，高管层职责定位存在偏差，监事会监督不到位，战略规划和业绩考核欠科学。为此，在基础制度建设中，要严格股权管理，明确董事会职责定位，改进监督方向，做实监事会功能。要坚持把长期稳定、透明诚信和公平合理作为企业治理结构的三条思想底线。

（五）提高参与国际金融治理的能力

在这一方面，既要有理论指导，更要有规章制度可循，以及用案例分析经验和教训。

总之，要从动态的视角关注金融业建设与经济社会发展的关系。金融业与社会发展有什么关系呢？结合现实要关注以下问题，或者说必须建立和完善以下制度：①控制人口增长，优生优育，搞好独生子女保险工作。②老有所养，老有所乐，增进社会福利，推进人身保险。③从银行信贷上，支持精神文明建设。④做好银行业风险的防控、分散和转移。银行业的风险实际上由社会承担，银行业的风险不仅取决于顾客，也取决于自身，是不确定、不透明的。银行的风险会给社会带来负担。社会负担是银行业存在的“社会成本”。

八、完善制度，防止资本无序扩张

中共中央政治局 2020 年 12 月 11 日召开会议，分析研究了 2021 年经济工作。会议要求："要整体推进改革开放，强化国家战略科技力量，增强产业链供应链自主可控能力，形成强大国内市场，夯实农业基础，强化反垄断和防止资本无序扩张，促进房地产市场平稳健康发展，持续改善生态环境质量。"这就表明："强化反垄断和防止资本无序扩张"是"整体推进改革开放"的重要组成部分。

（一）资本的无序扩张就是违背了法律和道德的扩张

资本是逐利的经济范畴。按马克思主义经济学的理论，货币要转化为资本，劳动力必须转化为商品，也就是必须通过购买劳动力，使劳动力成为生产要素之一，进入生产过程，使劳动力创造的价值大于劳动力自身的价值，并使这部分价值得以实现，成为资本所有者的利润，然后将利润积累起来进行再投资（储蓄转化）进行再生产。这表明：与资本无序扩张相对应的资本有序扩张是遵循再生产过程的扩张，否则就是资本无序扩张。

社会再生产过程置于市场经济之中。市场经济是一种制度或体制，这种制度或体制需要法制和道德的维护，由此，我们能够说，资本无序扩张就是违背了法律和道德的扩张，而资本有序扩张就是遵循了法律和道德的扩张。

（二）现阶段资本无序扩张的集中表现

有人认为，在中国现阶段，资本的无序扩张集中反映在四个领域：

（1）房地产领域，它的表现就是：把房地产的产品，不作为消费品，而作为投资品，也就是“房子”不是拿来住的，而是拿来炒的。

（2）义务教育领域。在中国，教育分为义务教育与非义务教育两大部分。在经济上，义务教育由国家、个人、社会承担。如果一些组织和个人在这一领域举办各种培训班、补习班，向参加的人员收取高额费用，增加国家、个人、社会的负担，就是资本的无序扩张，可谓“教育资本化”。

（3）文化娱乐领域。提高人们的生活质量，既包括物质生活，又包括文化生活。在中国现阶段，人们的文化生活中存在着一些不正常的状况，如娱乐圈崇洋媚外，逃税漏税，拉帮结派，文过饰非，不断扩张（通过中介人、粉丝圈或“饭圈”），蓄意培植偶像，以此污染社会环境，扩大负面影响，毒害人们心灵。可谓“意识形态的资本扩张误导人们的追求”。

（4）互联网领域。互联网是信息媒体，又是一种生产、生活方式。它是科学技术研究和发展的成果。有金融互联网和互联网金融两种。前者表明：金融主体利用互联网科技；后者表明：互联网利用自身科技平台建立和发展金融。在这个领域，“资本化”集中体系在“垄断和排挤”两个方面。在实体经济方面，部分互联网利用自身科技平台，垄断生产和销售，排挤中小企业；在金融方面，部分互联网金融把自己包装成“普惠金融”，实行变相的高利贷。这种状况抬高了社会的融资成本，增加了消费者的负担。

资本无序扩张会带来资本运行的紊乱和社会动荡；资产两极分化，金融风险增加；人们生产生活不稳定，甚至导致经济、金融危机。

（三）为了防止资本无序扩张，必须建立和完善道德情操和监管制度

在这一方面必须关注：①信用是资本的载体，任何资本都是建立在信用、诚信的基础上的。资本的杠杆是资产，资产的对立面是负债，资产需要收益，负债需要清偿。所以维护这个基础，不仅是资本所有者的个人品格，而且是他的社会资本。它是防止资本无序扩张的前提。②倡导中性竞争。在市场经济中，资本总是处于竞争状态。在竞争中，总会发生盈亏得失，维护盈亏得失的公正、公平是中性竞争的要义，也是防止资本无序扩张的有力助手。③严格资本的注册管理。简单地说，严格资本注册管理，就是要绝对杜绝资本的弄虚作假，保障资本的“真金白银”。所谓资本的“真金白银”，就是要使资本成为生产要素，进入社会再生产过程。《中华人民共和国刑法》第一百五十八条和第一百五十九条，设立了“虚报注册资本罪”和“虚假出资、出逃出资罪”。这表明：为防止资本的无序扩张，会追究相关人员的刑事责任。④严格限制资本的无限扩张。这从一个单位来说，应明确规定资本的“资产负债率”，而从上市公司的股票价位说，应当有股价是净资产的多少倍的界限。再从资本的转让、交换而言，必须有专门机构对资本载体的资产进行评估，公开、公正地评估其价值。

第四章　经济兴，金融兴；经济强，金融强

导读：

从经济兴过渡到金融兴，要坚持企业资本自我积累的原则；金融服务于实体经济的原则；利（息）率水平不高于企业利润率的原则。

本章指出资本市场的建设和发展有自身的规律：①金融产品交易的价值规律，不完全以现实的供求关系为基础；②金融资产价格受对金融产品需求无限性的影响；③金融资产价格变动直接关系到财富的数量。

本章指出：服务于实体经济的金融，其性质是实体金融；以货币和有价证券作为商品进行交易的金融，其性质是虚拟金融。金融要支持实体经济发展，需要规范“实体经济”这个概念；金融作用于虚拟经济发展，要把握住一个度，把握住这个度的原则是：只有实体资产才能证券化，虚拟资产不宜再证券化。

本章指出：发展民营金融机构是必要的，鼓励民间资本进入金融领域也是需要的。问题是：加快发展为了什么，对谁有利，怎样加快发展。

从经济强过渡到金融强，除了要增强国家的经济实力外，还包括政治、军事、文化、科技等因素。一个国家的金融实力包括：金融机构和金融工具的数量和质量；金融市场的规模和完备程度；金融作为产业，在国民经济中的比重。中国现阶段金融业的状况：银行业是老大；保险业是老二；证券业是老三。

金融效率，是衡量金融业发展质量的指标。

2019 年 2 月 22 日下午，在中央政治局第 13 次集体学习会上，习近平总书记指出：金融要回归本源。为实体经济服务是我国金融业的天职，也是防范和化解金融风险的根本性举措。在这次讲话中，习近平总书记提出了“经济兴，金融兴；经济强，金融强”的重要论述，进一步深化了对金融服务实体经济本质属性的认识。对于这种本质属性的认识，需要我们从经济增长决定金融发展的理论开始。随着经济的发展，金融应运而生，金融生存依附于经济，又推动着经济发展，经济学界通常把这种状况概括为经济决定金融。经济学家把经济决定金融归纳为两重含义：①金融伴随着商品经济的发展而发展；②商品经济发展的不同阶段，对金融的需求不同，由此决定了金融发展的结构、规模和层次。

在经济发展初期，人们不需要金融来进行商品交易，人们只是进行简单的物品对物品、物品对货币、货币对物品的简单交换来满足自身要求。随着商品经济的不断发展，产生了许多复杂的金融需求，金融规模也日益扩大。为了满足经济发展的需求，金融必须采取现代化的手段为社会经济提供金融商品和服务，例如推出新的金融工具和金融手段来满足投资者和筹资者。金融生存要依附于经济。

从结构上看，经济发展的结构对金融有决定性影响。如现代部门与传统部门并存的二元经济结构决定了二元金融结构。从规模上看，经济规模决定金融规模。一定时期的货币供给量主要受制于当期的商品供给量。从阶段上看，经济发展阶段决定了金融发展的阶段。在经济发展的低级阶段，只有简单的金融需求，金融活动只能解决货币流通、资金融通和支付清算等基本金融问题。但当商品经济发展到高级阶段，金融发展就紧接着上升，由过去的服务交换、融资金融的阶段上升到调控经济服务于分配的阶段。

一、怎样从经济兴过渡到金融兴

（一）要遵循金融业建设和发展的原则

金融业建设和发展应坚持三大原则：企业资本自我积累的原则；金融服务于实体经济的原则；利率水平不高于企业利润率的原则。

1. 坚持企业资本自我积累的原则

坚持第一个原则，符合马克思主义经济学的基本原理，也传承了中华民族的商业道德。马克思主义经济学认为：货币资本的积累不等于现实资本的积累，前者会超过后者，这二者的差距表明，在现实资本积累中要注重货币资本的积累。按照中华民族的商业道德，做生意，要有本钱，以信用为本，“将本求利”，不能做无本生意。

现在我国企业的杠杆率之所以这么高，与体制相关，与理论上没有坚持企业资本自我积累相关。在过去相当长的时期中，国有企业赚的钱，都上缴财政，或作为各种基金扩大投资，这种状况在现阶段都还没完全改变，其影响深远，值得重视。过去有一种不成文的观念，“财政管建设，银行管经营”。一个项目建成了，怎么运营，财政不管，缺运营资金找银行。如果银行不贷款，这个项目就摆在那里了。现实当中，总是可见：某个省要求每个县建个“污水处理厂”，结果污水处理厂建成了，没有运营资金，就只能摆在那里，实际上没发挥作用。

联系实际，总结经验和教训，**过去搞的“全额信贷”，现在看来是不可取的，是失策的，不可持续的，不成功的**。

国有工商企业的流动资金实行全额信贷是从1979年下半年开始的（1979年7月13日国务院颁布了《关于国营工业企业实行流动资金全额信贷的暂行规定》文件）。在这以前，国有工商企业流动资金分为定额与超定额。定额由财政部与主管部门核定，核定后财政拨款作为自有流动资金；超定额由银行贷款，有借有还。该文件称这个办法不利于调动企业职工积极性，管理多头，调剂困难；占用资金多；没有建立利益机制；实行新办法，定额部分，财政拨给银行，银行贷款，贷款利息上缴财政部。

做这样改变的思维模式从哪里来？就是苏联计划经济模式！这在理论上存在误导：认为在社会主义制度下财政、银行是一家，银行吸收存款，为国家积累资金；不需要企业自主经营、自负盈亏；企业盈利上缴，企业需要钱向上要。这实际上是“大一统”，吃“大锅饭”。这样的思维模式是：集中经营管理，供产销一切听上级的（各个部）。过去有一个口号：大权独揽，小权分散。仔细思考，40年多来的改革，路怎么走的？权力集中。资金配置仍摆脱不了行政调控，如贷款分配指标。

全额信贷的“后遗症”至今难以消除：相当多的企业有了积累就扩张、做大，企业不注重资本积累。为什么国企杠杆率这么高？没有效益，无法还贷；有了效益，不愿还贷；国有国有，全民所有；赚钱有奖励，亏损难自负。

2. 坚持金融服务实体经济的原则

要清醒地看到，当代金融有两个领域、两种性质。

一个是服务于实体经济的金融，主要体现为：以信贷的方式弥补企业自有资金的不足，特别是满足企业临时性的短期资金需要。银行信贷存在的意义在于调剂企业资金余缺。这一含义，没有过时。按照马克思主义经济学的理论，企业需要多少货币资金取决于流通领域，流通领域可长可短，需要的货币资金可多可少，但流通领域总是有限的，因而所需货币资金也是有限的。由于流通领域的空间和时间在一定时期是稳定的，因而所需货币资金也是稳定的。从这个角度讲，如果银行信贷存在的意义在于调剂企业资金余缺，则对某个企业乃至行业来说，不可能每年都成比例大幅增长。企业贷款每年成比例大幅增长的主要原因，不是调剂资金余缺，而是弥补企业扩张、投资的不足。对某些企业来说，银行信贷代替了财政的功能，常称"第二财政"，其中的奥秘就在这里。服务于实体经济的另外途径，是授予信用、信用担保和支付结算。这些途径，既是技术性的，也是观念性的。进一步说，技术性的需要弥补，观念性的需要确立。

金融的另一领域，是以货币和有价证券为载体进行商品交易。由于货币和证券交易受心理预期和政治、社会稳定等因素影响，这样的商品交易具有相对的独立性，有其自身的价值规律。

3. 坚持利（息）率水平不高于企业利润率的原则

坚持第三个原则，既坚持了马克思的利息理论，又能解释中国现阶段的实际。

在马克思看来，利息率有两种含义：一种是利息与生息资本在数量上的比例关系；另一种是由利息与总利润的比例关系所表明的利润率，或者说利息率是总利润率的一定比例。后一种表述用数学公式表示为：利息率=利润率×利息在总利润中的比例。如利润率为20%，利息在总利润中的比例为1/4，则利息率为5%。前一种含义在前资本主义社会便存在（在我国，曾经把利息率称作子金与母金的比例关系），但后一种含义是在资本主义制度下才有的。从后一种含义上去理解利息率，表明利息是利润的一部分。利润是剩余价值的转化形式，因而利息率的高低能够表明货币资本家瓜分剩余价值的程度，同时表明利息与再生产过程的关系。从理论上考察，要分析：决定利息率高低的理论界限，因为利息只是利润的一部分，所以，利润本身就成了利息的最高界限。但是，这里所说的利润不是个别部门、个别企业的利润，而是指平均利润。确切地说，利息是平均利润的一部分，平均利润率是利息率的最高界限。一般来说，职能资本家向借贷资本家支付利息不可能超过平均利润或等于平均利润，因为否则的话，职能资本家便无利可图。所以，“我们也许还可以把全部利润减去其中可以归结为监督工资的部分的余额，看作是利息的最高界限”①。至于利息的最低界限，则难以确定，这取决于职能资本家与借贷资本家之间的竞争，但不管怎样总不会等于零，因为等于零，利息便不存在了，借贷资本家便无利可图。

在平均利润率与零之间，利息率的高低取决于两个因素：一是利润率；二是总利润在贷款人和借款人之间进行

① 马克思，恩格斯，马克思恩格斯全集：第25卷［M］. 北京：人民出版社，2001：401-407.

分割的比例。如果总利润在贷款人和借款人之间分割的比例是固定的，则利息率随着利润率的提高而提高；相反，随着利润率的下降而下降。在利息等于平均利润的一个不变的部分的情况下，利润率越高，归职能资本家支配的那一部分利润就越大。所以一般来说，职能资本家能够并且愿意与利润率的高低成正比例地支付较高或较低的利息。但是在总利润量为一定的情况下，利息的变动便与职能资本家手中留下的那一部分利润的变动成反比，即利息多，这一部分利润便少；相反，利息少，这一部分利润便多。

必须指出，马克思对利息率高低的利润界限的分析，限于借贷资本家与职能资本家之间的借贷关系。如果不限于这种关系，比如贷者不是借贷资本家，借者不是职能资本家，而是其他阶层的人如政府、土地所有者、小生产者，则利息的最高界限不应当是平均利润率，因为后者之间的借贷不以获取平均利润为目标，不受平均利润率高低的约束。结合实际考察，要分析决定实际利（息）率水平的因素。

首先，在借贷资本市场上，决定实际利（息）率水平的因素，是借贷资本家与职能资本家之间的竞争。这是因为同一资本在这里有双重规定，即在贷出者手中是借贷资本，在借入者手中是职能资本，而同一资本只执行一次职能，产生一次利润，在这种情况下所产生的利润必须分割为两部分，一部分归借贷资本家，另一部分归职能资本家。其中多大部分归借贷资本家，多大部分归职能资本才算合理？马克思引用先前经济学家马西的话说："一般地说，这只能由所有的借入者和贷出者的意见来决定，因为，在这一点上合理还是不合理，只是双方同意的结果。”但是借入者和贷出者的意见是建立在借贷资本市场上对资本的供给和需求状况估计的基础上的。如果在借贷资本市场上，资本的供给大于需求，则有利于借入者，不利于贷出者，利（息）率的发展趋向于低。如果在借贷资本市场上，资本的需求大于供给，则有利于贷出者，不利于借入者，利（息）率的发展趋向于高。所谓“由所有的借入者和贷出者的意见来决定”，实际上由借贷资本市场上资本的供求关系决定。既然如此，那么当借贷资本市场上资本的供求大体均衡时，利息率的高低又由什么决定？马克思的回答是：“当竞争本身在这里起决定作用时，这种决定本身就是偶然的、纯粹经验的。”比如在贷出者和借入者之间的供求均衡的条件下，贷出者可以得到3%的利息率，也可以得到4%的利息率，甚至可以得到5%的利息率。所以马克思坚持认为“市场利息率是由供求关系直接地、不通过任何媒介决定的”①。

其次，在平均利息率作为现实的量存在时，习惯和法律传统等都与竞争本身一样，对利息率的决定发生作用。马克思认为不存在“自然利息率”但能够形成平均利息率或中等利息率。这样的利息率是在一定的时间与空间范围内形成的。所谓“作为现实的量的存在”是指当这一利息率被人们普遍认定和接受时，它在社会经济生活中就作为独立的固定的财富分配形式出现。所以，“在许多法律诉讼中，当需要计算利息时，就必须把中等利息率作为合法的

① 马克思，恩格斯，马克思恩格斯全集：第25卷［M］. 北京：人民出版社，2001：401-407.

利息率”。马克思还认为生息资本早在前资本主义社会便存在，利息是一个既定的范畴，利息率的高低与人们的道德观念、传统习惯、经济的发展程度有关。因而借贷资本市场上的实际利（息）率水平，除取决于资本的供求关系外，也要受这个因素的影响。

此外，实际利（息）率水平还随着借款人的担保品种类不同、借款时间的长短不同而发生变动。

我国的利（息）率水平现实状况是：银行信贷的利（息）率有一定的浮动权；一些企业能够享有优惠利（息）率；民营金融机构的利（息）率水平大大高于“官方”金融机构的利（息）率水平；民间借贷的利（息）率在一些地区成了高利贷；大多数银行的利息收入超过其中间业务收入；由于利息进入成本，实体经济企业不容易赚到钱，净利润的水平偏低。业内人士普遍认同“银行获得高额利润，企业为银行打工”。在利息作为企业付出、纳入成本且占成本比例为10%的条件下，如利息率从5%上升到10%，即提高5个百分点，则企业的整个成本也增加10%。在这种状况下，原来不亏损的企业可能产生亏损，原来已亏损的企业亏损扩大了。不能说企业亏损是我国利（息）率偏高造成的，但能够说企业盈亏与利（息）率水平密切相关。

在这里，我们对业内人士普遍认同的观点存而不论。但值得深思的是银行收取的利息是从哪里来的，它是否违背了利（息）率水平不高于社会平均利润率的原则？从道理上说，利息来源于企业创造的剩余价值，利息和利润都是剩余价值的转化形式，利息是利润的一部分。而在我国，实际存在的现状是：利息并不来源于企业创造的剩余价值，因为企业或者不能赚钱，或者亏损。一些向银行借款的企业，其利息的支付是来源于再贷款，“以贷付息”普遍存在。在这种状况下，为什么我国银行贷款余额居高不下？为什么不良贷款难以下降？其中重要原因与“以贷付息”不无关系。进一步分析，企业“以贷付息”实际上是银行“以贷收息”，换句话说，在企业赚不到钱和利润水平低的状况下，银行“以贷收息”就是自己给自己创造利润。银行贷出了收息的资金来源。这种状况违背了马克思经济学的利息理论，是不能持续的、不可取的。这是金融领域“以钱炒钱”的一种形式，也应当被纳入马克思所指出的“银行家资本的最大部分纯粹是虚拟的”的范畴，只不过其程度有高低之分而已。

经过上述分析，金融业的建设和发展坚持这三大原则就能健康进行，违背了这三大原则，就会带来梗阻、停滞甚至紊乱。

我国改革开放 40 多年，金融业在改革开放推动下，成果累累，成绩显著。现阶段我国进一步扩大改革开放，金融一马当先。2018 年 4 月 11 日，中国人民银行行长易纲在亚洲博鳌论坛上宣布了中国金融开放 12 项具体措施。总的精神是：主要是在非银行金融领域，引进外资金融机构，以增加中国市场经济的元素，增强竞争，提高金融市场的效率与活力，扩大金融实力。这样表明姿态采取措施，只是必要性。“老外”（外资机构）会不会来则是可能性。如果它们来了，按监管要求仍然要“挂牌经营”。笔者认为，需要注意的是：扩大开放，让它们进来是一回事，准许它们怎么经营是另一回事。金融监管要求外资银行进入后也要挂牌经营。挂牌经营也就是依据具备的条件能准你干什么、不准你干什么。而满足条件的重要因素之一，就是是否遵循了上述三大原则。

（二）要遵循资本市场建设和发展的运行规律

1. 金融产品交易的价值规律，不完全以现实的供求关系为基础

实体经济的价值规律简单地说取决于供求，表现在现实的价格波动中。而金融产品交易的价值规律，不完全以现实的供求关系为基础，也不完全表现在价格波动中，它的价值很大程度上取决于人们的心理预期即对未来的判断。实体经济中的产品价格以凝结在其中的社会必要劳动量为基础，有实物的支撑，价格相对稳定。金融产品的价格是以权利和义务关系对等为基础的，以相关权利的契约支撑，它的价格就要由社会公众来认可、做出评价。在这里，社会心理预期起着决定性作用。所以，金融产品的价格是一种对未来预期的价格，要受到投资者心理、信念及其所带来行为方式的影响。由于投资者心理状况很容易受到外部环境的影响，其行为受到其他投资者的传染，形成市场上的“羊群效应”，会导致金融市场的狂热和恐慌，加剧金融资产价格的波动。预期对金融资产的定价在股票市场上尤为突出。股票持有者虽然可以从股票股利中获得收益，但他们最为关注的是从股价变动中获得价差收益，所以，投资者对企业基本面的经营状况并不是最为关心的。很多时候股票价格的波动呈现出与企业现实经营状况的不一致性，而是跟随整个金融市场运行状况、市场预期等因素的变化而变化。价格波动由投身于市场的社会群体的心理判断的综合表现所形成。如果众多投资者的预期都看好，股票就受到追捧，市场价值就升高。所以证券的市场价值某种程度上反映了社会对企业预期效益的心理评估，信息和信心是股票市场价格变动的基石。但信心可能与实体经济发展相背离。当市场弥漫着过分乐观的情绪时，众多投资者过高地估计了经济发展速度与企业的未来业绩时，会推动股市过度上涨，造成不能真正实现市场价值的金融泡沫，诱发实体经济出现过热和供求失衡；相反，当投资者信心受挫时，质地优良的公司发行的股票往往不能得到市场公正的定价，甚而被低估。

2. 金融资产价格受对金融产品需求无限性的影响

金融资产价格调节机制与实体经济也不相同。实物产品的供求可以由生产和消费来调节，对于一种产品而言即使没有什么吸引力，消费也会有一个最低的标准。但是，吸引力无论多大，人们对某种产品的消费也是有限的，并能通过刺激生产调节供给，存货机制使它的价格变动受到限制。而金融产品没有类似的约束，从一种金融产品的供给来看，它的存量是有限的，从需求来看是无限的，只要在人们想象中有上涨的空间，它的价格就会不断攀升，人们就对它趋之若鹜；当它没有吸引力时，人们就会迅速地抛售，它的价格就一泻千里。

3. 金融资产价格变动直接关系到财富的数量

金融资产的价格是由已交易的同类金融产品的交易价格标志的。金融资产作为财富的象征，它的交易价格变化会使持有者感到财富缩水或增值，产生买进或卖出的动机。而一般的产品，它们价格的变化只会对潜在购买者产生影响，对已经持有该商品的所有者没有什么影响。金融资产价格的变化会迅速影响交易的规模；反过来，交易规模也带动着交易价格的变动，二者的相互作用也就引起了金融态势的转变。

不可否认，曾经有很长一段时间，经济决定金融，金融反作用于经济。但在当代，要认识金融与经济的分离。认识它们的分离，就要承认金融的相对独立性，分析金融的相对独立性，是为了更深层次地理解金融领域中的特殊现象和把握金融领域中供求变动的运行规律，认识它在社会经济生活中特有的地位和作用，认识它为什么、怎么样形成虚拟经济。

经过这样的剖析，我们能够确定："服务于实体经济的金融，其性质是实体金融；以货币和有价证券作为商品进行交易的金融，其性质是虚拟金融。"马克思主义经济学在揭示虚拟资本的形成时曾提出：国债的买卖"不管这种交易反复进行多少次，国债的资本仍然是纯粹的虚拟资本"和"银行家资本的最大部分纯粹是虚拟的"论断。前者的含义，按马克思的表述是对投资者即购买国债者而言，因为购买国债的人把他的投入当作对国家的贷款，即当作生息资本来对待，而出卖国债的政府又不把它当作资本来运用。后者的含义，按马克思的论述有四：第一，所谓的"银行家资本的最大部分纯粹是虚拟的"是就银行拥有的作为准备金看待的资本价值即取得收益的权利的不确定（不断变动的）而言的。第二，所谓的"银行家资本的最大部分纯粹是虚拟的"是就银行大部分资本并不代表银行自己的资本，而是代表公众在银行那里存入的资本而言的。第三，所谓的“银行家的资本的最大部分纯粹是虚拟的”还是就“有各种方式使用同一资本，甚至同一债权在不同的人手里以不同的形式出现”而言的，因为在这种状况下，一切资本好像都会增加一倍，有时甚至增加两倍。第四，对发行银行而言，所谓的“银行家资本的最大部分纯粹是虚拟的”，是就缺乏黄金保证发行的那一部分银行券而言的。综观以上四个方面考察银行家的资本绝大部分纯粹是虚拟的内容，能够发现虚拟资本，既反映在银行家的非实际业务中（如保存的准备金中），又反映在银行家的实际业务中（如资金来源和资金运用中），同时表明银行家的虚拟资本既在职能资本中存在，又在非职能资本中存在。

实体金融，融通货币资金，调剂企业货币资金余缺，促进实体经济的发展是必需的。虚拟金融，买卖金融商品（以货币和有价证券为载体）“以钱炒钱”从中牟取利益是不可避免的[①]。

（三）金融支持实体经济，把握好虚拟经济发展的度

“经济强，金融强”，这是对习近平总书记指出的金融本质“双向互动，共生共荣”又一生动且深刻的表述。

在党的十八大报告中，关于金融改革方面提出了两点：一是建立“支持实体经济发展的现代金融体系”；二是加快发展民营金融机构。这两点的新意是：前一点强调支持“实体经济”，而且把它作为建立现代金融体系的重要内容。在报告的另一处还指出“牢牢把握发展实体经济这一坚实基础，实行更加有利于实体经济发展的政策措施”。后一点

---

① 曾康霖．论虚拟经济与实体经济［J］．征信，2018（3）：1-6.

强调“加快发展”。这两点新意值得关注。

1. 支持实体经济发展，首先需要规范“实体经济”这个概念

实体经济包括制造业（广义的制造业有工业、农业、建筑业），也包括服务业。金融怎么支持？金融的支持就是要把货币资金进入制造业和服务业领域。而能不能进入不仅取决于货币资金融出方，更重要的是取决于货币资金融入方。一般来说，融入方首先要有资源，然后才需要货币资金。现在银行都在注重支持中小企业、微小企业发展。仔细地想，不少中小企业、微小企业缺的不是货币资金，而是资源、技术、信心。所以，金融机构怎么使货币资金进入中、小、微企业？重要的是要让它们获得资源、技术，使它们有信心。

从货币资金融出方说，要使货币资金进入制造业、服务业，支持实体经济发展，有三方面的工作要做：一是培育贷款客户；二是加强与融资性担保公司的合作；三是把握住虚拟经济发展的度。

现在人们都说：不是企业需要银行，而是银行需要企业（见着好客户大家都关注）。其实不只是求与不求的问题。**一个好的客户需要培育。所谓培育就是要让它生根、发芽、开花、结果，也就是要帮助它发展、壮大。**

加强与融资性担保公司的合作，是2010年5月26日原银监会在贯彻落实国务院《新36条》(《国务院关于鼓励和引导民间投资健康发展若干意见》）意见中提出的：“引导银行业与融资性担保机构的合作。”怎样合作？需思考研究。在这里仅指出一点：要关注人。要吸取多年前广东华鼎融资性担保公司的教训。不能再出陈奕标式的人物。合作，要考察与之合作者的人际关系、思想品德、经营理念、业务水平。

2. 把握住虚拟经济发展的度，主要取决于资产证券化的度

笔者把这个“度”确定为：只有实体资产才能证券化，虚拟资产不宜再证券化。也就是限制一种证券派生另一种证券。

3. 加快发展民营金融机构，鼓励民间资金进入金融领域

这二者是一脉相承的，只不过原先说的是“鼓励”，现在说的是“加快发展”。其实，这是老问题。2010 年 5 月国务院出台了《新 36 条》。《新 36 条》再次提出要“允许民间资本兴办金融机构”，其中第十八条还明确指出：“支持民间资本以入股方式参与现有商业银行的增资扩股，参与农村信用（合作联）社、城市信用（合作联）社改制”“鼓励民间资本发起或参与设立村镇银行、贷款公司、农村资金互助社等金融机构”“支持民间资本发起设立信用担保公司”“支持民间资本发起设立信用担保公司”“鼓励民间资本发起设立金融中介服务机构，参与证券、保险等金融机构的改组改制”。为了实现上述政策目标，第十八条还提到要放宽几个具体的限制，从而把几道看得见的门开得更大一点，其中包括“放宽对金融机构的股比限制”“放低出资比例的限制”“适当放宽小额贷款公司单一投资者持股比例限制”“落实中小企业贷款税前全额拨备损失准备金政策，简化中小金融机构呆账核销审核程序”。这表明：让民间资本进入金融领域，是我国政府既定的政策，现在提出“鼓励”

是有别于“允许”，强调由被动转为主动。

这里，值得充分肯定的是，认识在不断深化。从2005年8月提出“允许”，到2010年5月提出“鼓励”，再到2012年11月提出“加快发展”，允许→鼓励→加快发展，表明认识在不断深化。

现在的问题是：加快发展为了什么？加快发展对谁有利？怎样加快发展？

鼓励民间资本进入金融领域为了什么？或者说加快发展民营金融机构为了什么？回答这一问题，可以有多种：为了把金融机构以外的货币资金组织起来，有序流通；为了分散风险；为了调整金融结构，解决小微企业的问题；为了打破我国金融垄断的局面；为了扩大融资规模，提高融资效率。不同的回答，都有道理。我看初衷主要是第三点。这就给人们留下问题：加快民营金融机构的发展，就能解决小微企业的融资困难吗？

发展民营金融机构对谁有利？这就要看民间资本掌握在谁手里，或者说哪些人手里有钱，能够投资金融机构。现在人们手里的钱的确不少，人均可达7万元。但在贫富两极分化的条件下，少部分人掌握了大量的钱。这样判断，那么发展民营金融机构，首先有利于那些有钱的少数人。至于对广大老百姓有没有利、有多大的利，那就要看这样的机构能否促进经济发展，服务于人们生活质量的提高！原银监会有个文件，把“民间资本”改为“民营企业资本”，这样，能否说加快发展民营金融机构，对民营企业有利呢？

怎样加快发展？首先应当看到有相当部分的民间资金

已经进入金融领域（各种贷款、投资、担保公司兴起）。此外，村镇银行也有一定的民间资本进入。但有一点是必须坚持的：私人不能办银行（无论是单个自然人，还是合伙）。私人办银行这个口子不能开。

怎样加快发展？首先要解决谁来承担风险。金融机构（包括银行）是个风险行业。其次要建立退出机制。有生必有死，有进必有出。在考虑发展民营金融机构时，就必须设计好退出。有关部门不能只“批准入”，而且要预先安排好收了摊子怎么办。从监管者的角度说，要使这种企业真正地自主经营、自担风险、自负盈亏，而不是去替它承担风险。所以，讨论要不要设立民营银行，不在于“私人资本的规模还不够”，而在于私人资本是否具有自我承担风险的能力。而且是否具备自我承担风险的能力，影响的因素很多，生根的是广大社会公众的信用观念、信用秩序。在信用纪律建立和完善起来以前，会加大金融风险，这是不以人们意志为转移的，也是私人资本无法控制的。从这个意义上说，要不要办民营银行，的确要慎之又慎，但不能不允许试点。第一，要为民间资本进入金融领域创造条件。条件之一是讲信用。不讲信用，缺乏诚信，无法使货币资金有序融通。第二，不能急功近利，热衷投机，以钱炒钱。如果这样，就会产生不良后果。第三，要有生意可做。如果有货币资金，没有资源，或者有资源而资源分配不合理，则都不可能把民间资金组织起来，有序地投向实体经济，否则，照样存在“以钱炒钱”的现象。在我看来，现在“钱不少”，货币资金很多，找不到投资方向，没有更多的投资方向可供选择。这才是问题的要害。第四，关键在于人。让什么样的人进入民营金融机构是最重要的。

党的十八大提出全面建成小康社会，建设资源节约型、环境友好型国家，提出了“生态文明理念”。从金融的角度说，需要节约金融资源，培植友好的金融环境。金融的资源节约靠什么？金融的环境友好靠什么？必须有优质的金融生态。按中华文化的传统，金融生态必须是讲信用。忠孝仁爱、信义和平，仁义礼智信，这些传统的中华民族的美德，必须树立。

不仅要建设美丽中国，还应加上建设美德中国。也就是党的十八大提出的：要着力杜绝和纠正在一些领域诚信缺失的状况。

党的十八大召开以后，中国经济的发展有了新的格局：从供给和需求的关系看，要坚持深化供给侧结构性改革这条主线，提高供给体系对国内需求的满足能力，以创新驱动、高质量供给引领和创新需求；从“双循环”的关系看，国际市场是国内市场的延伸，国内大循环为国内国际双循环提供坚实基础。发挥我国超大规模的市场优势，将为世界各国提供更加广阔的市场机会，依托国内大循环吸引全球商品和资源要素，打造我国新的国际合作和竞争优势；从改革和发展的关系看，必须运用改革的思维、政策和方法建立充满活力的市场主体。建立有效的激励机制，营造鼓励创新的制度环境，形成市场化、法治化、国际化的营商环境，降低社会的交易成本，构建高水平的市场经济体制。

在这样的新格局下，金融要在推动科技创新、降低社会成本、扩大就业和提高收入水平等方面，发挥标准灵活

的作用。在这方面，管理层的决策体现得较充分。如2018年管理层的决策曾提出“三去一降一补”即去产能、去库存、去杠杆、降成本、补短板。这五大任务是相互关联，环环相扣的。去产能、去库库，是为了调整供求关系，缓解工业品价格下行压力，也是为了企业去杠杆；企业去杠杆，既减少了实体经济债务和利息负担，又在宏观上防范了金融风险。降成本、补短板，是为了提高企业竞争力，改善外部条件，挖掘经济潜在增长能力。

二、从经济兴过渡到金融兴必须建立和完善中国金融制度

（一）金融制度的安排必须落实到支持实体经济上

金融制度的安排必须落实到支持实体经济上。对于这方面的理性认知应当有：①实体经济不只是第一产业、第二产业，还应该包括第三产业即服务业；②支持实体经济是从生产到消费的过程；③支持实体经济，金融要与多方协调配合。其原因在于：一是实体经济是人们生存的基本要素，人们衣、食、住、行、吃、喝、玩、乐的载体即使用价值，只能由实体经济供给。二是实体经济是价值的创造领域，在这一领域人们的有效劳动创造价值，而有效劳动体现在实体经济劳动的过程中。虚拟经济在一定范围内和一定程度上是需要的，但严格来说，其劳动与创造价值无关或不创造价值。三是实体经济领域中创造价值的增值部分成为一定时期这个社会的新增价值。所新增的价值是这一时期国民收入分配的基础。金融领域的分配比如向银

行借款还本付息，必须以国民收入为底线，超过了底线就违背了利息是利润的一部分、是剩余价值的转化的原理。进一步说，超过了这个底线就要产生国民收入的畸形分配，就要抬高整个社会的运营成本，其中包括融资成本。

当代，金融的主导作用集中地体现在单位和个人所持有资产的定价和波动的幅度上。定价合不合理、价格水平稳不稳定、资产价格会不会崩溃（资产价格崩溃必然导致金融危机），牵涉到各单位和个人的切身利益，影响着社会的利益分配，关系到金融及经济的增长和发展，危及经济安全、政治安全和国家安全。因此可以说，金融不仅是现代经济的核心，而且是现代社会的核心。

还必须强调的是“金融活，经济活；金融稳，经济稳”。地区也不例外。“金融活，经济活；金融稳，经济稳”是习近平总书记 2019 年 2 月 22 日在中共中央政治局第 13 次集体学习会上提出来的，是他继提出“要建立稳定、可持续、风险可控的金融保障体系”后又一次对金融与经济关系的理论概括。把金融与经济的关系定位为保障与被保障的关系，与“金融活，经济活；金融稳，经济稳”的逻辑关系是一致的。前者是因，后者是果，它肯定了在当代经济社会中，金融的地位和作用，以及金融的主动性和主导性。

在当代经济社会中，金融的主动性和主导性体现在资源配置、宏观调控和风险防控等方面。对这些方面，学术界和实际部门更多的是从宏观层面认知的。在一个地区做到了“金融活，经济活”，一般来说，就能实现“金融稳，经济稳”。

（二）金融制度的安排必须适应信息技术的变化

金融运作归根结底是收集、储存、处理和交易信息的业务。在当代信息网络化的条件下，金融的这些业务不受地理区域限制，让全球各地的人参与享有和使用金融服务，学术界称为“金融的包容性”（inclusive financial system）。金融的包容性具体体现在金融的可得性、可负担性、全面性和商业可持续性等方面。可得性是指客户不论处于什么阶层、地位，经济条件如何，都能够基本不受时间和空间限制，根据需要能即时获得金融服务；可负担性是指有金融需求的每一个人，对金融服务的价格都能够承受；全面性是指金融服务的覆盖面，能够包括各类客户，特别是能够包括未享受和未充分获得金融服务的人群；商业可持续性是指金融机构在运营中，在财务上能够自给自足、自求发展。包容性中的这“四性”，必须有合适的技术支撑，在当代，其技术支撑就是网络信息。网络信息技术涵盖互联网、人工智能、云计算、大数据等诸方面。作为金融的技术支撑，就是让这些技术在开辟、触达客户的路径和服务方式、实现渠道融合、加强风险控制等领域，发挥传统金融所不具有的功能和作用。

相对于银行传统的金融服务方式而言，互联网具有用户和渠道入口的巨大优势，利用互联网技术、金融机构有效突破时间和空间限制，提升它们触达及连接用户的能力。传统金融机构具有资产管理和风险定价的核心竞争力，但在客户触达及获取方式上，主要通过网点辐射、路演和线下广告这些途径，其所覆盖的领域有限，获得成本高，容易成为业务发展的瓶颈。互联网的功能是把握或激发用户需求，创造服务场景，发现和重塑客户关联，同时提高有效资源的周转效率和服务客户频次，实现客群、渠道、产品、交互及周转频次等多维度相互叠加的全面价值发掘和创造，即抓住并黏住客户，创造反复提供服务、延伸服务链条、扩大服务覆盖面、加速服务循环的机会，找到双方乃至多方的共赢点。

相对于银行传统的金融服务能力而言，在支付清算方面，由于网络支付具有能够满足用户存取、借贷理财、记账等多元化需求的特点，逐渐成为主流的使用方式。这就要求银行积极推动数字账户快速融入社交、旅游、消费等生活场景，提升用户使用便利性。在融资借贷方面，由于“去中介化”的网络融资理念已逐渐被社会理解并接受，银行需要重新搭建融资平台，对接投融资需求，重构借贷业务模式，以获取新的竞争力；在理财服务方面，技术成熟降低了理财服务的门槛，促使网络理财放量增长，银行可借助机器人投顾（投资顾问）变革传统的服务方式，提升运营效率，进而将客户服务扩大至大众市场。

相对于传统的银行支付渠道而言，由于互联网涵盖了大量的用户人口，银行就必须构建以网络支付为基础，以移动支付为主力，以实体网店、手机银行、电话支付、自助终端、微信支付为辅助，多渠道融合的服务体系。

相对于传统的银行风险控制而言，由于互联网信息技术依靠其线下的海量数据进行充分分析，并依托线上所掌握的情况对客户进行综合评估和鉴别，能够较准确地评定客户信用等级，掌握客户与客户之间信息所呈现的共同特征，以及由此能够仔细划分客户群，使得银行规避风险的能力增强，进而降低潜在风险发生的可能性。

总的来说，以互联网信息技术为支撑的金融服务模式具备成本低、效率高、速度快、门槛低、精准度高等特点和优势，使得金融互联网与互联网金融相互融合、互利共赢，成为金融业发展的趋势。我国工、农、中、建四大国有控股银行与四大互联网“巨头”（腾讯、百度、京东、阿里）陆续开展合作，更进一步证明了网络信息是银行包括普惠金融的技术支撑。

（三）金融制度的安排必须探究当代金融资源配置的变化

1. 当代金融资源配置的主体发生着变化

大体来说，金融资源是金融领域中能够作用于客体的各种要素的总和。在过去相当长的时期中，它的主要内容是货币资金和有价证券。此外，社会成员之间的信用，以及社会成员与政府之间的信用，也称作金融资源。我国的金融资源主要掌握在国家或者政府手中，这不仅集中体现在国有股份制商业银行、国有独资银行和国有政策性商业银行，占领了我国金融市场的绝大部分，而且表现在股份制商业银行、地方商业银行以及其他金融机构也基本上是国家或政府控股的。这种状况的存在归根结底是由我国金融制度的性质和体制设计决定的。也就是说，我国金融资源主要掌控在国家手中。

但是，必须看到，近年来随着互联网的发展和非金融机构介入金融活动，金融资源的配置已经并正在发生变化。

我国现阶段的现实是从事金融业务经营的不仅有机构还有自然人。其中，既有依法合规准入的各种金融机构，也有非金融机构和主要由自然人组成的组织，例如蚂蚁金融、京东白条、众筹、共享单车押金、委托代理借贷宝、各种基金（风险投资基金“VC”、股权投资基金“PE”、母基金“FOF”等）。可以说，不论是机构还是自然人，从事金融业务经营活动的形式五花八门，不胜枚举。**这些业务活动往往被美其名曰“金融创新”“金融业的新业态”，对推动经济社会的发展既有正面效应，也有负面影响。对此，这里我们存而不论。但需要指出的是：大势所趋、不可避免。**

这种大势所趋、不可避免，猛烈地冲击着我国长期以来稳固的金融体系，也巨量地分流了宝贵的金融资源，并将继续影响人们的金融消费和我国的金融生态。作为中国共产党领导下的社会主义大国，党对国家社会、经济生活的领导是全方位的，正如党的十九大报告强调的，**“党政军民学，东西南北中，党是领导一切的”。党对金融资源的控制和引领，就是要体现党的意志，实现“全面建成小康社会，一个不能少；共同富裕路上，一个不能掉队”**的奋斗目标，实现“举全党全国之力，坚决完成脱贫攻坚任务”的庄严承诺，不断增强人民的获得感、幸福感、安全感，不断推进全体人民共同富裕，体现“为人民服务”的根本宗旨，以及党的十九大提出的“国家富强、民族振兴、人民幸福”的宏伟蓝图。这当中，凝聚金融力量，发挥“金融是经济的核心”“金融活，经济活；金融稳，经济稳”的作用至关重要。

发展普惠金融，服务国家乡村振兴战略，坚决打赢脱贫攻坚战，是党领导下的金融机构义不容辞的责任，也是金融机构实现发展的重大挑战和机遇。金融机构必须转变观念，树立新的发展理念、服务理念，以人为本，为人民服务，把人民对美好生活的向往作为奋斗目标，在践行普惠金融发展理念，提升对广大人民群众金融服务水平和服务质量的伟大实践中当先锋、挑重担。

2. 当代金融资源配置的客体发生着变化

企业服务的对象主要是生产流通企业融通资金的需要。在政府努力推动经济发展，经济又主要是由中央或地方国有企业推动的情况下，企业融通资金主要靠各个层次的商业银行。但必须看到，金融资源配置的客体和金融业服务的对象已经发生了变化。**第一，它要推动第三产业即服务业的发展**。第三产业通常被称作服务业，如物流业、旅游业、信息业，甚至医疗、养老、教育等领域，这些领域也是实体经济。推动这些领域的发展即供给侧结构性改革，有利于社会经济结构的优化，有利于提高人们的素质和生活质量，有利于促进人的全面发展。**第二，它要推动环境生态的恢复和优化**。所谓“绿水青山就是金山银山”，这不仅是对绿水青山价值的认同，更重要的是人们对美好环境的诉求和偏爱。此外，人们需要绿色的生活资料，以享受健康和长寿，表明金融资源的配置早已不能以商业价值去衡量，而必须以人文价值去衡量。**第三，它要推动科技的创新发展**。科技是第一生产力，经济发展和社会进步必须依靠科技创新。**第四，它不仅要推动社会基础设施的建设，而且要推动公益性、准公益性事业的发展**。也就是说，金融资源的配置、金融业服务的对象不能只追求利润最大化，而要追求经济利益和社会效益的统一。**这四个方面的变化，**

集中起来说，就是金融要承担更多的社会功能。这样的功能要靠普惠金融去实现、去维护、去彰显，让人们拥有更多获得感。

3. 当代金融资源配置主客体双方关系发生着变化

中华民族是一个深受传统文化影响的民族，重情义、恋旧情、知恩图报，铸就了这个民族的文化心理。当金融消费者有个性需求，而金融业对消费者又付出关怀时，金融业收获的不仅仅是新业务增长带来的利润，更是与消费者之间建立了情感纽带。这种情感联系有助于金融机构在社会上树立良好的公共形象，为金融机构的长远发展奠定社会基础。比如金融机构针对弱势群体推出“急人所难”的金融服务，其收获的就不仅仅是客户群，更重要的是银行关怀弱者的人文理念。再如对家庭贫困的学生，推出助学贷款，让学生顺利完成学业，成为自食其力的劳动者，从而改变自身命运。这样，受益的学生就会因为这份特殊情感而成为这家金融机构的忠实客户和推介者。金融机构关怀的人越多，其回报的“泉水”也就会越多，就越有利于金融的长远发展。

这样的金融资源配置，主客体双方关系的变化，需要在一定的金融领域建立、深化、弘扬，而这一领域应当是普惠金融。我们必须看到，普惠金融的实践正改变着金融领域的相关关系。

三、怎样从经济强过渡到金融强

“经济强，金融强”，是习近平总书记结合国内外的现实总结出的“经济与金融互动，共生共荣”的关系，其中“经济强”主要取决于一个国家的经济实力。说“主要取决于”经济实力，也就是还要包括其他因素，如政治、文化、军事、科技等。

中国的实力到底有多强，国际上有关部门和专家有不同的看法：“中国威胁论”认为中国实力不容忽视；“中国无用论”，认为中国无关紧要。这样的看法，大多属于主观臆断，欠缺科学分析。

由中国现代国际关系研究所“综合国力课题组”在21世纪初发表的《综合国力评估系统（第一期工程）研究报告》是一份理性、冷静、科学的研究成果，对准确掌握世界和中国的发展水平、了解我国在世界发展进程中的地位，有重要的参考价值。详见表4.1。

表4.1　综合国力评估结果

	美国	日本	法国	英国	德国	俄罗斯	中国
综合国力值1	8 371	5 112	4 270	4 070	3 918	3 203	2 175
综合国力值2	6 090	3 096	3 254	2 830	2 710	1 604	1 101

其中综合国力值1是对经济、军事、科技教育、资源等几个方面的因素进行评价所得到的综合值。综合国力值2则是在综合国力值1的基础上，把政治、社会、国际影响力的评价值作为调整系数所得到的综合国力值。

该报告是在20世纪末（1988—1998年）特定时期对美、日、中、俄、德、法、英7国的综合国力进行研究评估后得出的结论。该报告以“综合国力值”为尺度对七个国家进行了排位。其科学性和可信度需要进一步研究。

针对这一问题，记者对中国现代国际关系研究所牵头研究的研究员进行了采访。接受记者采访的人说：从 1997 年开始，中国现代国际关系研究所对中国的国力状况，就组织国内各领域近百位知名的专家、学者进行研究。首先建立综合国力评估体系。经过数十次的专家会议讨论，终于开发出了国内乃至国际独特的“综合国力演示程序”。同时，他们收集了 1988—1998 年共 11 年的美、日、中、俄、德、法、英 7 国的主要统计数据，建成了国内首家主要国家“综合国力数据库”，并着手进行量化分析。经过专家们的反复论证和对评估体系的充实修改，最终于 2001 年 8 月发表了第一期工程的研究报告。应当说，该报告大体来说，在当时具有一定的可信度。但毕竟已是 20 多年前的“产品”，时过境迁，特别是从 21 世纪开始，中国政治、经济、军事、科技、教育等诸多方面获得了长足的进步和发展，其综合国力今非昔比，其综合国力值应大大提升，其排位次序自当发生变化。

应当说，当今世界各个国家之间的竞争实际是综合国力的竞争。“综合国力是一定时点上一个国家的政治、经济、军事、科技、教育等诸多领域的现实力量和潜在力量的总和”，它是反映国家盛衰、强弱的重要指标，是进行国际战略研究和国际格局研究的重要基础。邓小平同志提出的“韬光养晦、有所作为”是我国的战略，同时我们还要“量力而行”，这个“力”就应该是综合国力。

从维护国家安全的角度研究综合国力也非常重要。综合国力实际上代表了维护国家安全、发展本国利益的能力和水平。通过评价研究可以找到差距，发现影响我国发展的症结所在，使我国在制定发展战略时更有针对性。在该评价系统中，我国的环境系统指标得分是负数，说明“环境问题已经严重制约了我国综合国力水平的提高”，我国在制定可持续发展战略时就不能不重视此事。

该综合国力评估的一个突出特点是在社会科学研究领域运用了计量、动态分析方法。迄今，它是中国在这一研究领域里的弱项。课题组专门邀请了对高等数学和对计算机技术有造诣的学者参加。在指标分类上设置软、硬两个指标体系，其中硬指标是常用的国内生产总值、对外贸易额、外汇储备等，同时各个国家的科技开发能力、对知识价值的认同程度、资源、环境等软指标均有重要的参考作用。两项指标相互交叉，在系统中综合计算。

与此同时，如何提高评价体系中各个指标的可信性是课题组研究的重点。为此，课题组将统计数据划分为经济、军事、科教、资源、政治、社会、国际影响 7 大领域，在全国按各个领域所占比例进行分组，而后算出的平均值排除了少数人的感情因素，使评价更具有理性和科学性。中国科学院、军事科学院、国防大学、中央党校及在京各大学的有关教授均以非常认真的学风和严谨的治学态度参加了论证。据悉，课题组的专家大部分是博士、研究员，并且多数人有在国外研究和工作的经历。

上述分析，旨在表明该研究报告的可信度，同时表明中国正在走向强国，而现阶段仍然是发展中国家。

一般来说，经济实力强，金融实力也应较强，因为金融实力以经济实力为基础。比如，外汇储备的规模，它必须以引进外资和进出口为基础；再比如货币及其他金融资产的价值，必须以商品和其他物资流通为基础。

一国的金融实力，从国内来讲，主要考察：①金融机构和金融工具的数量和质量；②金融市场的完备程度和规模；③金融产业在产业结构中的产值和比重。据中国人民银行初步统计，2020 年第二季度末，我国金融业机构总资产为 340.43 万亿元，同比增长 10%，其中，银行业机构总资产为 309.41 万亿元，同比增长 9.7%；证券业机构总资产为 9.04 万亿元，同比增长 14.8%；保险业机构总资产为 21.98 万亿元，同比增长 12.7%。也就是说，中国银行业的总资产规模相当于保险业的 14 倍、证券业的 34 倍！很显然，就总资产规模而言，在银行面前，保险、证券都排在后面。

另外，保险、证券的弱势地位还体现在巨头企业上。截至 2019 年底，我国有 4 500 多家银行业金融机构、130 多家证券公司、230 家保险公司。此前，Brand Finance 发布了《Brand Finance 2020 年全球品牌价值 500 强报告》，国内有 16 家金融机构入围。其中，入选榜单的国内银行业金融机构共 12 家、保险业金融机构 4 家，无券商入围。

从金融系统的净利润看，2019 年，金融行业净利润共计 2.4 万亿元。其中，保险、证券只是零头。商业银行累计实现净利润 2.0 万亿元；保险公司利润总额为 3 100 亿元；133 家券商实现净利润 1 230 亿元。

具体来看：2019 年，中信证券、海通证券、华泰证券、国泰君安等头部券商分别实现净利润 122 亿元、95 亿元、90 亿元、86 亿元；133 家券商合计 1 230 亿元；2019 年，中国平安、中国人寿、中国人保、中国太保、新华保险五家保险企业分别实现净利润 1 494 亿元、583 亿元、224 亿元、277 亿元、146 亿元；

2019 年，工商银行、建设银行、农业银行、中国银行、交通银行、邮储银行等国有六大行分别实现净利润 3 122.24 亿元、2 667.33 亿元、2 120.98 亿元、1 874.05 亿元、772.81 亿元、609.33 亿元。表 4.2 对以上情况进行了汇总统计。

表 4.2　2019 年中国金融业头部企业净利润　　单位：亿元

公司名称	净利润	行业
中国工商银行	3 122	银行
中国建设银行	2 667	银行
中国农业银行	2 121	银行
中国银行	1 874	银行
中国平安	1 494	保险
中国交通银行	773	银行
中国邮储银行	609	银行
中国人寿	583	保险
中国太保	277	保险
中国人保	224	保险
新华保险	146	保险
中国证券	122	证券
海通证券	95	证券
华泰证券	90	证券
国泰君安	86	证券

数据来源：各公司年报。

所以，就净利润而言，133 家券商不如一个中国平安，中国平安等五大保险企业又不如一个工商银行。

综上所述，我们不难发现，我国金融业现状：银行业是老大，保险业是老二，证券业是老三。而之所以造成这样的格局，从其盈利方式可一窥端倪。

银行业的盈利渠道主要靠存贷差；保险业综合成本率过高（通常超过90%），很难从保险业务上赚到钱，所以保险业的盈利渠道主要靠投资收益；而证券业离资本市场最近，它的盈利渠道，一是坐吃投资者的佣金，二是赚取利润的先天优势在于进行证券投资，但证券投资存在风险，仍带有不确定性。

上述情况，在一定的程度上，从特定的角度反映了我国金融业的实力。机构和资产数量反映规模，盈利数额和方式反映业绩。但怎样反映金融业的质量需要另当别论。从理论上说，效益与效率是两个不同的概念：效益表明的是收入与成本的关系，而效率表明的是投入与产出的关系。

金融效率就是指金融部门的投入与产出之间的关系，也就是金融部门对经济增长的贡献。因此，我们可以把金融效率作为衡量金融业质量的指标。

金融效率是一个综合性很强的指标，有很多种分类方法。按照不同金融机构在经济中的作用，我们可以将其划分为宏观金融效率、微观金融效率和金融市场效率三种。

（1）宏观金融效率，包括货币政策效率、货币量与经济成果的比例关系、金融市场化程度和金融体系动员国内储蓄的效率等几个方面。根据金融压制论的观点，资金外逃是一个国家宏观金融效率不高的重要标志。

（2）微观金融效率，主要指市场微观主体即金融机构的经营效率。微观金融效率指标体系主要包括金融机构的盈利水平、金融机构的资本创利水平、金融机构资产盈利水平、金融机构人均资产持有量、金融机构人均资本（一级资本）持有量、金融机构人均利润水平和金融机构（特别是银行）的资产质量。

（3）金融市场效率，包括货币市场效率和证券市场效率。对金融市场效率的考察可以从市场的规模、市场的结构和市场的成熟程度等多个角度来分析。

中国金融业的金融效率，需要结合金融监管、金融工程的状况来分析。在这里，针对我们要讨论的主题：国内金融的实力怎样，从而考察金融强或不强，必须着力考察金融部门对经济增长的贡献，即认知“宏观金融效率”。**考察金融部门对经济增长的贡献，一是它们的资金供给使生产要素结合起来，二是增加劳动力人口的就业，使他们增加收入，摆脱贫困。**对此，国内外的经济学家们（如美国的克鲁格曼、中国的吴敬琏）提出了一个指标，即“增量资本产出率”（ICOR）。这个指标的分母是GDP，分子是资本增量，也就是投资，其公式为：资本增量/GDP，其含义是增加1元钱GDP的产出，要增加多少钱的投资。历史经验告诉人们，在西方发达的市场经济国家，每增加1元钱的GDP，就需要增加1至2元钱的投资；而在我国，据国家统计部门统计，每增加1元钱的GDP，增加的投资是5至7元。由于企业的投资主要是靠银行信贷支持的，投资递增的这种状况表明：银行贷款收不回来，信贷风险增加，应当是投资效率递减的表现。有的经济学家说，这种状况已经到了危险的边沿，必须加以关注，因为它意味着资源的无效或低效分配，甚至是对资源的破坏。所以，不应当把这种状况认知为金融的实力增强，更不能由此认定中国是金融强国。

一国的金融实力，从国际来讲，主要考察：①货币的国际可接受度，即是否作为国际储备货币、是否作为国际结算以及买卖货币；②外汇储备的规模；③金融市场的环境安全和稳定程度；④拥有的国际金融中心数量及其影响力；⑤在外国发行的金融工具及其数量。

中国人民银行总行 2021 年 3 月发布了《2020 年人民币国际化报告》，总的来说，人民币国际化取得了长足的进展，正在逐步推进。该报告概要指出：2019 年，人民币国际化再上新台阶，人民币支付货币功能不断增强，投融资货币功能持续深化，储备货币功能逐渐显现，计价货币功能进一步实现突破，人民币继续保持在全球货币体系中的稳定地位。

2019 年，人民币跨境使用逆势快速增长，全年银行代客人民币跨境收付金额合计 19.67 万亿元，同比增长 24.1%，在 2018 年高速增长的基础上继续保持快速增长，收付金额创历史新高。人民币跨境收支总体平衡，净流入 3 606 亿元。人民币在国际货币基金组织成员持有储备资产的币种构成中排名第 5，市场份额为 1.95%，较 2016 年人民币刚加入 SDR 篮子时，提升了 0.88 个百分点；人民币在全球外汇交易中的市场份额为 4.3%，较 2016 年提高了 0.3 个百分点；据最新统计数据，人民币在主要国际支付货币中排第 5 位，市场份额为 1.76%。

2019 年，人民币国际化发展总体呈现以下特点：一是贸易和直接投资跨境人民币结算逆势增长；二是证券投资业务大幅增长，成为推动人民币跨境使用增长的主要力量；三是人民币跨境使用政策不断优化，先后推出一系列更高水平贸易投资便利化试点；四是人民币国际化基础设施进一步完善，人民币清算行体系持续拓展，CIPS（人民币跨境支付系统）成为人民币跨境结算的主渠道；五是双边货币合作持续深化，不断消除境外人民币使用障碍。

但按上述确定的指标来考察，中国金融实力，还需要不断提高和增强。事实再一次表明：中国是金融大国，但还不是金融强国。从经济强过渡到金融强，还需要相当长的进程，也是我们奋进的目标。

第五章 金融活，经济活；金融稳，经济稳

导读：

“金融活，经济活”，二者相辅相成，应考察二者中谁起着主导作用。现阶段要关注“互联网经济、金融的产业和发展”。在数字经济成为中国国民经济中最为核心的增长极之一的条件下，数字经济的新功能、新建设、新方向、新服务，是“经济活，金融活”的重要经济基础。市场经济体制的建立和完善是“金融活，经济活”的制度基础。利率是“金融活，经济活”的重要经济杠杆。利率杠杆能不能发挥作用，能发挥多大的作用，受时间、空间、机制、传导意识的影响。

“金融稳，经济稳”这二者是否有因果关系，需要讨论。在我们看来，这二者的逻辑因果关系不强。

现阶段国内外业界和学界对金融稳定这个概念有不同的认知，中国业界和学界把金融稳定这一概念确定为：一个国家或地区在一定时期，金融发展、金融安全、金融效率、金融结构的稳定状态。

为了维护和推动金融稳定，要密切关注财政信贷收支的综合平衡；要关注经济周期和金融周期。

从金融稳过渡到经济稳，主要是防范金融风险。关注中国金融风险的特性，厘清系统性金融风险的概念，分析系统性金融风险产生的原因，提前做好防范系统性金融风险的准备。防范系统性金融风险，关键在于主动。

2019年2月22日习近平总书记在中央政治局第13次集体学习会上，提出了“金融活，经济活；金融稳，经济稳”。这次学习的初衷，是讨论“金融供给侧结构性改革”问题。对怎样理解“金融供给侧结构性改革”，习近平总书记以这两句话即“金融活，经济活；金融稳，经济稳”来概括，是他对金融反作用于经济的创造性理解。所以对“金融活”的解读是：要以金融体系结构调整优化为重点，聚焦痛点，疏浚堵点，打通金融活水流向实体经济的“最后一公里”，为实体经济发展提供更高质量、更有效率的金融服务；要构建多层次、广覆盖、有差异的银行体系，开发个性化、差异化、定制化金融产品，改进小微企业和“三农”金融服务；要建设规范、透明、开放、有活力、有韧性的资本市场，构建全方位、多层次金融支持现代化经济体系建设的服务体系，适应发展更多依靠创新、创造、创意的大趋势，推动金融服务结构和质量来一个转变，不断畅通金融血脉、服务民生百业。

根据习近平总书记“金融活，经济活”的论述，笔者对如何进一步推动“金融供给侧结构性改革”，提出以下六个方面的建议：

一是要以金融体系结构调整优化为重点，优化融资结构和金融机构体系、市场体系、产品体系，为实体经济发展提供更高质量、更有效率的金融服务。

二是要构建**多层次、广覆盖、有差异**的银行体系，端正发展理念，坚持以市场需求为导向，积极开发**个性化、差异化、定制化**金融产品，增加中小金融机构数量和业务比重，改进小微企业和“三农”金融服务。

关于第二点，在2018年底召开的中央经济工作会议中早有提及。那次会议特别指出，“要以金融体系结构调整优化为重点深化金融体制改革，**发展民营银行和社区银行，推动城市商业银行、农村商业银行、农村信用合作联社业务逐步回归本源**”。

之后，银保监会根据会议的精神指出：要构建普惠与高端相结合，大中小机构协调发展、公平竞争的金融机构和金融服务体系。各类金融机构应当结合自身禀赋条件、市场定位，实行差异化发展，不断增强自身竞争优势。**大型金融机构**可以充分发挥产品、渠道和客户优势，增强综合化和国际化功能，成为行业发展的旗舰。**中小金融机构**包括互联网民营银行可结合自身比较优势，深耕细分市场，在专业化、特色化、精细化上下足功夫，拥有各自的独门绝技，进行优势互补。

三是要建设一个规范、透明、开放、有活力、有韧性的资本市场，完善资本市场基础性制度，把好市场入口和市场出口两道关，加强对交易的全程监管。

关于第三点，2018年中央经济工作会议也指出，资本市场在金融运行中具有牵一发而动全身的作用，要通过深化改革，打造一个规范、透明、开放、有活力、有韧性的资本市场，提高上市公司质量，完善交易制度，引导更多中长期资金进入，推动在上海证券交易所设立科创板并试点注册制尽快落地。

四是要围绕建设现代化经济的产业体系、市场体系、区域发展体系、绿色发展体系等提供精准金融服务，构建风险投资、银行信贷、债券市场、股票市场等全方位、多层次金融支持服务体系。

我国金融体系在过去是长期以银行为主导的间接融资体系，银行业独大的局面在过去推动经济发展中起到了不可替代的作用，但也在近些年不断推高宏观经济杠杆率。因此，要稳杠杆，优化金融体系，就要构建间接融资与直接融资均衡发展的全方位、多层次金融支持服务体系。

其中，在发展直接融资方面，有的经济学家也曾对记者表示，不应把显著提高直接融资比重的重心都放在主板、创业板甚至是科创板等，而应多关注未上市公司的股权融资。股权不一定是标准股权，可以多鼓励市场主体自行约定股权交易形式，有关部门只要做到保护投资者合法权益即可。

五是要适应发展更多依靠创新、创造、创意的大趋势，推动金融服务结构和质量来一个转变。

六是要更加注重尊重市场规律，坚持精准支持，选择那些符合国家产业发展方向、主业相对集中于实体经济、技术先进、产品有市场、暂时遇到困难的民营企业进行重点支持。

这六个方面中，有两个方面对“金融活”是更直接的效应：一是优化融资结构，二是优化市场体系。前者，需要大中小机构协调发展，倡导在开展业务中公平竞争，提高服务质量；后者，要建设一个规范、透明、开放、有活力、有韧性的资本市场。建设这样的资本市场，要提高上市公司质量，对此要有进有出，在推动注册制的同时，要完善法治建设，对那些“弄虚作假”事件，要追究责任，对相关人员予以法律制裁。

“金融活，经济活”，这二者相辅相成，难以区分二者的因果关系。可以说：金融活，经济活；也可以说：经济活，金融活。这要考察二者中谁起着主导作用。这表明在逻辑上，二者有交叉。结合中国的实际，现阶段要关注以下问题：

一、互联网经济、金融的产生和发展

（一）互联网既是一种连接技术，更是一种生活方式

互联网这个以电子为基础的连接技术，在20世纪90年代迅速发展起来，人们对它的认识也逐步深化。笔者曾经写了一篇随笔《怎样看待互联网》。在这篇随笔中，笔者评介了当时看待互联网的三种意见，指出：互联网是工具，是中介，是高速公路；互联网不等于高科技，它自身不创造财富，需要发展高科技创造财富，而发展高科技创造财富首先要靠人；互联网是现代市场经济需要的“网络生产力”。在这篇随笔中，笔者认为看待这一问题必须首先弄清：①互联网是否仅仅是个工具？②什么是财富，收益是否等于财富？③互联网在当代是一种生产力，还是一种生产关系，或者是二者的结合？

在这篇随笔中，笔者认为，考察互联网是否仅仅是个工具的问题，需要讨论它的作用。关于它的作用，可概括为：①广泛地、充分地提供各种信息，为政府、企业和个人提供服务；②建立信息库和各种应用系统（包括营销系统、管理系统、决策系统等）供客户选择（租赁或买断）；③为客户提供“个性化服务”；④将各种信息融合，使经济

能稳定、协调发展，消除经济危机；⑤促进经济结构调整，体现在：推动着其他产业改变生产方式，改变着企业的运作方式及人们的生活方式，使企业可以直接面对大面积的客户，使小企业与大企业在市场竞争中“站在同一条起跑线上”；⑥促进人们思想进一步解放，拥有更大的创造力。

基于以上认识，笔者指出：把互联网仅仅看作一种工具是不妥当的或不全面的。如果仅仅看作一种工具，则它始终处于被人利用的位置上，是被动的，而互联网的主体是电脑，电脑不只是具有代替人的手或足的作用（如缩短时间和空间），而且具有代替人脑的作用，它不是完全被动的，同时具有主动性。再说，互联网能起到改变生产方式、营销方式、生活方式的作用，这也不符合“工具论”的定义。

时间已过了十几年，过去的认知经受了历史的检验，而互联网迅速的发展状况又迫使我们再思考、再认知。当今互联网已经像水和空气一样渗透到人类社会生活的各个方面。有人统计全球有大约一半的人口与互联网发生关系，欧洲和美国等诸多发达国家 70% 以上的人是网民，而新兴的发展中国家互联网的使用率则稍低一些，如在我们中国大概为 40%。这也就是说，在 14 亿多人口的中国，有约 6 亿人口与互联网发生着关系。从绝对数来看，中国是全球网民最多的国家。

应当说，互联网以人为中心，复制、传播、发扬了人际关系，是当代人类生活不可分离的组成部分和最基本的行为方式，人人生活在互联网中，互联网是社会现代化的标志之一。按经典作家的论述，生产力与生产关系的融合构成一种生产方式。他们考察了人类社会发展中生产方式的更替，人类生活在不同的生产方式中。如果将互联网被利用的“政治属性”存而不论，则我们能够说：**互联网是一种连接技术，更是一种生活方式。**讨论互联网金融的性质，不能不强调这一点。

（二）互联网导致网络经济、金融的产生和全面发展

网络经济的产生和全面发展主要体现为网络在现代工业当中以及商业当中的普遍运用。

第一，网络经济的发展加快了经济全球化，改变了人类的生产、流通、分配、消费方式，出现了虚拟企业、网络市场、电子商务、网络消费等新的经济现象。

第二，经济网络化、全球化导致经济发展的高度开放，从而要求主权国家增强政策的调控能力，善于在不能避免外部冲击的条件下来实现自己的社会经济发展目标。

第三，网络经济促使金融与贸易发生一系列变化。近年来，电子商务取得了突破，互联网+新业态、新模式，越来越多的实体店加入互联网，转型为电子商务，对实体经济的影响进一步加大。从社会调查的实践来看，相当多的企业纷纷步入网络商务的行列，互联网的新零售商业模式，采取传统经济与网络经济相结合的方式进行生产经营。

在金融领域，网络经济将使 300 年来形成的传统银行结构被现代化信息技术所打破，出现了网上银行、网上证券交易公司、网上保险公司，导致银行的性质、职能的转变，使货币理论、货币政策调控、金融风暴及其监管都受到影响。

电子商务的出现给传统贸易方式带来了极大的挑战。随着互联网的快速发展，许多经营实体店的商家受到了不

同程度的影响。特别是近年来，互联网科技的发展带来更多便利，从而改变了人们的消费观念，使实体经营状况一度陷入低迷。近年来，时不时就能看到相关的报道，称哪家大型超市因为生意惨淡关闭了，哪家品牌店也不经营了，或哪家公司破产了，等等。这表明：网络经济、金融的产生和全面发展，既能产生正面效应，也能产生负面效应。

（三）网络经济、金融的全面发展，使数字经济成为国民经济的核心增长极

数字经济以数字化技术和信息作为重要的生产要素，通过现代信息网络载体，实现数字技术与实体经济的高度融合，不断提高实体经济的数字化、网络化、智能化水平，使经济发展方式加快重构。数字经济具有技术创新、信息共享、绿色发展、产业融合的显著特征，发展数字经济，不仅是推动经济高质量发展的重要基础，而且是推动我国经济社会走向现代化的必然要求。近年来，中国数字经济蓬勃发展。中国信息通信研究院发布的数据表明，2018 年中国数字产业化规模达到 6.4 万亿元，占 GDP 比重为 7.1%，同比增长 14.2%；2019 年数字产业增加值达 7.1 万亿元，同比增长 11.1%，数字经济已经成为中国国民经济中最为核心的增长极之一。之所以成为核心，这是因为：①数字经济正在成为经济发展的新动能；②数字经济正在成为推动产业升级的新基础；③数字经济正在成为提升经济效率的新方向；④数字经济正在成为激发市场活力的新服务。

应当说，在中国现阶段，这“四新”是“经济活，金融活”的重要经济基础。

二、市场经济体制是“金融活，经济活”的制度基础

人类要生存就得生产，要生产就要分配和利用社会资源。社会资源的分配和利用，要注意节约成本的原则和追求效率的原则。

是通过交换进行资源配置，还是不通过交换进行资源配置；是在小范围内进行资源配置，还是在大范围内进行资源配置；是集中地进行资源配置，还是分散地进行资源配置，需要考察哪一种成本更低而效率更高。

是采取计划的手段更能降低成本和提高效率呢，还是采取市场的手段更能降低成本和提高效率呢？这取决于生产力的发展水平和管理体制。市场通过交换在较大的范围内分散地配置资源。计划经济体制，就是以人的主观意志去分配、利用社会资源。如果人的主观意志不符合客观，则会造成资源配置的失误，成本就高。再说计划制订、贯彻、执行，必须有一套组织，必须经过一定程序，如果组织结构层级多，程序复杂，效率就不高。

对市场经济的认识，在中国经历了相当长的过程：

党的十二大，提出计划经济为主，市场调节为辅；

党的十二届三中全会，提出公有制基础上的有计划的商品经济；

党的十三大提出有计划的商品经济体制应当是计划与市场统一的体制；

党的十三届四中全会，提出计划经济与市场经济调节相结合。

在这几次党的会议上，中央的精神都是在计划与市场

的关系上做文章，侧重点还在于计划。如提出计划经济与市场调节相结合时，计划经济又高于市场调节。之后又经过了深入的思考和研讨，在党的十四大上提出：中国经济体制改革的目标是社会主义市场经济体制。

市场经济这个概念包含些什么内容呢？在党的十四大报告中指出了三点：①使市场对资源的配置起基础性作用，通过价格杠杆和竞争机制，把资源配置到好的环节中去，使经济活动遵循价值规律的要求；②适应供求关系的变化，给企业以压力和动力，实现优胜劣汰；③运用市场对各种经济信号反应比较灵的优点，促进生产和需求的及时协调。核心的内容是“市场在资源配置中起基础性作用”。

让市场在资源配置中起基础性作用，这可以理解为资源的配置以市场为基础，市场起基础作用，国家宏观调控起矫正作用。这里有两层含义：一是以价格信号为基础，靠商品的价格变化，调整供给与需求的方向和数量，这样有利于调节资源在行业间和产品间的配置；二是以竞争为基础，优胜劣汰，使资源流向效益高的企业，这样，有利于调节资源在同一行业不同企业间的配置。

还必须指出：建立市场经济体制，易于与国际市场对接，使中国经济进一步走向世界舞台。因为现在世界上绝大多数国家实行的是市场经济，国际经济是按照市场经济规则运行的。

按上述我们讨论问题的逻辑，在市场经济体制下，是否成本就低，效率就高呢？这需要深入地讨论。但有一点是权威人士的共识，即市场经济是人类共同创造的资源配置文化。

于光远同志认为，市场经济是一种资源配置文化。文化是人类创造的优秀成果，是能传播开来、传播下去的。江泽民同志指出，市场经济是人们经过相当长时期的比较所做出的选择，是历史发展的自然结果。这说明市场经济不是资本主义的专利。这表明：人们都是从“人类共同创造的成果”去理解“市场经济”这一事物的。

在我们看来，市场经济有两个突出的特点：分散决策和相互制衡。分散决策以产权明晰并落实到自然人为基础，相互制衡以市场各种机构独立运行、相互监督为条件。

制度经济学中所谓的产权是指使用权，即使用有价值的资产的权利。这种权利体现在正式规则和非正式规则当中，也就是说有没有这种权利，要由正式规则和非正式规则认同。正式规则是指法规的认同，非正式规则是指伦理道德、社会规范和习惯势力的认同。

一个社会成员的产权，即使用有价值的资产的权利有多大，取决于外部控制和内部控制。外部控制指各种法规、习惯势力、外部人对他的约束；内部控制指自己已经获取（占有）的资源和进行的投资，以及为维护自己有价值的资产所采取的措施。

交易成本是指社会成员在建立和维持资源的内部控制时所产生的度量成本和实施成本。度量成本是已确定的，能够度量的；实施成本是未确定的，不能度量的。实施有个过程，实施成本是为得到它所付出的代价和使用它所付出的代价。

机会成本是确定一种选择，而放弃另一种选择所能够获取的收益，即付出的代价。

在世界上，选择市场经济体制或制度的国家，基于不同的运行机制而有不同的性质，如“社会市场经济”（德国模式）、“社团市场经济”（日本模式）、“分散市场经济”（美国模式）。在中国，应当是“社会主义市场经济”。

中国社会主义市场经济的特征，概括地说，即是以公有制为主体、以按劳分配为主体、以政府调控为主体。社会主义与市场经济的结合，就在于要使市场在资源配置中发挥决定性作用。要知道，市场这个概念，绝不仅指供给与需求，它包含着经济社会发展的若干因素。在资源配置中协调好各种因素，让各种因素各尽其责、各得其所，扬长避短，合理结合，才能彰显市场的决定性含义。

作为社会主义基本经济制度，必须有各方面的结合。如公有制为主体，多种经济成分并存；按劳分配为主体，多种分配方式并存；更好地发挥政府的调控作用，但要使市场在资源配置中起决定性作用。

社会主义制度的巨大优越性：既有利于解放和发展社会生产力，改善人民生活，又有利于维护社会公平正义，实现共同富裕。

需要指出的是，党的十八届三中全会明确指出：要让市场在资源配置中起决定性作用和更好地发挥政府的调控作用。这样的措辞与十八届三中全会前，“要让市场在资源配置中发挥基础性作用”的含义不同，至少有三个方面：①有主次之分，即市场调节是主要的，政府的调控是次要的。②有配合之意，市场调节与政府调控需要配合，必须配合。③有更高的要求，这一高要求便是政府调控要“更好”，市场调节要“更活”。强调市场在资源配置中发挥决定性作用，不要忘了发挥这种“决定性作用”的基础，这一基础就是“建立统一市场，竞争有序的市场体系”。谁来建立和维护这样的市场体系？当然主要是政府。所以，更好地发挥政府的作用，还应当包含这一层意思。

让市场在资源配置中发挥决定性作用靠什么？概括地说，要靠竞争、供求、价格。竞争是市场的“催化剂”；供求是市场的“杠杆”；价格是市场的“指挥棒”。它们的关系是：竞争决定供求，供求影响价格，价格又作用于竞争。这三者既能呈良性循环，又可能呈非良性循环。金融的利率和汇率是资金的价格，所以市场经济体制是“金融活，经济活”的制度基础。进一步说，“金融活，经济活”就是要建立和完善市场经济体制。建立和完善市场经济体制，就是要在运行机制中，排除那些约束市场经济主体的活动。衡量什么因素约束了市场经济主体活动，要看主体的活力发挥出来没有，价值规律充分发挥作用没有。为此要完善产权制度、要素市场化配置制度和公平竞争制度。

当然，在中国现阶段，要推动“金融活，经济活”，或者“经济活，金融活”，必须遵循习近平总书记“双循环”理论，实现经济内循环为主与国际循环相配合（相促进）。所谓双循环，是指以国内大循环为主体、国内国际双循环相互促进的新发展格局。经济的发展，从生产、分配、交换到消费本来就是个循环，这是经济学的基本原理，也是人们的常识。笔者的理解是“集中力量办好自己的事”，也就是要集中力量发展经济。怎样发展经济？在现阶段这种形势下，以国内循环为主体，国内国际双循环相互促进自然是科学的，是非常正确的。国家领导人在有关会议上讲：

国内大循环有多重意义。它是扩大消费意义上的大循环，还是联系产业链、供应链意义上的大循环；是包括金融领域在内的大循环，还是排除金融，而只是其他生产要素的大循环。所以深入地进行考察，以国内循环为主体，还有不少学问，还必须把条理梳理清楚，如循环的范围、载体、主体、动力等。

三、利率是"金融活，经济活"的重要经济杠杆

中国人民银行行长易纲撰文指出：利率是宏观经济中的重要经济变量。之所以是重要的经济变量，主要是因为利率是资金的价格，对宏观经济均衡和资源配置有重要导向意义。作为反映资金稀缺程度的信号，利率与劳动力工资、土地地租一样，是重要的生产要素价格，同时，利率也是对延期消费的报酬。考察利率对经济行为和资源配置的作用，主要以真实利率（也称实际利率，即名义利率减去通货膨胀率）为尺度。理论上，自然利率是宏观经济总供求达到均衡时的实际利率水平。实践中，利率的高低直接影响老百姓的储蓄和消费、企业的投融资决策、进出口和国际收支，进而对整个经济活动产生广泛影响。因此，利率是宏观经济中的重要变量。

利率对宏观经济运行发挥重要的调节作用，主要通过影响消费需求和投资需求实现。从消费看，利率上升会鼓励储蓄，抑制消费。从投资看，利率提高将减少可盈利的投资总量，抑制投资需求，即筛选掉回报率低的项目。利率对进出口和国际收支也会产生影响，国内利率下降，刺

激投资和消费，提升社会总需求，会增加进口，导致净出口减少，同时本外币利差缩小，可能导致跨境资本流出，影响国际收支平衡。当然，真实世界中的利率传导机制以及宏观经济变量之间的关系要比上面的简化说法复杂得多。

要说“复杂得多”，笔者认为要解决好两大问题：

（一）在市场经济条件下，怎样推动利率市场化

推动利率市场化，是要进一步发挥利率杠杆的调控作用。但利率杠杆能不能发挥调控作用，能发挥多大的调控作用，受若干因素的影响。概括地说，有以下一些影响因素：①利率杠杆能否发挥作用不取决于人们的主观愿望，而取决于客观经济过程。如果客观经济过程处于危机阶段，利率是难以有效地发挥作用的。换句话说，利率只能在经济复苏和繁荣阶段发挥作用。②利率杠杆能否发挥作用，取决于微观经济主体的财务预算约束和激励机制。如果微观经济主体财务预算约束软化，缺乏激励机制，则利率难以有效地发挥作用。③利率能不能发挥作用取决于微观经济主体的资产负债结构，如果微观经济主体资产负债结构不合理，负债过重，则利率难以有效地发挥作用。④利率能不能发挥作用取决于投资者和消费者的心理预期。如果投资者和消费者对经济发展前景的预期看好，则利率能有效地发挥作用，相反则利率难以有效地发挥作用。⑤利率能不能发挥作用取决于政府和企业的行为。如果政府和企业的行为增大了社会公众的负担，增加了他们预期的不确定性，不利于经济增长，则不利于利率有效地发挥作用。换句话说，只有在预期稳定的条件下，利率才能正常地发挥作用。⑥利率的作用存在于资金盈余者与资金短缺者之

间，如果资金盈余与短缺的形势趋弱，则利率的作用趋弱。⑦利率的作用存在于稳定的融资方式中，比如借贷。如果不存在这种融资方式，或企业和个人不选择这样的融资方式，比如当企业缺资金时，不求助于银行借债，而是求助于发行股票，则利率难以有效地发挥作用。⑧利率的作用存在于人们的金融意识中。如果人们的金融意识强，比如收入资本化的意识强，对利率变动很敏感，则利率能有效地发挥作用，相反则利率难以有效地发挥作用。⑨利率变动的幅度与利率能否发挥作用、作用的大小相关。如果利率变动的幅度很小，则难以发挥作用。⑩利率发挥作用有个传导过程。有人说利率变动先在资本市场上发挥作用，然后经过半年的时间影响实体经济。

中国利率管理体制的方向是推动利率市场化，逐步放开利率，必须为此创造条件。这些条件包括：①企业财务的预算约束和激励机制的建立；②人们金融意识的提高；③有一个预期稳定的经济环境；④建立有效的传导机制等。

当前值得关注、思考的问题是：

（1）调整利率，谁来买单。

（2）人们的金融意识、利率的敏感度怎么样。

（3）会不会产生良性循环。如利率升高，贷款反而增加。以贷款付息现象能不能消除，涉及企业效益。

（4）民间借贷利率、黑市利率怎么样。如利率变动会吸引资金流向、流量，但也会产生金融纠纷，造成金融风险，影响金融稳定。

（二）利率杠杆如何发挥作用

利率杠杆能不能发挥作用，能发挥多大的作用，概括地说，受下列因素影响：①时间——经济发展处于什么阶段；②空间——在什么范围内发挥作用；③机制——激励和约束作用怎么样；④传导——发挥作用经过的环节；⑤意识——人们对利率的敏感度怎么样。

一般来说，①经济处于上升阶段，利率才能发挥作用；经济处于下行阶段，利率难以发挥作用。②市场经济发育程度较高，利率容易发挥作用；市场经济发育不充分，利率难以发挥作用。③激励和约束机制合理、健全的条件下，利率才能发挥作用；激励和约束机制不合理、不健全的条件下，利率难以发挥作用。④传导顺畅，没有被抵销，利率有效；传导不顺畅，被抵销，利率无效。⑤金融意识强，对利率的敏感度高，利率能有效发挥作用；金融意识弱，对利率的敏感度低，利率则难以发挥作用。

现阶段“金融活，经济活”仍然要着力解决融资难、融资贵的问题。在社会主义中国，在共产党的集中统一领导下，通过监管指标的考核，比如要求对小微企业和个体经济的融资要占多少百分比等，能在一定程度上解决融资难的问题。但要解决融资贵的问题，却不容易，因为社会的融资成本增高，而在这种条件下融资机构又要获利生存，否则融资机构就缺乏生存基础，金融就活不起来。所以“金融活，经济活”也是不容易的，是有困难的。

2015 年 6 月 16 日至 18 日，习近平总书记在贵州调研时指出：要运用辩证思维谋划经济社会发展。要适应我国经济发展新常态，保持战略定力，加强调查研究，看清形势，适应趋势，发挥优势，破解瓶颈，统筹兼顾，协调联动。要以小见大，见微知著。遵循习近平总书记的思维方式，回答在市场经济中，为什么需要小型金融机构，从哲学的角度说：事物都是由小到大，大中包含着小；从经济学的角度说，小有小的长处，也有短处，如比较灵活；“树大招风”，树小可避风；业务的覆盖面广；运作的针对性强；可应顾客之需，解顾客之急；决策层次少，能提高执行效率等。而它的短处是实力不强，承受风险的能力弱。有人说大不一定能防范风险，相反，小也能防范风险，关键在于体制和机制。在体制上产权明确，在机制上责权利分明，就能防范风险。实践也证明了这一点。我们认为防范风险与承受风险是“两码事”，即使能有效地防范风险，也不等于说它承受风险的能力就强。

从金融机构的发生、发展趋势看，着力建设、发展小型金融机构是否符合时代潮流，是否发展方向？有人说小的缺陷是：不能获得规模经济；不能“多种经营”以盈补亏；只能做零售业务，不能做批发业务；业务分散，涉及面广，包含着更大的风险；机构小难以增强实力，提高信誉；机构小容易被个别人把持，为所欲为，这样容易产生道德风险，难以建立分权监管制度，等等。笔者认为，这样的认知，具有相当的正确性。

还有一个问题需要讨论，即不让私人办银行是否合理。我们认为“私有自然人”不能办是正确的，“私有法人”不能办是值得讨论的。有人说，让外国金融机构进来，实际上是为外国私人办银行“开绿灯”，为什么把自己人“卡住”？应当说私人参股办银行是市场融资发展的必然选择。有的私人老板有余钱，而有的私人老板缺钱，他们可以通过金融机构融通，也可以不通过金融机构融通，在市场经济条件下，他们有自由选择的权利。笔者认为关键是怎样求得“三性”的最佳组合。要看到，银行是承担风险的机构，是让风险集中于银行，还是让风险分散于资金盈余者手中？现代融资机制的发展趋势是让资金盈余者自己承担风险。

进一步考察发展金融事业要考虑地区差异、产业差异和所有制差异。在以民营经济为主体的地区，行业企业资金的融通，靠国有银行去“包”，不是好的选择。在我国沿海一些地区，几乎没有国有经济，在那里，国有银行服务的对象是私人企业，同时存在着少数私人老板参股组建的城市信用合作联社，有的信用合作联社运作状况良好，因为它产权明确，不论收益或亏损，当事者都非常关注，不像国有银行那样，不论收益或亏损，当事者都无所谓，所以信用合作联社呆账损失反而比国有银行小。

总之，融资取决于经济的发展和客户的需要。金融机构是大好还是小好？大有大的好处，但也有大的难处。小有小的好处，但也有小的难处。现在的问题是：以大对大、以小对小是否符合事物发展规律，是否好的选择。其实，大予以“分离”能够对小，小予以“合作”能够对大。现代商业银行面对的客户，不应当有大小之分，只有优劣之分。

四、金融稳定的概念与“金融稳，经济稳”的因果关系

（一）金融稳定的概念

对“金融稳，经济稳”的考察，首先要明确“金融稳”的含义。简单地表述，“金融稳”指的是一个国家的整体金

融体系不出现大的波动，金融作为货币资金融资的中介，其功能能够正常发挥，不存在局部性金融风险和系统性金融风险。

金融稳定是金融安全的重要基础，金融安全又是国家安全的重要组成部分。20 世纪 70 年代以来，金融危机的暴发频率和破坏力显著增加，因此，金融稳定的研究以及金融稳定体系的构建逐渐引起各界学者和各国政府的重视。

中国人民银行在 2005 年推出的第一期《中国金融稳定报告》主要采用了金融功能说，即金融稳定是指金融体系处于能够执行其关键功能的稳定状态。在这种状态下，金融体系能够承受冲击且不会在经济中造成支付程序和储蓄转向投资过程的累积性伤害。

在 2021 年《中国金融稳定报告》的综述中，作者提出：2020 年以来，国际形势严峻复杂，国内改革发展稳定任务艰巨繁重，特别是新冠肺炎疫情带来前所未有的冲击，全球遭受了第二次世界大战以来最严重的经济衰退。面对重大考验和挑战，中国坚持高质量发展方向不动摇，统筹疫情防控和经济社会发展，“十三五”规划圆满收官，脱贫攻坚战取得全面胜利，全面建成小康社会。2020 年中国国内生产总值（GDP）同比增长 2.3%，经济总量突破 100 万亿元，在全球主要经济体中唯一实现经济正增长。

按照党中央、国务院的决策部署，在国务院金融稳定发展委员会统筹指挥下，金融系统坚持服务实体经济，全力支持稳增长保就业，进一步深化金融改革开放，坚决打好防范和化解重大金融风险攻坚战，取得重要的阶段性成果。一是宏观杠杆率持续过快上升势头得到有效遏制。

2017—2019年，宏观杠杆率总体稳定在250%左右，为应对疫情加大逆周期调节力度赢得了空间。2020年在疫情冲击下，GDP名义增速放缓，宏观对冲力度加大，宏观杠杆率阶段性上升，预计将逐步回到基本稳定的轨道。二是各类高风险机构得到有序处置。依法果断接管包商银行，在最大限度保护存款人和客户合法权益的同时，坚决打破刚性兑付，严肃了市场纪律。三是影子银行风险持续收敛。统一资管业务监管标准，合理设定调整资管新规过渡期，金融脱实向虚、资金空转等情况明显改观。四是重点领域信用风险得到稳妥化解。加强债券发行交易监测，综合施策有效化解企业债务风险。积极制定不良贷款上升应对预案，支持银行尤其是中小银行多渠道补充资本。五是金融秩序得到全面清理整顿。P2P（点对点）网贷机构全部停业，非法集资、跨境赌博及地下钱庄等违法违规金融活动得到有力遏制，私募基金、金融资产类交易场所等风险化解取得积极进展，大型金融科技公司监管得到加强。六是防范和化解金融风险制度建设有力推进。建立逆周期资本缓冲机制，出台系统重要性银行评估办法，发布金融控股公司监管办法，统筹金融基础设施监管。完善存款保险制度建设和机构设置，发挥存款保险早期纠正和风险处置平台作用。制定重点房地产企业资金监测和融资管理规则，推出房地产贷款集中度管理制度。总体来看，经过治理，金融风险整体收敛、总体可控，金融业平稳健康发展，为有效应对新冠肺炎疫情冲击、全面建成小康社会创造了良好的金融环境。这六方面的综述，不仅彰显了中国大陆为了金融稳定所做出的业绩，而且揭示了金融稳定的特征。

现阶段国内外业界和学界对金融稳定（fiance stability）这个概念的认知仍不一致。中国业界和学界认为金融稳定的概念是指一个国家或者地区在一定时期内金融发展、金融安全、金融效率和金融结构的稳定状态。

对这四个方面“稳定”状态的诠释是：①有效管理和控制货币供给，实现金融业稳健发展，为经济增长和发展创造一个良好的货币金融环境。②保证金融机构特别是商业银行的健全性和生存能力，以提高金融市场运行的内在稳定性和安全性；保护存款者利益，约束债务人行为，以维持正常的信用秩序。③改善金融体系中资金流动的微观和宏观效率，以实现资源的有效配置和社会公平。④优化金融结构，防止金融业的结构性失衡和经济泡沫的产生。

这样来确立金融稳定的概念：①目标明确。金融稳定的目标是：实现金融业稳健发展，保障金融安全，不断提高金融效率，优化金融结构。②机制合理，层次分明。对于金融稳定，我们不但要求一个国家的金融要实现金融稳健发展、金融安全有序、金融效率高、金融结构合理，同时，作为金融系统中的每一个金融企业都应当围绕这四个目标开展工作。只有每一个金融企业都做到这一点，宏观金融才能稳定。这一定义实现了宏观目标与微观目标的一致性、个体目标与国家整体目标的一致性。③便于建立金融稳定指标考核体系。

从金融发展、金融安全、金融效率和金融结构四个方面入手的定义，则有利于建立明确的金融稳定指标体系。从目前各方面提出的金融稳定指标体系来看，各种指标体系很多，相互不一致。从以上四个方面界定金融稳定，则对建立金融稳定的指标体系提供了科学的系统性线索。因此，这一指标体系有利于上级主管部门对金融稳定的评估和考核，也有利于微观金融部门执行。

进一步说，金融发展的稳定状态是指金融业主要指标如存款、贷款、货币供应量、金融机构和金融工具总量、金融资产和金融负债总量等符合科学预期，与经济发展的客观需求相适应；金融安全的稳定状态是指金融运行中不存在金融风险和金融危机相关的问题，金融安全体系健康有效；金融效率的稳定状态是指金融系统信息充分，不存在较为严重的市场失灵问题，金融系统能有效地配置金融资源，实现金融资源的最优配置，使投资者和金融企业实现利益最大化基础上的均衡；金融结构的稳定状态是指金融工具、金融机构和金融资产与负债结构处于不断优化和合理状态。

应当说金融稳定概念这四个方面相互联系，具有科学性。金融稳定的深层意义是提高金融效率，维护金融安全。但是仅仅维护安全是不够的，如果金融不能稳健发展，零增长的稳定就是落后，在外来力量介入，冲击金融的某一方面时，金融系统就难以稳定。还要指出的是：金融发展和金融安全也离不开金融效率的提高。设想一个安全、增长的金融业，如果离开金融效率的提高，其自身的价值在长期内将下降，导致不稳定。只有一个有效率的金融系统才能实现金融发展与金融安全，实现金融业的可持续发展。再说，一个有效率的、安全的、发展的金融业，如果没有金融结构的不断优化，出现的一些结构性问题虽然没有在短期内显现出来，但是，如果这种结构长期发生倾斜，将发生系统性的金融危机。实质上，东南亚金融危机就是如此。在这次危机发生之前，金融效率、金融安全、金融发展都是不错的，但不断积累的结构问题导致了金融危机的发生。所以，这三者必须互为因果，相互促进。

应当说，金融稳定具有操作的实践意义。金融稳定这个概念对于中央银行的基层部门和金融企业而言还比较陌生。什么是金融稳定？如何维护金融稳定？衡量金融稳定的标准是什么？明白这些对于每一个金融单位都十分重要。从一个金融微观企业来讲，第一，它首先要追求效益最大化的目标，实现自身的经济效率；第二，金融企业的发展十分重要，主要的金融指标必须实现稳健发展；第三，金融企业必须对其资产负债结构、产品结构、收入结构、基层网点结构进行关注，不断优化；第四，金融企业要采取切实措施，防范金融风险，实现企业的安全运行。最近各方面的调研发现，很多微观金融企业由于过于注重金融发展，忽视风险管理，出现了很多问题，造成了很大的损失。因此有一个明确的金融稳定的概念，使基层金融企业在实际经营活动中，注重以上四个稳定目标的有机统一，实现金融业上下目标和措施的高度一致性，具有十分重要的实践意义。

（二）“金融稳，经济稳”这二者是否有因果关系，需要讨论

在我们看来，这二者的逻辑因果关系不强。因为作用于“金融稳”的因素，在多方面不同于作用于“经济稳”的因素。**也就是说，作用于二者的因素，在不同的时空界限内，是不同的。不能肯定：金融稳，经济就会稳；也不**

能肯定：经济稳，金融就一定稳。在实际当中，应当首先确保“金融稳”，然后促使“经济稳”。在这方面：①中央银行首先要坚守人民币币值稳定目标，因为币值是否稳定关系着广大人民群众的切身利益。中国人民银行行长易纲在《求是》杂志发文指出：“在推动经济高质量发展中牢牢把握我国发展的重要战略机遇期，都要求我们坚守币值稳定目标，实施稳健货币政策。”因为“货币政策与每一家企业、每一个家庭息息相关，关乎大家手中的票子，关乎广大人民群众的切身利益”。这自然是完全正确的，具有深远的意义。但必须先有货币，才能谈得上管住货币，所以把社会就业始终作为金融宏观调控的首要目标，是必需的，符合中国人口众多的实际。当代，有的西方发达的市场经济国家，改变了货币政策与最终目标之间的关系，把追求国际收支平衡当成货币政策的首要目标，而放弃了充分就业的目标，比如美国。但在中国不能放弃，因为经济社会的发展，必须有充足的人力资源。“金融活，经济活；金融稳，经济稳。”就业关系着社会的稳定，这是习近平总书记指出的金融在经济发展和社会生活中的重要地位和作用。道理就这样简明、充分。对此，从金融的角度说：

1. 要密切关注财政信贷收支的综合平衡

中国是中国共产党领导的具有中国特色的社会主义国家，财政金融体制的高度集中统一、实现财政信贷收支的综合平衡，是中国金融宏观调控的特色。这方面的表现是：财政收支作用于信贷收支，或者信贷收支作用于财政收支，比如财政发生赤字所发行的国债主要由国家银行购买等。此外，地方政府的债务状况，也需要中央银行关注，因为财政风险与金融风险不仅能交叉，而且能转移。求得二者的综合平衡是防范和化解金融风险的重要保证。

2. 要关注经济周期和金融周期

中国人民银行行长易纲撰文指出：要把坚守币值的稳定作为货币政策的根本目标，同时中央银行也要强化金融稳定的目标。币值稳定不等于金融稳定，这二者的含义不同，衡量的方式方法不同，产生的时机也不同。强化金融稳定，就是要防范系统性金融风险，而系统性金融风险与经济周期、金融周期密切相关，它集中地表现在股市和楼市等金融资产价格的波动上。学术界的研究把股市和楼市价格的谷底和峰值作为系统性金融风险的临界线和转折点。在这种状况下，金融宏观调控就要密切关注经济周期和金融周期。一国国内的这两个周期与国际上的这两个周期相互关联，相互渗透，相互作用，因而一国的调控不能离开国际。历史上，一国系统性金融危机的爆发，往往涉及若干国家，这是我们要密切关注这两个周期的初衷。

站在新时代的高度，坚持和完善中国特色社会主义制度，推进国家治理体系和治理能力现代化，是中国乃至中华民族的担当。在市场经济体制的国家，建设现代中央银行制度就是要提高对金融市场变化的敏感度和适应能力。在这方面，就要完善基础货币投放机制和健全基准利率与市场化利率体系。为此就要：①增强中央银行的独立性，让中央银行真正成为一个社会的银行；②理顺基准利率与市场利率的传导机制，让货币的价格灵活地、精准地、有效地作用于货币的数量，从而服务于实体经济。

五、从“金融稳”过渡到“经济稳”，主要是防范金融风险

（一）金融风险的特性

金融风险通常是指金融活动中的不确定性，既可能带来收益，也有带来损失的可能性。从心理学的角度说，风险是人们期望值的不确定性，这种不确定性是在市场竞争中发生的。正是因为收益或损失具有不确定性，为了赢得收益并避免损失，所以在金融活动中才要防范风险。基于这样的认识，已经造成的损失，不属于风险防范的问题，而是怎样弥补的问题。此外，盗窃、诈骗，由于政策因素、体制因素带来的损失也不属于风险防范的问题。因为：盗窃、诈骗是非理性行为，不仅不合理，而且不合法；政府政策因素导致的损失是政府行为，不是经营带来的；体制因素具有历史的、社会的制约因素，不是经营管理者的意志、行为能左右的，因此带来的损失，也不属于风险范围。当然，也可以从损失可能带来的不良后果的角度说，把已经造成的损失看成风险，但这是另一种意义上的可能性。

对于金融风险的考察，要注重它的特性。

金融风险的一般特性是：①可避免性，关键在于掌握信息；②可测定性，有多大的风险，关键在于预测；③可弥补性，一方面损失了，采取另一方面的措施弥补，关键在于有准备，“东方不亮西方亮”“抽肥补瘦”；④可转嫁性，转嫁给别人、后人，转嫁给众人，转嫁给外人；⑤可分散性，在时间上分散，把它“续短为长”慢慢消化；在空间上分散，让其他个人、机构消化。

在我国特定时期金融风险还呈现出以下特性：

（1）**风险的潜伏期长。**我国银行的资产绝大部分是国有企业的负债，成为国有企业的经常性资金来源。如果国有企业的自有资本不足，必然会长期占用银行信贷资金。在这种情况下，信贷资金的不确定性增加。

（2）**人们对风险的警觉度不够高。**一方面是金融机构以政府为依托，认为政府不会让金融机构破产；另一方面人们不注意掌握分析信息以避免风险。长期以来，人们的“公有制”观念未消减。在部分人眼里，金融机构都是“政府办的”，政府为人民，把钱放在政府办的金融机构“保险”。

（3）**金融机构承受风险的能力不平衡。**这主要是经济发展不平衡，不仅各地金融机构的资产、负债有很大的差距，而且质量也有显著差别。再加上各地金融机构的资本金有多少，与资产及业务量不成比例，使得承受风险的能力有强有弱。

（4）**金融机构承受风险的临界点不明确。**作为一级法人的金融机构，其资本金的多少是明确的，但下属分支机构没有资本金却站在风险前沿。此外，银行的盈利怎样分配，弹性较大，所有者权益界限模糊。

（5）**金融机构特别是国有金融机构分担风险的力度比较大。**我国国有控股商业银行实际上是政府的银行，政府既是国有控股商业银行的主要出资者又是主要风险承担者，政府承担风险的方式有多种选择：能够利用中央银行多发货币；能够以外汇储备如外汇偿付；能够转嫁；能够推移等。所有这些都能增强分散风险的力度。这种分散风险的力度说到底是我国社会制度确定的。公有制的社会制度具有让社会来承担风险的能力。

（二）防范金融风险为了谁的利益

防范金融风险，无非是维护三个方面的利益，即国家的利益、集体的利益和普通老百姓的利益。从金融的视角说，维护国家的利益主要是维护国家信用等级；维护集体的利益，主要是维护它的市场份额；维护普通老百姓的利益，主要是维护他们的资产、货币不贬值。

现在我们在这一方面存在的问题是："重视中间，忽略两头"。也就是说更注重金融风险给企业带来的影响。要知道国家是有信用等级的，评价国家信用等级有一系列指标。国家信用等级主要靠政府维护，也要靠企业、老百姓维护。比如清算系统是否安全、有效、讲信用，主要是企业、老百姓的事。

金融风险危及老百姓的利益，面广、程度高，值得注意。比如，2007 年 2 月 27 日，所谓的中国股市"黑色星期二"，沪、深两市 830 只股票跌停，近千只股票跌幅超过 9%，一天之中，市值缩水 10 434 亿元。这种状况使数以千万计的人的资产受损。这是一个史无前例的事，值得深思。

金融风险给国家带来的损失，能够由财政弥补；金融风险给老百姓带来的损失，只能由自己承担。所以，怎样让老百姓在金融活动中避免风险，少遭损失，是建设和谐社会的题中应有之义。政府、金融机构要为老百姓创造条件（如投资者教育，提供各种信息，维护公开、公正、公平等）分散风险、分摊风险。进一步说，有些风险要靠政府、机构承担，有些损失要由政府、机构弥补（如天灾、人祸带来的贷款损失等）。当然，让老百姓在金融活动中避免风险、少遭损失，主要的、直接的和现实的，还在于稳定物价，维护资产价格稳定。

1. 现阶段需要防范的是信息风险、跨市场跨系统风险、不同地区的风险

影响金融信息系统安全的因素有：

（1）银行信息系统建设与维护，依赖外国公司。目前，绝大多数银行信息系统建设的核心技术，如系统主机、小型机、存储磁盘等高端硬件设备，操作系统、数据库等核心系统软件，大多数由外国公司提供；相关系统升级、扩容和维护也都依赖这些外国公司；部分银行应用软件研发也在一定程度上依赖外国公司。

（2）金融电子信息的安全和保密存在一定风险。如银行信息系统缺乏安全管理标准，保密意识不强，存在一些重要或涉密的金融电子信息被境外机构获取的隐患。此外，一些银行聘请外资中介机构对其信息系统进行审计，审计范围和调阅的资料有些涉及核心信息。

（3）银行数据中心的建设与管理存在信息安全隐患。目前，银行大都采取数据集中管理模式，存在数据中心选址布局过于集中、灾难备份与恢复能力不足、机房安检措施不够严格等问题。

影响跨市场、跨系统的金融风险的因素有：

（1）跨市场的金融风险。最具有代表性的，一是房地产与信贷市场的风险。因为房地产开发主要是银行信贷支持的，一旦房地产市场价格下跌，资产价格萎缩，开发商便不能还本付息，银行贷款便收不回来。美国的次贷危机就是这样发生的。在我国，绝大多数金融机构都存在贷款大于存款的情况，大额存差或者上存上级行，或者通过同业拆借出去，拆借市场通过货币市场。如果拆借出去后，拆入者出了问题（比如炒股、炒房地产），受损失的是拆出者。强调跨市场的金融风险，是想说明这样的风险，问题不是出在资金融出者身上，而是出在资金融入者身上，难以及时发现、及时控制，而且这样的风险有时与经营管理无关，与宏观调控有关。我国有关部门对于房地产市场的态度是，既不能让它跌，也不能让它猛涨。为什么？这与地方政府、银行、开发商、消费者的利益相关。其中包括降低金融风险。

（2）跨系统的金融风险。所谓跨系统是指不同的金融系统之间。在不同的金融系统发生业务往来，也会发生风险。我国金融业通常区分为银行、证券、保险、信托四大系统。不同的系统业务有交叉，同一个系统有时也从事各种业务，特别是金融控股公司。比较具有代表性的是：银行既贷款，又从事信托业务，把信托资金转化为股金，转化为自有资本，然后在此基础上又贷款。这样的操作对路了，“时来运转”了，就没有风险；但如果不对路，受其他因素干扰，就有风险。再一个比较具有代表性的是，商业银行委托基金公司运作，购买开放式基金或封闭式基金。基金的运作由基金公司的基金经理负责，运作得好赚钱，运作不好亏本。据说工、农、中、建都有这种业务（实际上是拿钱让别人炒股票），而且数额不小，以多少亿计，有亏的，有赚的。强调关注跨系统金融风险，也就是想说明有的损失是别的系统、别人的操作造成的，自身无力控制。

不同地区的风险度不同。有个值得思考的问题是：是经济发达地区金融风险严重些，还是经济不发达地区金融风险严重些？这是一个值得思考的问题。从理论上说，应该是经济不发达地区金融风险严重些，因为在这样的地区，商品经济、交易市场欠发达，资源不容易转化为资本，资产的变现能力弱，再说这些地区，政府、企业、家庭的积累不多，存在较大的资金缺口，需要银行更多的资金支持。一旦发生事故，受损的是金融系统。这个问题需要找到一个好的例子来证明。现在想到的是农村。应当承认，相对于城市来说，农村经济欠发达。由于以上原因，农村的不良金融资产较多，农业银行的不良资产比例高，就与此有关。

经济发达地区为什么金融风险相对较轻？主要是因为有较发达的金融市场。有市场就能把资源转化为资产、把资产转化为货币。这样，资金就能良性循环，企业、家庭的负债能力就强，形成不良资产的概率就小。

2. 防范系统性金融风险

中国人民银行前行长周小川在学习党的十九大报告的辅导材料中，提出了防范系统性风险问题。

系统性金融风险，简而言之，就是整个金融系统都不可避免的风险。它的发生存在于金融机构体系和金融市场体系中。它的集中表现形式是资产（包括各种产品）价格的剧烈波动和下降。同时，表现为金融机构资不抵债、流动性短缺、发生支付危机，发展下去会导致金融机构破产，金融市场不能正常运行或瘫痪。

（1）发生系统性金融风险的原因。发生系统性金融风险的原因，主要是宏观经济失控和政府决策失误，以及信息的误导，有客观因素也有主观因素。它的特点是：这种风险不可能通过分散投资消除，又称不可分散风险；这种风险给人们带来的损失具有普遍性，他们所持有的资产贬值，甚至血本无归；这种风险具有潜在性、累积性，在一定时期内难以被大部分人认知，一旦暴发，人们就会措手不及，难以躲避。

（2）**系统性金融风险具有潜在性**。周小川在学习党的十九大报告辅导材料（《党的十九大报告辅导读本》）中，讲到要守住系统性金融风险底线必须关注杠杆问题。他说我国宏观杠杆率已达247%，其中企业部门杠杆率为165%。杠杆率即负值率，宏观杠杆率=债务存量/GDP。这样认定，则2016年底，我国负债总额约相当于GDP的2.5倍。企业负债率=负债余额/资产。这样认定，则2016年底，企业的负债大于资产的一倍半。此外，周小川还指出：我国的债务水平已经超过国际警戒线，而不少地方还存在“明股实债”的情况。前者表明我国的债务负担是沉重的，后者表明对债务负担的测定还必须联系中国实际深入考察和研究。要知道系统性金融风险具有潜在性。与这个问题相关的是：周小川还提出了“明斯基时刻”，中国要避免“明斯基时刻”的到来。

（3）**防范系统性金融风险关键在于主动**。周小川在其辅导文章中指出：“防范和化解系统性金融风险，关键在于主动。改革开放是主动防范和化解系统性金融风险的历史经验和未来抉择。”并指出在“当前和今后一个时期，我国金融领域尚处在风险易发高发期”，在国内多重因素压力下，风险点多面广，呈现隐蔽性、复杂性、突发性、传染性、危害性特点，结构问题突出，违法违规乱象丛生，潜在风险和隐患正在积累，脆弱性明显上升。既要防止“黑天鹅”事件发生，也要防止“灰犀牛”风险发生。周小川的观察和认定，自然有他的针对性和权威性，需要学术界和实际部门去认知、警惕、防范、化解。

第六章　普惠金融

导读：

“普惠金融”这一概念产生的历史背景应追溯到20世纪80年代。当时，发展中国家传统的农村金融政策普遍遇到了挫折，没有取得预期的成效。这种状况，引起了学界和业界的思考：在农村，什么样的中介机构是最佳的；农业的经济活动怎样影响农村金融市场；政府实行哪种政策对贷款者的行为最有效。

普惠金融的理论基础是“人性论”“机会均等论”“权利对称论”。普惠的理念来自东方。两千多年前，儒家学派的创始人孔丘就提出“大同世界”的理念。普惠的存在是消除人生差异，和谐共处。普惠金融是普惠制度金融化。理解普惠制度金融化，必须把握住：①组织结构，层次分明；②运作机制，点面结合；③培育资源，保护资源。专业人士提出发展好普惠金融需要坚持：普惠服务原则、社会责任原则、可持续发展原则、创新发展原则。

普惠金融的社会职责是“缩差共富”，普惠金融的价值取向是“以民为本”，普惠金融的生命力是“锐意创新”。

建立和发展普惠金融的时代背景正在变化，普惠金融的功能正在变化，普惠金融的面涉及全球，金融的普惠性逐步深化。

2015年，习近平总书记在中央全面深化改革领导小组第18次会议上指出：要发展普惠金融，满足人民群众日益增长的金融需求。在这以后，2016年9月，他在G20杭州峰会上的讲话中又指出：消除贫困和饥饿，推动包容和可持续发展，不仅是国际社会的道义责任，也能释放出不可估量的有效需求。据有关统计，现在世界基尼系数已达到0.7左右，超过了公认的0.6危险线，必须引起我们的高度关注。习近平总书记还指出，"唯有益天下，方可惠本国"，可见缩小贫富差距是国际社会的道义责任。这表明对于贫富差距的扩大，中国是高度重视的。其解决的途径之一是着力在政策层面上推动贫困人群脱贫致富，提高其消费能力，培养他们成为推动经济增长的主要力量。

学习习近平总书记的这两次讲话，给笔者的体会是：①消除贫困和饥饿是国际社会的道义和责任。站在一国的角度说"唯有益天下，方可惠本国"，具有"先天下之忧而忧，后天下之乐而乐"的品格和精神。②脱贫致富，必须推动经济社会包容和可持续的发展，要培养人民群众成为推动经济增长的主要力量。对此，决策层要高度重视。③普惠金融的存在和发展，适应了人民群众的金融需求日益增长的现实。需求促进发展，只有发展才能满足需求。

在这里，我们要进一步论述的是：普惠金融产生的历史背景、理论基础及其必要性。

一、普惠金融产生的历史背景和理论基础

（一）普惠金融产生的历史背景

普惠金融概念产生于2005年。当年，世界银行扶贫协

商小组（CGAP）举办了一个小额信贷宣传年活动，宣传小额信贷是能有效地、全方位地为社会所有阶层和群体提供金融服务的体系。联合国希望通过小额信贷的发展，促进这样的金融体系建立。

“普惠金融”这一概念是白澄宇从英文“inclusive financial system”翻译过来的。为了表达服务对象的广泛性和包容性，他使用了“普惠”这个概念，也就是要所有的人平等享受金融服务。

这一概念产生的历史背景应追溯到20世纪80年代。当时，发展中国家传统的农村金融政策普遍遇到了挫折，没有取得预期的成效。

20世纪六七十年代，发展中国家和许多低收入的国家（主要是拉丁美洲国家和东南亚国家，如巴西、泰国、菲律宾、印度）为了促进农业的发展，在农村大量发展金融中介机构，以此为依托向农村发放了大量贷款。最终，有的国家取得了成功，但更多的是不成功，不成功的主要表现是大量的贷款收不回来。大量贷款收不回来的主要原因是农业的经济效益低微。而农业经济效益低微，主要受到农产品低价销售和自然因素导致的产量不稳定的影响。

在农业经济效益低微的情况下，为了激励农村金融市场的发展，各国政府以较低的利率为导向，推动农村发放贷款，试图振兴农业和农村金融市场。但实际情况是，只有少量农户获得了低息贷款，而绝大多数农户不能获得。产生这种情况的重要原因是“贷款的利率诱使放款人和借款人都热衷于集中贷款”。放款人热衷于集中放款是因为这样能减少交易费用，降低放款成本；借款人热衷于集中借入是因为这样能得到更多的政府补贴。但综合起来考量，这样做不是缩小了贫富差距，而是加大了贫富差距。

此外，大量的贷款收不回来，与农村金融市场交易费用高也有关系。在不太发达的农村金融市场上，无论对放款者来说还是对借款者来说，交易费用都很高。放款者的交易费用包括筹集资金的费用、收集借款者信息的费用、维护和收回放款的费用等。借款者的交易费用包括为了获得贷款必须花费的贿赂费、交通费以及本该由中介机构承担而不愿承担却转嫁给借款人承担的费用等。

在20世纪六七十年代，这种情况引起了学界和实业界的探讨。探讨集中在以下几个问题上：在农村，什么样的金融中介机构是最佳的？农业的经济活动怎样影响农村金融市场？政府实行哪种政策对贷款者的行为最有效？

对于第一个问题的讨论，学界和实业界把发展中国家和低收入国家在农村设立的金融机构概括为四类，即信用合作联社、政府所有的农业开发银行、私人农村银行和致力于多目标开发的机构，并指出，在农村设立的这四种类型的金融机构大都是照搬发达国家和高收入国家的模式的。采取这些模式的指导思想是，要用正式信用取代非正式信用，要用合规的贷款取代非合规的贷款。在这样的思想指导下设立的农村金融机构，其贷款的资金大都来源于政府、在城市的总行和外国捐赠机构。它们相对来说几乎都忽视了动员自愿性的金融储蓄。所以业界的倾向性意见是：只有既动员储蓄又发放贷款的机构才是具有活力的机构，才是农村金融中介机构的最佳选择。

对于第二个问题的讨论，学界和实业界指出：农村金融市场很大程度上依赖于它所服务的公司或家庭的经济活力，而它们的经济活力取决于对内销的农产品价格涨落和外销的农产品市场的货币汇率的控制。如果内销的农产品价格不合理，并且外销的农产品市场货币汇率歪曲，则服务公司和家庭的经济活动会削弱。这表明服务公司和家庭的经济活力取决于农业的经济效益，而农业的经济效益又取决于农产品的价格合理（外销部分还取决于汇率的波动）。

对于第三个问题，学界和实业界指出：政府企图通过规定最高或最低贷款限额来影响贷款者的行为，但其作用有限，因为贷款者能够通过改变贷款用途和分散贷款笔数去规避最高或最低贷款额度的约束。政府实行优惠利率（比如允许以优惠的利率向中央银行贴现）使贷款者能够有机会获得较大的利差，这能不能影响贷款者行为，使其重视所要达到的目标？学界和实业界认为，实行优惠利率有两个缺点：一是优惠利率不利于贷款者积极动员储蓄；二是如果贷款者预期某项农作物的收益低，也很难激励贷款者以优惠利率放款。总之，在学界和实业界看来，政府采取政策作用于贷款者的行为的效果是有限的，应当让市场作用于贷款者的行为。从这样的视角出发，他们主张不宜在农村强制设置银行分支机构；在农村实行低利率政策，不一定能达到预期的效果；要鼓励和动员农村地区的私人储蓄用于贷款。

之后，以贫困或低收入人群为对象的小额信贷兴起并迅速发展。在小额信贷兴起和发展的过程中，遇到了两大理论和实际问题：一是小额信贷的风险怎么认定和防范；二是小额信贷怎么能持续运转。这两个相互关联的问题，引起了学界和实业界的热烈讨论。一派意见认为，小额信贷是非竞争性的银行体系融资，这样的融资具有垄断性，可实行更高的定价，利率可以较高，企图以“高利贷”去抑制小额信贷的风险。并认为，要使小额信贷能持续运转，必须使供给者机构的财务具有可持续性。而要使供给者机构的财务具有可持续性，必须做到收入覆盖成本，自负盈亏，同时争取“捐助者”，使“捐助者”的资金与私营成本互补。而另一派意见认为，要使小额信贷成为与贫困斗争的工具，必须使穷人得到全方位的金融服务，而为此，政府必须介入，这样才能实现小额信贷的目标和宗旨。随着实践的不断发展，人们把前一派的意见和主张称为制度主义派，而把后一派的意见和主张称为福利主义派。前一派强调小额信贷供给机构的财务可持续性，后一派强调小额信贷的扶贫目标和宗旨，提高小额信贷运作机制的效率。世界银行扶贫协商小组（CGAP）倾向于制度主义派的意见和主张，并按照这些意见和主张，提出了小额信贷原则。应当说，这是普惠金融产生的历史背景。

（二）普惠金融产生的理论基础

普惠金融这一概念的理论基础，首先是诺贝尔奖获得者、孟加拉国经济学家尤努斯在《穷人的银行家》中提出的，“贷款的权利应被视为一种人权，贷款能够在全球摆脱饥饿方面起到一种极具战略性的作用”，意思是每个人都有获得信贷的权利，只要获得这种权利，就能摆脱饥饿。

笔者在《富人是否比穷人更讲信用》一文中提出：“人无信不立，市无信不兴”“在信用面前，人人平等”，可谓“机会均等论”。

除了“人性论”“机会均等论”外，普惠金融的理论基础还有一点，那就是“权利对称论”。提出这一理论的人认为存款人把自己的存款存在银行，实际上是转移了自己资产的所有权，也就是把自己的产权转移给银行集中支配。尽管这样的转移是有条件的（比如将存款作为投资），但对存款人来讲，已经丧失了对这部分资产的支配权。为了使金融资源的所有权与支配权对等，必须使凡是提供了金融资源的人都占有金融资源和享有金融服务。所以，普惠制金融的建立和兴起，不仅是合理的，而且是必然的。

二、普惠的必要性或者说为什么需要普惠

（一）普惠的理念来自东方

应当说普惠的理念最早来自东方。两千多年前，儒家学派的创始人孔丘就提出“大同世界”[①] 的理念。其理念的主要含义用中国式的语言表达，就是：“老吾老以及人之

① 昔者仲尼与于蜡（读 zhà，蜡祭）宾。事毕，出游于观之上，喟然而叹。仲尼之叹，盖叹鲁也。言偃在侧，曰：“君子何叹?”孔子曰：“大道之行也，与三代之英，丘未之逮也，而有志焉。”大道之行也，天下为公。选贤与能，讲信修睦。故人不独亲其亲，不独子其子。使老有所终，壮有所用，幼有所长，矜（读 guān，同“鳏”，老而无妻的人）寡孤独废疾者皆有所养。男有分，女有归。货，恶其弃于地也，而不必藏于己；力，恶其不出于身也，而不必为己。是故谋闭而不兴，盗窃乱贼而不作。故外户而不闭，是谓大同。今大道既隐，天下为家。各亲其亲，各子其子。货、力为己。大人世及以为礼，城郭沟池以为固，礼义以为纪；以正君臣、以睦兄弟，以和夫妇，发设制度，以立田里，以贤勇智，以功为己。故谋用是作，而兵由此起，禹、汤、文、武、成王、周公由此其选也。此六君子者，未有不谨于礼者也。以著其义，以考其信。著有过，刑仁讲让，示民有常。如有不由此者，在埶（读 shì，同“势”，指职务）者去，众以为殃，是谓小康。

——西汉·戴圣《礼记·礼运篇》

（《礼运》全篇主要记载了古代社会政治风俗的演变，社会历史的进化，礼的起源、内容以及与社会生活的关系等内容，表达了儒家社会历史观和对礼的看法。）

老，幼吾幼以及人之幼”，使老有所养，幼有所爱，人尽其力，物尽其用，贼而不作，户而不闭。最终实现大同世界，人类和谐共处。“大同世界”理念是相对于“小康社会”而言的。孔子认为夏、商、周三代以前为“大同世界”，但这样的世界已经过去了，而今是“小康社会”。小康社会与“大同世界”最重要的区别在于：生活在小康社会，人与人之间不能和睦共处，产生各种矛盾和冲突，所以必须实行礼制。

有人说，孔子的大同世界理念是虚构的，理想化的，但在**我们看来，有两点值得肯定：一是它明确指出世界是沿着大道前进的，要迎来太平盛世，必须遵守一定的准则；二是礼制需要建立和遵循，如违犯了礼制，会带来祸害，必须受到惩罚。基于孔子肯定的这两点，我们认为“普惠”不仅包括在“大同世界”的含义中，而且推动着普惠前进，必须实行礼制**。礼制实际上是一种约束，包括法制约束和道德约束。道德约束是伦理学研究的范畴。伦理学以道德现象为研究对象，其中最重要的是讨论道德与利益和物质生活的关系、个人利益与整体利益的关系。简单地说，个人利益的维护不能损害整体的利益。要把维护整体利益作为行为的准则。所以从伦理学视角观察，普惠具有公平、正义的含义。经济学以人类生产生活为研究对象，其中最重要的是讨论社会生产与再生产过程中供给与需求、成本与收益、公平与效率的问题。供给必须满足需求，成本必须协调收益，公平与效率必须互动，它们都要求得均衡。所以从经济学的视角，普惠也具有公平、正义的含义。**总之，普惠含义的核心就是公平、正义。**

（二）普惠存在的必要性，或者说为什么需要普惠

对这一问题的回答可以从正反两个方向进行。从正向说：为了消除人生的禀赋差异，促使人们和谐共处。人诞生于这个世界，就处于差异之中：所在地区不同，家庭的贫富不同，生活的条件不同，受教育的环境、程度不同，等等。这些差异是客观存在的，但也是能够改变的。不改变这些差异，人们就不会或很难和谐共处。由此，我们能够说，**普惠的存在是消除人生差异，实现和谐共处的需要。**

为什么不消除人生差异，人们就不会或很难和谐共处？这是因为人生差异会带来人们相互之间的不信任和对政府或其他社会团体、群众组织、企事业单位的不信任。按社会学的概括，信任是社会的黏合剂，信任是社会资本，社会资本能使参与者更有效地共同行动，参与共同的目标。近年来，国外的学者关注并研究了不平等与不信任的因果关系，研究的结论认为：欧美广泛存在的不平等显著降低了人们相互之间的信任和对执政者的信任。研究者指出："如果人们看到年龄、受教育程度和工作类型类似的人之间的收入差距越来越大，那么信任就会下降。而如果收入差距是由于人们受教育程度和职业选择不同引起的，那么信任就不会受到影响。"研究者对这种状况的解释是："由人力资本决策和投资不同引起的不平等比较容易理解，也显得比较公平，而如果运气或不明因素导致收入差距增大，人们就会对他人和政府失去信任。"研究者还指出：美国和欧洲的不平等损害了人与人之间的信任，带来了社会的分裂，抑制了经济的增长。他们用大数据和综合社会调查的

方式证明了自20世纪70年代以来，在美国信任他人的人口比例持续下降，从50%左右下降到如今的33%。这表明收入差距与信任之间存在着密切的因果关系。而其原因在于：对于收入差距的存在，人们理不理解。如收入差距的存在是“人力资本决策和投资不同引起的”，则人们比较容易理解，人们就认为比较公平，就不会失去信任；如果差距的存在是“运气或不明因素导致的”，则人们就不容易理解，就认为不公平，就会失去信任。**这样的分析表明：人们的信任是建立在对公平理解的基础上的，而公平对人们来说有主观因素，也有客观因素。**由主观因素引起不公平，人们容易理解，由客观因素引起不公平，人们不容易理解。实行普惠，就是要消除客观因素引起的不公平，使人们容易理解不公平，从而实现和谐共处。

从反向说，是为了不使弱势群体成为社会不稳定的因素。如果人们对引起不公平的因素不理解，形成对他人对政府的不信任，则会产生群体事件，造成社会不稳定，进而影响经济发展和社会进步。这种状态是现实中的存在。所以，它是我们从反向回答为什么需要普惠存在的重要的理论基础之一。

三、普惠是一种制度安排

普惠是指导经济发展社会进步的理念，是被推行的一种社会形态。既然如此，就需要探讨：谁来倡导这种理念，谁来促成这种形态。要倡导这种理念，促成这种形态，需要制度安排。

普惠金融是普惠制度的金融化，或普惠制金融。普惠制度金融化表明通过金融资源的配置、金融产品的创新、金融服务的完善和金融手段的利用，实现普惠的供给与需求。它是普惠制度在金融领域的具体化，也是实现普惠制度的重要途径，因而前述普惠的立论，也是普惠金融的立论，是深入认识普惠金融的理论基础。

结合我国实际，深刻认知中国式的普惠金融，还必须把握住以下特点：

（一）组织结构，层次分明

2017 年，原中国银行业监督管理委员会联合 10 部门发文，要求大中型商业银行专门建立普惠金融事业部。其总的指导思想是："按照党中央和国务院的决策部署，坚持政府引导和市场主导相结合，以回归服务实体经济为本源为导向，推动大中型商业银行建立健全事业部制普惠金融组织管理体制，创新服务模式，加强对普惠金融事业部的考核评价，充分调动商业银行的积极性，弥补金融服务短板，提高服务实体经济的能力"，并提出对普惠金融要实行"商业化运作""条线化管理""专业化经营""差异化发展""分步骤实施""配套政策支持"。这样的制度安排，我们的理解是要把普惠金融与其他金融业务区别开来，独立运作，特殊对待；扶助弱小，持续发展。

对于为什么要大中型商业银行成立普惠金融事业部实行专业化经营，文件指出：这是为了"建立专门的综合服务、统计核算、风险管理、资源配置、考核评价机制，将内部资源、政策向普惠金融服务领域倾斜，下沉经营中心，建立健全权、责、利相结合的激励约束机制"。对于为什么要普惠金融商业化运作，文件指出：这是使“成本可算、风险可控、保本微利，推动加大信贷投入，倾斜资源配置，加强金融产品和服务模式创新，实现普惠金融事业部长期可持续发展”。总之，这样的制度安排，是要建立普惠金融的专业化服务体系，强化普惠金融的服务能力，体现普惠金融的普及性、便利性和优惠性，使广大群众对普惠金融有参与感、获得感、幸福感。

（二）运作机制，点面结合

普惠金融这一新生事物怎么运行？必须通过实践取得认知。在实践中必须点面结合总结经验。已有的经验证明：在实践中，会存在“普而不惠”，也会存在“惠而不普”和“惠而难普”。发展普惠金融，是时代的需要，是当前的热点，政府和监管部门在资源配置上倾斜，在金融政策上优惠（比如实行优惠利率，设立金融风险的可忍受度等）。在这种状况下，有的金融机构就趁机对农村普遍授信，对每家每户给予贷款，而许多农户没有资源配置，没有展业的需求，于是贷款被农村村干部集中挪作他用。这就是所谓的“冒名贷款垒大户”，而农户没有真正受益，“普而不惠”。

为了避免“普而不惠”“惠而不普”，在中国，经过向有关部门申请并得到批准，建立普惠金融试验区。河南省兰考县已经成立“普惠金融试验区”。

2016年，河南省要求兰考县和滑县率先脱贫。为此，中国人民银行河南分行联合各家金融机构针对兰考农业基础设施创收、农民工转型、扶贫开发现代农业和小微企业发展等重大问题做了一些实实在在的工作。之后，中国人民银行又进一步探索搭建县域信用信息服务平台，引导加大县域信贷投放；引导推进多样化的信贷产品，加大对进城农民工购房、创业就业、技能培训和子女教育等方面的支持；引导国家开发银行、中国农业发展银行围绕农田水利、农村基础设施建设等，加大中长期贷款的投放力度，并在偏远农村合理设立融现金存取、查询转账、民生缴费、投资理财为一体的金融综合服务站，探索建设整合银行、支付机构、银联等业务的普惠性移动金融服务平台，实现惠农服务的“一网通”。这表明：在兰考县金融普惠试验区建立前，已经实实在在地做了很多基础性的工作，为试验区的建立奠定了经济基础和思想基础。

2015 年 12 月，我国正式出台《推进普惠金融发展规划（2016—2020 年）》。正是在这一国家级的战略规划中，明确提出“要在风险可控、依法合规的条件下，开展推进普惠金融发展试点，推动改革创新，加强实践验证”。兰考县普惠金融改革试验区的获批正是这一政策的具体落地。2016 年 12 月，中国人民银行会同有关部门制定了《河南省兰考县普惠金融改革试验区总体方案》（以下简称《总体方案》）。《总体方案》中提出，要把兰考县建成全国普惠金融改革先行区、创新示范区、运行安全区，为贫困县域探索出一条可持续、可复制推广的普惠金融发展之路。

（三）培育资源，保护资源

四川省北川羌族自治县近几年普惠金融的发展成果令人瞩目。

普惠金融的经济基础是资源配置。作为普惠金融的服务对象，在弱势群体、弱质产业和弱势地区，资源是什么，价值在哪里，怎样利用？北川的思路是：

首先，发现资源，即发现有价值、可利用的有效资源，而在此之前这些优质资源一直处于闲置状态。北川的实践告诉人们，信用资源是普惠金融最宝贵的优质资源，庞大的客户群体、多样性的金融需求、优越的自然禀赋，是普惠金融发展的基础。

其次，要让这些资源发挥可应用价值。必须引导和改变人们既有的资源观、价值观。普惠金融配置资源，要着眼于人的价值和自然资源价值的挖掘，着力于弥补不足，补齐短板。北川的绿色农产品、旅游和生态环境等优势资源未被充分挖掘利用，最重要的一个原因就是未充分发挥金融这只“手”的作用。当然，对独特自然资源的挖掘、利用和保护，既要造福人类，又要杜绝拔苗助长、迷失方向，避免出现资源诅咒现象。为此，北川制定了支持可持续发展的普惠金融政策，即通过小额信用贷款的投入，深入到千家万户。既改变了发展生态，改善了生活环境，又避免大工业、大项目对自然环境的根本性破坏。北川发展家禽家畜养殖、茶叶药材、花果蔬菜、加工食品工业，都以资源承载和绿色利用为原则，发展绿色金融，永续经营资源，避免机会主义和设租寻租行为，避免掠夺性开采。

（四）技术支撑网络信息

北川县内各家金融机构在普惠金融实践中，一是依靠科技，提高效率，大力铺设助农取款点、POS 机、自助银行共计 3 117 台套，发展手机银行用户 72 471 户。通过科技提高金融服务能力，通过持续宣传和引领，提高客户自助服务能力，全县金融自助服务率达到 86. 14%，其中农村信用合作联社达到了 88. 11%。农村信用合作联社有 17 家网点设在农村，使得农户的自助服务率也达到 88.13%。二是简化手续，让利于民。北川农村信用合作联社对手机银行自助贷款实行“一次授信、随用随贷、余额控制、周转使用、信用监控、动态调整”，被授信者可以在贷款授信额度内根据自己的资金余缺，随借随还，节约了大量的人力成本和资金利息支出。三是扩大小额信用贷款服务面。2017 年以来，北川农村信用合作联社的小额信用贷款从农民、城镇居民、企事业单位员工，拓展到在校大中专学生，返乡创业“双创”人员，社会信用好、诚信意识好、有金融需求的其他各类人员，为个人求学、就业、发展、脱困提供了宝贵的金融资源，为缩小贫富差距、维护社会稳定做出了积极的努力。

总的来说，北川农村信用合作联社利用手机银行拓宽银行服务边界，满足跨时间跨空间的金融服务需要，效果是实实在在的。2017 年 9 月，手机银行开户 34 209 户，其中开通贷款功能的有 14 971 户，分别占全辖区人口总数的 14.25%、6.23%，占户口总数的 40.66%和 17.79%。仅贷款功能而言，10 万元以下信用贷款授信户的手机自助贷款率就达到 63.4%。据统计，该联社自 2014 年以来已累计对 15 536 户农户自助发放小额信用贷款 115 684 笔，金额 20.81 亿元，现有余额 11 042 户、6.9 亿元。

北川普惠金融在这方面的实践给我们的启示是：①金融服务“以客户为中心”，必须秉承“开放、平等、协作、分享”的理念。需知道，网络信息打破了分工越来越细、专业化越来越强的社会结构，随着网络信息的互联互通，再也难以实现对信息的封闭、封锁，从而使得产业链垂直整合或横向开放成为可能，由此实现去中介化。去中介化，直接拉近了供需距离，降低了成本，增加了收益，为金融分享创造了条件[①]。②破解农村金融难题，缺少抵押品、缺少良好的政策环境只是表面现象，而非本质问题。信贷的基础是信息，农村金融的核心问题就是信息问题。蓬勃兴起的大数据、云计算、人工智能实现了对信息资源的深度开发。以信息资源作为信贷决策的依据，摒弃对担保物的崇拜，用信用贷款取代担保贷款可以有效拓宽客户基础。农村信用合作联社扎根农村多年，本身就是一座农村农户信息资源宝库。守着宝库不运用，而日复一日地进行繁琐庞杂的低效劳动，这无疑是金融排斥的又一症结。③未来的农村普惠金融的发展，应当是移动银行+大数据。两者结合可以将金融服务与客户挖掘、风险评估、节约资源、降低成本有机地融为一体，开创农村普惠金融新的未来。

四、构建普惠金融体系是一项复杂的系统工程

党的十八届三中全会明确提出“发展普惠金融”，这为金融业指明了改革方向，也提出了更高的要求。作为一项国家战略，构建普惠金融体系，让金融改革和发展的成果更多、更好、更快地惠及所有人群、所有地区，尤其是落后地区、弱势产业以及低收入群体，对于促进国民经济可持续发展、维护社会公平正义具有重要意义。

---

① 所谓金融分享，既是对金融资源或金融要素的分享也是对金融利益的分享。有人认为分享金融具有“三去一降一补”（即去时空化、去中心化和去中介化，降低边际成本，填补金融空白）的特点，能够有效地解决融资难、融资贵的问题。

现阶段，我国金融与经济总体相适应，金融服务实体经济的能力不断增强，但也存在一些不均衡问题。如金融机构经营方式有待改进，服务覆盖面有待提高，支持经济薄弱环节和改善民生领域不够。整体来看：社会融资规模庞大而普惠的针对性还需精准到位；部分资金“空转”而某些领域出现“钱荒”；融资难、融资贵现象仍然存在。国际经验表明，若金融资源过度集中于几个行业或少数企业，不仅不适应全社会对金融资源配置的要求，而且还会在部分领域和行业催生泡沫，埋下金融风险隐患。

构建普惠金融体系是一项复杂的系统工程，要立足服务国民经济和深化金融改革的战略高度，远近结合，统筹兼顾，考虑从以下几方面入手：

一是创新普惠金融组织体系。解决普惠金融供给不足问题，并非简单地扩张机构，关键在于创新组织体系。一方面，鼓励现有金融机构创新体制，在风险可控的前提下，向欠发达地区或落后产业延伸服务、拓展功能；另一方面，适度放宽市场准入，引导社会资本和民间资本有序参与，形成多类型、广覆盖的普惠金融体系。

二是丰富普惠金融工具体系。普惠金融产品体系和业务机制是否健全，直接决定其服务的广度、深度和效率问题。需要创新信用评估和风险定价模型，拓展抵押担保范围，有效克服信息不对称。同时，结合网络技术和平台的推广，研发更多个性化、便捷化的金融产品和服务，满足不同类型客户的需要。

三是强化普惠金融政策体系。建立以激励为导向的政策措施，有利于调动金融机构参与普惠金融的积极性。要加强信贷、产业、财税、投资政策的协调配合，综合运用再贷款、再贴现、差别准备金动态调整等货币政策工具和财政贴息、税收优惠、差别税率、先税后补等财税政策工具，提高金融资源配置效率。

四是健全普惠金融市场体系。发展普惠金融，需要健全包括银行、保险、证券、期货、租赁、信托等在内的功能完备的普惠金融市场体系，充分发挥不同金融机构之间的协同效应，实现综合化、一体化服务。

五是拓宽普惠金融渠道体系。发展普惠金融，离不开覆盖城乡的金融服务网络，要因地制宜合理摆布网点资源，实现业务重心下沉。同时，由于互联网金融具有透明度高、交易成本低、便捷快速等特征，要鼓励更多的机构利用互联网技术创新服务模式，实现线上和线下业务的协同发展，为广大的城乡居民尤其是低收入群体提供低成本、高质量的金融服务。

六是优化普惠金融生态体系。信用是普惠金融展业的基础，需要全面推进社会信用体系建设，重点做好对低收入群体、小微企业等基础信息收集、加工和评价工作。建立存款保险制度，为创新和发展各类普惠金融组织提供基础保障。加大金融知识教育普及和消费者权益保护力度，营造诚实守信的良好社会风尚。

总的来说，按上述专业人士的意见，发展普惠金融就要建立多层次的制度体系。

此外，业界有专业人士指出，发展好普惠金融是一项艰巨的任务。为此，需要坚持以下原则：

一是坚持普惠服务原则。普惠金融就是要运用市场化的机制和商业化的手段，让更多的人以合理的价格和便捷的途径获取各种金融服务。但普惠不等于恩惠，与政府扶贫和社会慈善不同，普惠金融既非计划手段，也非平均主义的产物。

二是坚持社会责任原则。金融服务是一种公共品，不论身份、地位和财富水平，让每一个人都有机会平等获取，这是金融业实现均衡发展、服务国家战略、促进社会和谐的重要体现。同时，明确风险自担的制度安排，防止侵害股东和公众利益，也是履行社会责任的内在要求。

三是坚持可持续发展原则。普惠金融在强调包容性的同时还需要满足商业可持续，即只有在机构盈利的条件下，才能确保普惠金融持续服务的动力和不断创新的可能。

四是坚持创新发展原则。普惠金融具有需求多样化、变化快、受外部环境影响大等特点，不仅需要金融机构在盈利模式、服务理念、产品工具和信贷技术等方面创新，而且还需要政府在监管政策、货币政策、财税政策等方面做好创新。在激发市场活力的同时，牢牢守住风险底线，确保普惠金融业务行稳致远。

五、普惠金融的社会职责——缩差共富

2006 年 8 月，我们曾以《金融在缩小收入差距中有何作为》为题在《光明日报》上发文指出："首先，在观念上转变，不能认为金融总是'嫌贫爱富'，只能锦上添花，不能雪中送炭。其次，必须确立金融传统上具有在国民经济中进行分配与再分配的功能。最后，金融要为人们转移风

险、降低风险，同时要对困难群体进行风险补偿。”按照这样的理念，我们认为当前值得关注的是怎样增强金融对农业的扶持力度，这是缩小收入分配差距，实现共同富裕的当务之急。在农业现代化的进程中，既需要商业性金融，也需要政策性金融。中国农业发展银行属于政策性银行，基于所处的领域和服务对象，其所提供的金融服务应当同时具有扶贫金融的性质。此外，对经济不发达地区安排特殊的金融制度，让这些地区享受特殊的金融待遇，也是缩小收入分配差距所必须关注的问题。在我国，需要在金融领域扶贫的地区，一般都是经济落后或欠发达的少数民族地区。在这些地区，存在经济不发达、金融环境欠佳等问题，如金融机构规模偏小、资产负债状况不匹配、维持费用高、累积亏损大、承担风险的能力弱等，但仍需要金融机构为居民提供金融服务。提供金融服务就要耗费人力、物力、财力，在当地金融机构无法承受的情况下，就需要给予其特殊的政策待遇。把某些地区的金融机构享受特殊政策待遇，视作地区扶贫性金融运作的一种模式，表明金融不只是融通资金，而且可以提供“公共品”，金融服务是居民享有金融“公共品”的一个方面。为居民享有金融服务，提供公共品而耗费的成本应当由政府支付。其实，金融机构产生的不良资产也是金融机构运营中所耗费的成本，而且这种成本的一部分也具有公共属性，如由于自然灾害的发生、扶贫开发失效或科技试验失败等形成的不良资产。具有公共属性的不良资产也应当由政府予以妥善处理。

北川金融实践向我们证明：金融在缩小收入差距、实现共同富裕方面是大有可为的。近五年来，北川的收入差距呈现缩小的趋势，农村与城镇居民可支配收入之比，从2012年的33.15%提高到42.9%，五年间城乡居民收入差距减少了2 757元。近五年是金融机构扶贫信贷投入增长最快的时期。以农村信用合作联社为例，该社农户小额信用贷款余额由2012年的0.97亿元增加到2017年9月的8.73亿元，五年增长796.17%。近五年也是普惠金融发展创新力度大、金融排斥减少、老百姓金融服务所得率和满意度提高最快的时期。2016年，全县农村居民恩格尔系数达到0.42，达到小康标准。可见对于贫富差距的扩大，中国是高度重视的。解决的途径之一是着力在政策层面上推动贫困人群脱贫致富，提高消费能力，培养他们成为推动经济增长的主要力量。

通常说效率优先，兼顾公平，但效率不会自动转化为公平。效率为什么不会自动转化为公平？简要的回答是：在市场经济条件下，效率向公平转化，是道德行为，不是市场行为。当一部分人有了效率而富起来后，不会“发善心”自动帮助那些因缺乏效率而仍然贫穷的人，而是会着力寻找另外的投资机会。这里要指出的是：效率与公平不是一种合作博弈，而是一种零和博弈，即在一部分人因有效率而富起来，另一部分人因缺乏效率而比较穷的状况下，贫富差距不会缩小而是会不断扩大，即一部分人拿得更多，另一部分人拿得更少。缩小差距的途径之一，是必须让贫困人群变成投资者、消费者，成为推动经济增长的主要力量。为了使穷人有钱投资消费，北川县金融机构除了授信给钱外，更重要的是帮助他们寻找能发财致富的项目。前文已做了充分阐述，这里不再赘述。

当然，贫富差距总是存在的，但差距的幅度要被控制在大多数人能够接受的水平内。差距的存在会导致人们相互不信任，甚至对政府不信任，也就是说不公平与不信任存在因果关系，人们的信任是建立在对公平理解的基础上的。影响公平或不公平的因素有主观的也有客观的，由主观因素引起的不公平，人们容易理解，也容易接受，不会产生或较少产生不信任；相反，由客观因素引起的不公平，人们不容易理解也不容易接受，会产生或较易产生不信任。实行普惠金融就是要着力减少客观因素引起的不公平，从而实现和谐共处。

六、普惠金融的价值取向——以民为本

以人为本是儒家文化的一部分。春秋时期，齐国名相管仲就曾在《管子》中提出“夫霸之所始也，以人为本。本理则国固，本乱则国危”。在这里，“人”与“民”同义，应当说这是从治国理政的角度阐释以民为本的含义。从资源分配的角度，是指要重视人的需要，组织设计、投入产出要以人为中心。进一步说，就是要把人民的利益作为一切工作的出发点和落脚点，把人民群众作为推动历史前进的主体，不断满足人对美好生活的需要和实现人的全面发展。从企业管理的角度阐释，“以民为本”要“以客为尊，以诚为源，以质为先”。当代“以民为本”是科学发展观的重要内容和核心。权威部门曾把这一思想贴切形象地表述为“权为民所用，情为民所系，利为民所谋”。这是从推动经济发展和社会进步角度对“以民为本”的经典概括。

按照这一概括，“以民为本”不仅是理念、策略、举措、途径，还是战略，是根本。

习近平总书记强调发展普惠金融就是要扩大普惠金融的覆盖面。他提出：“发展普惠金融，目的就是要提升金融服务的覆盖率、可得性、满意度，满足人民群众日益增长的金融需求，特别是要让农民、小微企业、城镇低收入人群、贫困人群和残疾人、老年人等及时获取价格合理、便捷安全的金融服务。”可见，他要使普惠金融扩大覆盖面，既有农村也有城镇，既有贫困人口，也有残疾人，既有小微企业，也有低收入人群，既有青壮年，也有老年人。习近平总书记的普惠思想与以往不同的地方，是它的覆盖面广，与扶贫紧密地结合起来。

习近平总书记指出：“金融活，经济活；金融稳，经济稳”，这种逻辑关系在哪个地区都不例外。北川的金融实践告诉我们：①金融的活跃带动经济活力。金融作为现代经济的核心，对经济发挥着十分明显的撬动作用。在我国，凡是经济发达的地区，金融地位都比较高就是明显的例证。②金融为实体经济、农业供给侧改革、“三农”问题提供了支持，促进了经济、社会和谐稳定健康发展；反观近些年席卷全球的各类金融乱象，则破坏了经济和社会的良性健康发展。③金融与经济的关系相辅相成，相互支撑，金融支持经济服务民生，最终是要让广大人民享受到经济和文明的成果，否则就是无意义、无效益的。普惠金融着力于对弱势群体提供服务，消除贫困，实现社会公平和稳步发展，实现了“活”和“稳”的高度契合。④普惠金融的实践，从一个侧面对破解明斯基提出的“金融的脆弱性”提供了一个新的思路。保持风险防控严密、保障有力的传统优势，让数字金融帮助传统业务焕发新的生机与活力，在新金融、新经济的创新发展中占据应有的地位，继续发挥县域支农和普惠金融主体的主导作用。

北川普惠金融的实践给我们的启示有：

（1）金融机构要履行社会职责，创建良心企业。金融支持发展，不能做经济动物，不能为企业自身的利益破坏经济社会的和谐健康发展。要积极运用资金支持、利率优惠、手续简化、条件放宽、服务创新等各种手段，打通普惠金融“最后一公里”，把金融发展建立在经济社会和谐健康发展上，建立在人民期盼的绿色生态质量提升上，建立在人们长远利益和根本需求上。

（2）金融机构要服务弱势群体，弘扬普惠情怀。人们的一切社会活动、经济活动，根本的服务对象都是人类自己。发展为了人民，成果由人民享有。这里的人民是全体人民，普惠金融服务的人群是人民之中的弱势群体，他们迫切需要发展和帮扶。弱势并不等于弱质，弱势更需发展。因此，在服务人群上应重点关注农村、偏僻山区农民、外出务工农民、大中专学生、“双创”人员、信用记录良好的青年等。服务内容以贷款、支付、结算、保险为主，贷款方式以信用贷款和信用保证贷款为主，服务渠道以各乡镇物理网点、自助银行和手机银行为主，努力创造服务普惠、共同发展的金融服务生态。

七、普惠金融的生命力——锐意创新

在《三论普惠金融》一文中，笔者曾经指出：当代，金融领域面临着重大挑战，即数字货币的挑战和科技金融的挑战。挑战也意味着机遇，从某种程度上说，数字货币和科技金融的普及极大地增加了普惠金融的深度和广度。这既表现出普惠金融的发展趋势，也彰显了普惠金融的生命力（曾康霖，2017）。北川县在这方面的措施如下：

（1）开展全覆盖授信，着力解决贷款难的问题。北川县金融机构从 2016 年初到 2017 年 9 月末，共对总户籍 84 139 户中的 71 448 户进行了授信，授信金额 52.19 亿元，授信面达 84.92%。其中作为普惠金融重点金融机构的北川农村信用合作联社，授信户数达到 57 915 户，授信金额 40.24 亿元，分别占金融机构授信户数的 81.06%、总金额的 77.10%。北川县对授信贷款实行一次核定，随用随贷，余额控制，周转使用，信用监测，动态调整。授信额度原则上一定 3 年，可根据客户需求及经营变化动态调整。

（2）简化贷款手续，着力提升金融服务渗透率。北川县各金融机构，在风险可控的前提下，针对县域个人类小微贷款客户的实际状况，对信贷政策适度放宽，简化手续，降低服务门槛，减少金融排斥。注重对客户思想道德、社会诚信、个人信用的价值挖掘，弱化担保抵押品等硬条件约束，释放客户的金融需求，提升金融产品的渗透率。依法经营者优先，尊老爱幼、和睦邻里、社会诚信者优先，勤劳致富、按期归还贷款者优先，着力培植普惠金融健康发展的社会土壤和经济环境。在信用合作联社 10 万元以下的小额贷款授信中，信用和信用保证的占比达到 100%，破解了弱势群体贷款难的最大瓶颈。

（3）大力推广数字金融，着力提高金融服务满意度。

北川县政府和人民银行制定量化的数字普惠金融发展规划，鼓励北川银行机构拓展数字金融业务，对传统网点进行智能升级，构建线上线下一体化服务平台；积极推行手机银行云闪付、扫码支付等新型服务方式创新，充分利用移动终端载体，提升数字金融活跃度。支持农村信用合作联社发挥普惠金融主力军作用，鼓励通过“蜀信 e. 惠生活”社区服务平台，打造“e 贷通”系列线上信贷产品，鼓励国有银行推广“征信+网络小额信贷”模式和地方银行“易捷贷”“掌柜贷”等信贷产品。

（4）深化涉农金融服务创新，提高普惠服务精准度。根据农村、农业特点和农业供给侧改革的金融需求特点，制定针对农业大户、家庭农场、农业产业化企业等新型农业经营主体的金融服务方案，推广“互联网+涉农龙头企业+上下游种养殖户+经销商”“互联网+企业+农业合作社/家庭农场/其他+农户”等产业链融资支付结算模式，实行“靶向疗法”式的精准服务。

北川农村信用合作联社在普惠金融创新方面积极探索。一是与农业综合化服务平台合作，探索金融精准服务涉农产业模式。“农当家”是以清华大学启迪基金为主要投资人的现代农业综合化服务平台，是国内首创的通过互联网平台提供农业整体解决方案的新型商业企业，也是行业内唯一一家为农业经理人提供农资、农机、农化、农技和农村金融服务的农业综合类创新型技术平台。该公司计划用 3 年时间，将服务覆盖川西南部地区，建立不低于 10 家高级运营子公司，不低于 3 000 个农业经理人。二是瞄准金融需求，拆解金融排斥。北川农村信用合作联社与政府农业农村局扶贫办公室、团委及税务、保险公司合作，针对金融服务弱势群体，利用各协作单位掌握的客户资源，开展需求和服务对接，连通金融服务通道。

（5）立足商业可持续，打造数字普惠金融北川模式。探索财务可持续、风险可控制、经验可复制的商业模式，即找到基于金融企业自身发展可持续的措施办法。北川农村信用合作联社认为，普惠金融不是由政府主导推动的政府行为，也不是以理想道德追求为目的诉求的慈善行为，普惠金融的发展应是建立在千百万人共同参与基础上的经济行为、政策行为、慈善行为合力支持推动的社会经济实践，因此必须找到可持续的生存基础。只有商业可持续才具有稳健的发展基础。对此，他们的设想是：①利用方便、快捷简单的服务渠道和工具，大规模节省普惠金融服务成本。②着力寻找控制风险、提高效率的有效办法。在广大农村，合理有效的金融需求比较普遍，金融排斥的根本症结在于担保品缺乏，贷款手续复杂，这既影响了普惠信贷的普及，也人为造成了不良贷款的虚高。我们调查发现，农村存在最广泛、最深厚的信用文化传统，唤醒信用价值，赋予信用在经济活动中的资本价值，以社会信用、思想道德、人生价值观作为评级授信条件，是北川农村信用合作联社的有益尝试，也取得了显著的效果。截至 2017 年 9 月底，在现有 16 553 户余额 8.73 亿元中，不良贷款仅 933 万元，不良资产率 1.07%。其中，手机银行贷款余额 6.91 亿元中不良贷款仅 144.85 万元，占 0.21%。由于信用贷款手续简单方便，通过手机银行贷款利率优惠，但信用是获取优惠信贷支持的前提，因此，长期受金融排斥的城乡个人客户对信用价值的认识普遍提高，诚实守信行为被激发了出来。这也说明，普惠金融的风险控制，担保并不是万能良药，在合理区间、在正确引导下，完全可以释放个人信用控制风险的潜在巨大价值。③探索数字普惠金融的业务发展模式。普惠金融主要解决弱势群体的金融服务不足问题。消除金融排斥障碍，打通对弱势群体的金融服务通道，在数字化服务的今天并不是太难之事，管理、成本、渠道、风控都有比较成熟的解决方案。关键在于持续坚持下去的体制机制必须建立起来，以保证持续地学习、深化、践行普惠金融的新理论和新实践。北川农村信用合作联社的思路是打造一家专注普惠业务、专注“三农”领域、专注小微产品，具有特色化产品、特色化定价、特色化服务、特色化经营的“川农普惠银行”品牌，探索践行普惠金融的可持续发展新路径。

北川县探索数字普惠金融发展模式的实践给我们的启示如下：

（1）建立和发展普惠金融的时代背景正在变化。当前金融领域面临两大挑战，即数字货币的挑战和科技金融的挑战。数字货币实际上是信用关系的量化，信用关系包含着权利与义务的关系。数字货币流通也就是信用关系中权利与义务的产生和抵消。它的优势是不需要真实的法定货币出现，就可以完成交易，既节约了成本，又提高了效率。但数字货币的出现，改变了真实法定货币的供求，强化了货币供给量和需求量的不确定性，这给货币政策调控带来了巨大挑战，也存在潜在的金融风险。不过，它拓展了金融服务的面，为普惠金融的建立和发展创造了条件。

随着金融科技（fintech）的出现，推出了不少金融科技产品，如自动发卡机、自助柜员机等。这些产品颠覆了传统的金融业务，创造了机器人投资平台，节约了金融业的人工成本，提高了金融服务的质量和效率，增强了金融机构的信用度，加强了金融机构与顾客和其他社会成员的联系，也为普惠金融的建立和发展创造了条件。

（2）普惠金融的功能正在变化。以往普惠金融的着力点是扶助弱小、支持脱贫。当前，扶助弱小、支持脱贫仍然是必要的，但一个地区脱贫以后，仍然需要普惠金融。这种情况下，普惠金融需要惠及低收入阶层和推动中产阶层的形成，以巩固、稳定社会和经济基础。进一步说，就是要通过普惠金融，推动经济增长，缩小收入差距。习近平总书记指出："从现实的维度看，我们正处在一个挑战频发的世界，世界经济增长需要新动力，发展需要更加普惠平衡，贫富差距鸿沟有待弥合。"所以，我们认为普惠金融的功能正在向着消除贫富差距、弥合鸿沟、实现发展平衡方向变化。

（3）普惠金融的面涉及全球。当前，在全球范围内，不仅发达国家存在贫富差距，发展中国家也存在贫富差距。因此，普惠金融既要作用于发展中国家，也要作用于发达国家。

（4）金融的普惠性在逐步深化。实践表明，金融的普惠性不仅涉及当事者双方或三方，而且要涉及广大的社会公众；不仅要惠及当前，也要惠及未来；既有现实的普惠，更有潜在的普惠。在这方面，典型案例集中在农村。通过普惠金融，打造农村环保产业，改善农民生活条件，发展生态农业，生产绿色农产品，不仅维护了当代人的身体健康、生活延续，而且造福了子孙后代。

这种变化给金融服务提出了更高的要求，同时也给金融服务带来了新的发展机遇。《国务院推进普惠金融发展规划（2016—2020 年)》提出了普惠金融发展的总目标：①提高金融服务可得性，包括：传统服务人群；特殊服务人群；新业态、新模式、新主体；创业农民、创业大中专学生；保险等。②提高金融服务覆盖率，包括：乡乡有机构，村村有服务；乡有物理网点，村有助农取款服务；城镇企业、居民金融服务便利性提升；城市、社区金融服务广度深度提升等。③显著提升金融服务满意度，包括：金融工具使用效率；申贷获得率和贷款满意度；小额农户信用建档率；降低金融服务投诉量等。

第七章 金融体系建设

导读：

现阶段中国金融机构与功能；银行主导型金融体系与市场主导型金融体系比较；对相关因素的分析。

建设金融体系的理论基础：第一，中央银行的地位和作用。中央银行是特殊的政府机关，中央银行有特殊的社会责任。第二，金融中介机构与金融中介组织的差别："真正意义上的中介组织要把投资纳入自己的资产组合中。"在市场经济中，中介组织是介于企业与个人之间，以为其服务、沟通、监督、协调为主要职能的社会组织。

金融中介机构存在和发展的理论支撑："交易成本论""信息对称说""规模经济说""防范风险说""增强资产流动性说"。

现阶段金融体系结构调整：打造绿色金融是优化金融结构的重点之一；着力信用制度建设是金融优化的又一重点；金融业态产生的混乱是随时都要关注、聚焦和防范的重点；法治是现阶段金融的短板。

后记：对中国金融曾有的状态的思考和矫正。

一、一国金融体系的构成

一国金融体系（financial system）包括金融调控体系、金融企业体系、金融监管体系、金融市场体系、金融环境体系五个方面。

（1）金融调控体系是国家宏观调控体系的组成部分。其功能包括：货币政策与财政政策的配合，保持币值稳定和总量平衡；健全传导机制、做好统计监测工作，提高调控水平等；也是金融宏观调控机制，其功能包括：利率市场化、利率形成机制、汇率形成机制、资本项目可兑换、支付清算系统、金融市场（货币、资本、保险）的有机结合等。

（2）金融企业体系，既包括一般商业银行、证券公司、保险公司、信托投资公司，也包括中央银行、国有商业银行、政策性银行、金融资产管理公司、中小金融机构及其他各种所有制金融企业、农村信用合作联社等。金融企业是经营货币资金的营利性或非营利性组织。它们是金融体系的组织基础，接受金融调控体系的指导，接受金融监管体系的监督和管理。

（3）金融监管体系，其功能包括：健全金融风险监控、预警和处置机制，实行市场退出制度，增强监管信息透明度，接受社会监督，处理好监管与支持金融创新的关系，建立监管协调机制（银行、证券、保险及中央银行、财政部门）等。

（4）金融市场体系，其功能包括：扩大直接融资，建立多层次资本市场体系，完善资本市场结构，丰富资本市场产品，推进风险投资和创业板市场建设，拓展债券市场、扩大公司债券发行规模，发展机构投资者，完善交易、登记和结算体系，稳步发展期货市场。

（5）金融环境体系，其功能包括：建立健全现代产权制度、完善公司法人治理结构、建设全国统一市场、建立健全社会信用体系、转变政府经济管理职能、深化投资体制改革。

中国金融机构按地位和功能进行划分，其体系有如下几种：

（1）中央银行。中国人民银行是中国的中央银行，1948年12月1日成立。在国务院领导下，制定和执行货币政策，防范和化解金融风险，维护金融稳定，提供金融服务，加强外汇管理，支持地方经济发展。中国人民银行与中国银行的主要区别为：中国人民银行是政府的银行、银行的银行、发行的银行，不办理具体存贷款业务；中国银行则承担与中国工商银行、中国农业银行、中国建设银行等国有商业银行相同的职责。

（2）金融监管机构。中国金融监管机构主要有：中国银行业监督管理委员会，简称“中国银监会”，2003年4月成立，主要承担由中国人民银行划转出来的银行业的监管职能等，统一监督管理银行业金融机构及信托投资公司等其他金融机构；中国证券监督管理委员会，简称“中国证监会”，1992年10月成立，依法对证券、期货业实施监督管理；中国保险监督管理委员会，简称“中国保监会”，1998年11月设立，负责全国商业保险市场的监督管理。2018年4月，根据国务院机构调整方案，中国银监会与中国保监会合并组成中国银行保险监督管理委员会，简称“中国银保监会”。按照我国现有法律和有关制度规定，中国人民银行保留部分金融监管职能。

（3）国家外汇管理局。成立于1979年3月13日，当时由中国人民银行代管；1993年4月，根据八届人大一次会议批准的国务院机构改革方案和《国务院关于部委管理的国家局设置及其有关问题的通知》，国家外汇管理局为中国人民银行管理的国家局，是依法进行外汇管理的行政机构。

（4）国有重点金融机构监事会。监事会由国务院派出，对国务院负责，代表国家对国有重点金融机构的资产质量及国有资产的保值增值状况实施监督。

（5）政策性金融机构。政策性金融机构由政府发起并出资成立，为贯彻和配合政府特定的经济政策和意图而进行融资和信用活动的机构。中国的政策性金融机构包括三家政策性银行：国家开发银行、中国进出口银行和中国农业发展银行。政策性银行不以营利为目的，其业务的开展受国家经济政策的约束并接受中国人民银行的业务指导。

（6）商业性金融机构。我国的商业性金融机构主要包括银行业金融机构、证券机构和保险机构三大类。

①银行业金融机构包括商业银行、信用合作机构和非银行金融机构。商业银行是指以吸收存款、发放贷款和从事中间业务为主的营利性机构，主要包括国有商业银行（中国工商银行、中国农业银行、中国银行、中国建设银行）、股份制的商业银行（交通银行、中信实业银行、中国光大银行、华夏银行、中国民生银行、广东发展银行、深圳发展银行、招商银行、兴业银行、上海浦东发展银行、

恒丰银行等）、城市商业银行、农村商业银行以及住房储蓄银行、外资银行和中外合资银行。信用合作机构包括城市信用合作联社及农村信用合作联社。非银行金融机构主要包括金融资产管理公司、信托投资公司、财务公司、租赁公司等。

②证券机构是指为证券市场参与者（融资者、投资者）提供中介服务的机构，包括证券公司、证券交易所、证券登记结算公司、证券投资咨询公司、基金管理公司等。这里所说的证券主要是指经政府有关部门批准发行流通的股票、债券、投资基金、存托凭证等有价凭证，通过证券这种载体形式进行直接融资可以达到投资和融资的有机结合，也可以有效地节约融资费用。

③保险机构是指专门经营保险业务的机构，包括国有保险公司、股份制保险公司和在华从事保险业务的外资保险分公司及中外合资保险公司。

二、银行主导型金融体系与市场主导型金融体系

现阶段国内外学术界关注着一个重要课题：全球的金融体系区分为两大类型，即银行主导型与市场主导型，那么这两种类型中哪一种类型更好？

对此，世界银行委托美国经济学家施莱弗进行研究。国内，据中国人民银行研究局前局长谢平研究员介绍，他也在研究类似的课题。我们的认知是：

首先，要确立好不好，以什么标准去衡量？以下一些标准可供参考：是否有利于动员储蓄，将储蓄有效地转化

为投资；是否有利于促进经济增长；是否有利于防范通货膨胀；是否有利于金融稳定（特别是消除系统性金融风险—危机）。

其次，怎么去研究？要从历史和现实出发，总结已有的经验，理论来源于实践；此外，要跨学科地研究，从法学、社会学、历史文化传统去考察问题。

施莱弗考察了91个国家的历史和现状，把国家分成两类，即发达国家和发展中国家（转型国家单独为一类），并统计出：①在发达国家和地区，以银行主导型为主的有16个，其中包括德国、法国、日本、比利时、葡萄牙等资本主义发展历史很长，经济发展也不错的国家；②在发达国家和地区，以市场主导型为主的有14个，其中有美国、英国、韩国、泰国、中国香港；③在发展中国家和地区，以银行主导型为主的有19个，其中有哥伦比亚、冰岛（这些国家人均GDP都比中国高）；④在发展中国家和地区，以市场主导型为主的有8个，其中有秘鲁、智利等。

做这样四种分类后，需要考虑的问题是：不同类型的形成与其历史文化传统有什么关系？与其地理位置有什么关系？与其经济发展、人们的富裕程度有什么关系？与其利差机制（收益与成本）有什么关系？等等。有人说看不出其中有什么规律即必然的联系。比如地理位置，紧挨着美国的拉丁美洲，有的国家如哥伦比亚仍是银行主导型的。但相当多的拉丁美洲国家是市场主导型的，这是不是受美国影响呢？值得研究的是：金融地理学。

现阶段，在这方面的研究，能达成共识或基本上达成共识的理论成果有：

（一）法律体系的类型与金融体系类型的形成相关

如果法律对投资者能予以有效保护，则有利于股票市场的发展。怎么保护投资者？①中小股东对公司经营决策有没有参与权，有多大参与权？②执法的效率高不高？③广大投资者有没有要求分红的权利？有没有反对董事会的权利？

如果法律对债权人能予以有效保护，则有利于银行融资发展。怎么保护债权人？①当债权人破产时，先破谁的产？②债权人有没有处理担保品的权利？③把债务转让给第三者要不要经过债权人同意？④债权人有没有从债务人账户中直接扣取欠款的权利？

（二）国家的富裕程度与金融体系类型的形成有一定相关性

人均收入低时，以银行存款为主；人均收入高时，人们才投资股票、债券，只能说有一定相关性。但这并不是说，资本市场发达的国家就一定富裕；反过来说，也不能得出国家富裕，资本市场就一定发达的推论。

（三）政府的监管力度与金融体系类型的形成相关

监管严格的国家，投资者放心，市场越发展。金融市场如此，其他市场如消费市场也如此。

（四）政府的税制安排与金融体系类型的形成相关

政府要对金融业征收利息税、资本利得税和所得税等。税率高低与税基大小，涉及从业者的利益，利益影响市场的发展。

（五）存款保险制度的建立健全与金融体系类型的形成相关

凡是明确存款保险制度的国家，股票市场相对不发达。

以上五点讲相关性，即它们之间联系的必然性，而且前者是因，后者是果，呈因果关系。

美国著名经济学家安鲁德·施莱弗（Andrew Shleifer）还以历史的实际统计数据表明：

（1）难以证明哪种制度安排更有利于经济增长；

（2）难以证明哪种制度安排更有利于防止通货膨胀；

（3）难以证明哪种制度安排更有利于提高储蓄率；

（4）难以证明哪种制度安排更有利于金融资源配置。

值得思考的还有四个问题：

（1）哪一种类型的金融体系安排，其发生金融风险的可能性更大？

现在的认识是：市场主导型的金融体系，由于股票等有价证券可派生多种工具，使风险可以转移、对冲，在一定程度上降低了风险。有人说证券市场有助于缓解系统性风险。银行主导型的金融体系，由于集中支付系统，一旦商业银行倒闭破产，发生系统性风险的可能性大。

（2）两类金融体系如何互补？

（3）两类金融体系，对监管有什么不同要求？投资者对监管当局的监管状态，关心还是不关心？有人认为市场主导型背景下，投资者对监管状况的关心度高；银行主导型金融体系背景下，存款者对监管状况的关心度低。

（4）构不构成自变与因变量的关系，构成因果关系还是不构成因果关系，怎样判断？

三、建设金融体系的理论基础

金融体系的建设有两个理论问题需要明确：第一，中央银行的地位和作用；第二，金融机构的性质、理论支持。关于第一个问题，已经出版的教科书和发表的一些著作中，几乎一致认为世界上第一家中央银行是1694年成立的英格兰银行。

（一）什么是中央银行

人们通常认为中央银行是发行的银行、政府的银行和银行的银行。这样的认识无可非议，因为它是对历史和现实的概括。但说事物“是什么”含有价值判断的意思。价值判断一般是对事物发展全过程认识的结果，而不是实证分析。所以凭什么对中央银行做出这样的价值判断，还需要考察什么是中央银行。“中央”应当是个区域概念，区域有一定的范围，在一定范围中处于核心地位称为中央，所以“中央银行”应当是对一定区域某种银行处于核心地位的形象概括。至于为什么把这种银行称为“中央银行”，还是要从银行业的产生和发展说起。银行业的产生有它的经济基础、组织基础和思想基础。经济基础是商品交换的发展需要有一个社会权威机构来统一规范货币，而实际推动着这一过程的是国际贸易的发展；组织基础是那些聚敛着大量货币资金的金匠、包税商、公证人、汇票交易经纪人和商人，其中主要是大商人；思想基础是政府与公众之间、公众相互间的信任和依赖，其中主要是企业家之间的信用。如果对银行的产生做这样的分析，则银行业的发展是经济基础进一步充实，组织基础进一步扩大和思想基础进一步强化的过程。在这一过程中，客观上会产生以下需求：在一个国家范围内，要不要确立一种被公众公认的能被公众普遍接受的货币？商品生产交换的发展，对这一问题的回答是肯定的，于是社会公众促使政府建立或要求政府授权赋予一种机构集中管理货币储备、统一铸造和发行货币，以有利于流通。集中管理货币储备与统一铸造和发行货币，相辅相成，一般来说这二者是结合的，只有集中管理货币储备，才能统一铸造、发行货币，换句话说，要能统一铸造、发行货币，货币储备就必须集中管理。所以，应当说，由政府出面组织或授权赋予旨在集中管理货币储备并统一铸造和发行货币的银行是中央银行。中央银行是国家最高的最具权威的金融机构，它的产生是社会公众的选择，也是政府行为的结果。

（二）中央银行的地位和作用是逐步形成的且仍在不断发展变化

中央银行的历史至今不过 300 多年。大多数国家的中央银行是在 19 世纪以后建立的，而且并非一旦建立便是“发行的银行”“政府的银行”和“银行的银行”。以建立最早的英格兰银行来说，开始它只是“政府的银行”，即贷款给政府，以后随着时间的推移才逐步成为“发行的银行”。它经历了部分独占发行权到全部独占发行权的过程。1694 年英格兰银行成立后，以贷款给政府作为交换条件，获得了政府赋予的发行银行券的特权，但在相当长的时期内，英格兰银行发行的银行券很少在伦敦以外的区域流通，直到 1802 年还是如此，而且所发行的银行券只不过是黄金的替代品，即它还没有被社会承认是一种独立的货币。1833 年，英国政府立法，宣告英格兰银行发行的银行券是唯一法偿的货币，其他银行发行的票据不具有这种性质。1844 年通过了《皮尔条例》，规定其他银行发行银行券不得超过规定的限额。这样，英格兰银行才在事实上被公认为“发行的银行”。

英格兰银行成为“银行的银行”是在 1854 年。当时，其他银行为便于清算彼此之间的债权债务关系，于是均在英格兰银行开户。这说明在开初，中央银行成为“银行的银行”的主要内涵在于债权债务的清算，而不是“最后的贷款者”。中央银行成为最后的贷款者，始于“南海泡沫事件”。“南海公司”成立于 1711 年，当时英国政府急需处理政府债务，南海公司提出交换条件以帮助政府处理债务。其交换条件是将国债转化为资本金并发行股票，以及获得英国与南美大陆的贸易特权。由于获得了这一特权，英国官员、绅士、企业家等以为该公司必将获得极大利益，于是其股票价格暴涨，人们被卷进了股票投机的浪潮，许多投机的“泡沫公司”（实际上是皮包公司）如雨后春笋般成立，进一步推波助澜。1720 年 7 月，英国政府颁布了《禁止泡沫公司法》，令所有的“泡沫公司”解散，于是股票市场出现了一场混乱，股价暴跌。在这种情况下，“南海公司”请求英格兰银行支持，英格兰银行便充当了最后贷款者的角色。

这段历史表明：英格兰银行最早是“政府的银行”，以后逐步成为“发行的银行”“银行的银行”，而且开初作为“政府的银行”，其含义是向政府贷款；作为“发行的银行”，其含义是发行银行券代替金属货币流通；作为“银行的银行”，其含义是办理清算和提供贷款。当代，中央银行仍然被称为“发行的银行”“政府的银行”和“银行的银行”，可是其含义不仅扩展了，而且可以说重心也改变了。当代，中央银行作为“发行的银行”，已不是单纯地发行银行券代替金属货币流通，而是提供基础货币。广义的基础货币是社会信用流通工具的基础，狭义的基础货币是商业银行派生存款的基础，它不是一种“替代货币”，而是“高能货币”。当代，中央银行作为“政府的银行”，也不是或不主要是向政府提供贷款，而是政府实施金融宏观调控的机构和金融事业的管理者，并代表政府进行国际交往。当代，中央银行作为“银行的银行”，主要不是办理清算和最后贷款，而是保存存款准备金。为此，一些国家的中央银行在名称上都标明为“储备银行”。尽管有的国家的中央银行也要对商业银行进行再贷款，但再贷款也不是中央银行唯一的甚至不是主要的基础货币的供给方式。这种状况表明：中央银行的地位和作用是不断发展变化的。

（三）中央银行是特殊的政府机关

通常人们把商业银行称为企业，把中央银行称为机关。中央银行作为政府的机关，相对于其他政府机关来讲，有其特点：

（1）中央银行是信用机构，但不是一般的信用机构，而是社会信用机构的枢纽。这种枢纽地位体现在：一般来说，只有中央银行先授予商业银行和其他金融机构信用，商业银行和其他金融机构才有条件授予顾客信用。这是因为在信用货币流通条件下，货币都是由银行的资产业务产生的。商业银行和其他金融机构持有的货币是中央银行的资产业务产生的，顾客手中持有的货币是商业银行和其他金融机构的资产业务产生的。通常说的就整个银行体系看，是“先有贷款，后有存款和现金”，便是这个道理。如果中央银行不先授予商业银行和其他金融机构信用，尽管在一定的范围内和一定的条件下，商业银行和其他金融机构也能够对顾客提供信用，但总是有局限性的，最终仍然要依靠中央银行提供信用。可以说，中央银行是信用货币供给的“源头”，否则不仅供给的货币在质上缺乏统一的标准，在量上也缺乏应有的控制，而且不具有权威性。中央银行作为社会信用机构的枢纽，它既要保证供给货币的质，又要控制供给货币的量。

（2）中央银行要创造信用供给货币，从这一点上说，它又是一个信用机构。表面上，中央银行创造供给货币是政府赋予它的权利，而实际上这不仅是政府赋予它的权利，更重要的是社会赋予它的权利。在信用货币流通条件下，中央银行供给货币的过程是：社会成员要求出卖商品实现价值→购买者不能自己创造货币，只有求助于银行→银行通过供给货币，间接地掌握对商品的支配权→购买者以银行提供的货币购买商品，并只有把商品出售才能回流货币，也才能归还银行借款→银行收回贷款，供给的信用货币流回银行。这样的过程表明：中央银行之所以必须供给货币，是因为商品的价值要以货币媒介实现；而中央银行之所以有条件供给货币，是因为它间接地掌握了对商品的支配权，即购买者以它已经或将要购买的商品作为“抵押”取得对银行的借款（不论这种“抵押”是事实上的还是形式上的，性质都是一样的，即都是把商品的支配权交给银行；不论这种借款发生在中央银行还是商业银行，性质都是一样的，即都是对社会成员提供信用)。所以，掌握了对商品的支配权后供给货币，实质上是社会成员先授予银行信用，然后才是银行授予社会成员信用。这样的关系似乎在事实上很难说清楚，但在理论上是能说清楚的，且不能颠倒。

银行供给货币如果不是以社会成员授予银行信用为前提，就只能是纸币，而不是信用货币。纸币是缺乏保证回流的货币，之所以缺乏保证回流就在于供给纸币的权威机构，没有事先掌握对商品的支配权。纸币是凭借统治者权力而流通的货币，它的供给是统治者欠了持有者的债，从整个过程来说，这种债是不用偿还的，只能延续下去，因而它实质上是强迫社会成员无偿地为他提供商品。在这种情况下供给的纸币就不是信用流通工具，而创造这种信用流通工具的机构也不是真正的银行。所以，如果我们从理论上承认中央银行创造供给的货币是信用货币，就必须承认它是社会的信用机构，而不是单纯的政府机关。

(3) 中央银行供给货币具有较强的专业性和技术性，有一个特有的传导过程，这是其他政府机关所没有的。在货币供给中有一系列的业务活动：事前，需要对货币流通的状况做出分析判断，即流通中的货币是多了，还是少了，结构状况怎么样；事中，需要对货币供给的方式进行选择，即是采取再贷款，还是采取再贴现；是用调整准备金的方式吞吐，还是用买卖有价证券的方式左右；是扩大收缩量，还是调整“价格”即利率，这些都需要精心设计；事后，需要对已供给的货币流向、流量以及所产生的效应进行考察，这包括对企业家的生产流通和对居民生活的影响等。

可以说，中央银行又是一个绝妙的业务部门，其业务与其他政府机关不同，这样的业务操作不能仅由执行方针政策和规章制度取代，操作具有高度的科学性和社会性。其他政府机关的业务活动，大都是通过调查研究制定政策，不具有操作传导过程。

（4）中央银行集中保管商业银行及其他金融机构的存款准备金，是为了保证它们对顾客的支付，进一步说也是对存款者进行保险。如果某金融机构“资不抵债”有破产的危险，中央银行必须采取措施，让存款者不致遇到更大的损失。从这个意义上说，中央银行是为各金融机构也是为社会承担风险的机构，这是其他政府机关不具有的。在国外，商业银行及其他金融机构要破产时，中央银行总是采取各种措施，或通过存款保险公司挽救，妥善地处理，保障大多数人的利益；在我国，一个金融机构出现了危机，如资金抽走、呆账剧增，中央银行总是谨慎处理，不敢轻易宣布破产、解散，因为它关系到千家万户的利益，其影响远远超出了一个工商企业的破产清理。

（5）中央银行有特殊的社会责任，即稳定币值。而币值是否稳定不仅关系着各阶层人们的利益，而且取决于千家万户的行为，是一个包含着各种因素的机制（过程），往往有相当长的潜伏期和滞后性，因而需要特别尊重中央银行的判断和决策。币值的稳定是一个时期概念，它存在于相当长的时期中，因此，中央银行的货币政策必须具有继承性和连续性。在国外，一些国家中央银行行长的任期超过了总统，可以说是从组织措施上去保证货币政策的继承性和连续性，也表明中央银行承担着特殊的社会责任。中央银行不仅要对政府负责，而且要对社会负责；不仅要对当期负责，而且要对将来负责。从这一点说，它是一个保证币值持续稳定的机构，这也是其他政府机构不具有的。

由于中央银行有特殊的社会责任，在金融体系的建设中应不应当增强它的独立性，是很值得思考的课题。

（四）金融机构、金融中介机构与金融中介

通常说，金融机构就是融通资金的机构。其实，不少金融机构不仅在融资，而且也在投资。融资与投资在实际工作中似乎难以划分清楚，但从理论上看应当是清楚的：一般来说，融资是将储蓄转化为投资的行为（双向），投资是通过资金运用取得回报的行为（单向）。在计算现金流量时对融资、投资有另一种解释。融资活动主要影响企业的负债，增加负债减少资产（如现金支出），如发行股票、债券，向银行借款。投资活动主要是影响企业的资产，资产增减，如企业收回投资，减少一种资产，增加另一种资产购置，处置各种资产。此外，经营活动如销售商品、提供劳务也产生现金流量。这样划分的意义在于经营活动的现金流量，反映现金业务的发展状况；投资活动的现金流量，反映未来业务的发展状况；融资活动的现金流量，反映负债规模。

在现实生活中，中国把金融业划分为四大类，即银行、保险、证券、信托。这是按业务活动的特征进行的大致划分，并且未纳入所有的金融机构。如果要把所有的金融机构包括在内，则有直接从事融资投资的金融机构，如商业银行、保险公司、证券公司、基金公司、财务公司、租赁公司、典当行等，也有间接从事融资投资的金融机构，如

信用评估公司、信贷担保公司、专业的会计师事务所、律师事务所等。这些机构按其功能可分为：投资经营型金融机构、经纪服务型金融机构、公证仲裁型金融机构、社会保障型金融机构。一个金融机构可能具有单一的功能，也可能具有多种功能，如商业银行和信托公司，既融资又投资，还提供各种金融服务。再如证券公司，有的只能从事经纪业务，则只能替客户买卖证券。有的除能从事经纪业务外，还能从事自营业务，进行投资。在这种情况下，怎样给金融中介定义？中介者，居间也；居间者，媒质也；媒质者，助也。如果这样定义，则严格地说，金融中介机构应当是从事融资活动和提供各种金融服务的金融机构。这就是说，从事金融投资活动的不具有“中介”的性质，它们应当是金融经营机构。准确地说，是经营金融商品的机构。如果要把经营金融商品的机构也包括在金融中介机构中，则是广义的金融中介机构。

在一些文献中，有人把金融中介与金融中介机构等同起来，认为金融中介就是指金融中介机构。其实，这是一种大致的说法，严格地说这二者的含义是不同的。广义上说，金融中介是指从事媒介融资、投资的活动，金融中介机构是指从事这种活动所形成的组织。形成了组织从事融资、投资的媒介活动，是金融中介，没有形成组织仍从事融资、投资活动，也是金融中介。所以，金融中介与金融中介机构的含义是不同的。在浙江的农村有一种被称作“银背”的个人，这种人一般在当地有较高威望和社会地位，有钱有势，在民间信贷中充当掮客，即吸收一部分人的存款，并向另一部分人发放贷款。这是一些地区民间广泛存在的能够被人们认可的金融中介活动。

这就是说，金融机构、狭义的金融中介机构、金融中介是不能完全等同的。做这样的区分，有利于确认它们的不同性质，考察它们的特殊供求，制定对它们区别对待的政策，选择对它们不同的管理方式。

现代西方的金融理论把金融中介组织划分为三类：一是吸存金融中介组织，简称“吸存机构”；二是基金型的金融中介组织，简称“投资基金”；三是经纪人型的金融中介组织，简称“经纪人”。除经纪人以外，它们认为吸存机构相对于投资基金来说有三大特点：一是投资人（基金盈余者）把资金投资于吸存机构，其价值不受吸存机构资产组合的影响，如果投资人把资金投资于投资基金，其价值要受投资基金资产组合的影响。为什么前者不受影响，而后者要受影响？因为二者的投资交易合约不同：投资人把资金投资于吸存机构，回报是相对固定的，而把资金投资于投资基金，回报是相对不固定的。吸存机构的资产有相当部分是“不可转让的证券”；不需要借款人提供必要的信息，这样的融资能适应那些出于保密不愿意提供信息的借款人的要求。对此，它们强调经纪人不是真正意义上的中介组织，因为真正意义上的中介组织要把资金盈余者的投资纳入自己的资产组合中，无论是吸存机构，还是投资基金都是这样。它们强调这一点，是为了使资金盈余者的投资与自己的资产结合起来，以便“风险共担、利益同享”，有利于“保证投资回报”。

“真正意义上的中介组织要把投资纳入自己的资产组合中”，这样的立论，也反映在《新帕尔格雷夫经济学大辞典》中。它指出："金融中介是从事买卖金融资产事业的企业。"把这种企业称作"金融中介"，是要表明金融中介在资产选择、组合当中的作用，应当说是广义的金融中介。而对相对狭义的金融中介而言，实际上是"金融经营"。这样的概括基本上符合西方发达市场经济国家的实际。说它"基本上"符合实际，是因为在那里的金融机构运作中，没有将资金盈余者的投资与自己的资产结合起来，比如"契约型基金经理公司"，它具有单纯的中介机构的性质；只有"公司型基金经理公司"才把资产盈余者的投资与自己的资产结合在一起。

在市场经济中，中介组织是介于企业、个人之间，以为其服务、沟通、监督、协调为主要职能的社会组织。它主要由三类组织组成：一是行业性中介组织，如行业协会、学会、商会、研究会；二是公证性中介组织，如律师事务所、会计师事务所、资产评估师事务所等事业事务所以及证券、仲裁等中介组织；三是服务性中介组织，如就业、广告、公关、房地产等服务组织。在考察金融领域的中介组织时，必须服从于市场经济中中介组织的传统和习惯，即长期以来已经被社会公众广泛认同的含义和能够接受的概念。因此，我们更倾向于把金融经营组织与真正的金融中介组织区别开来。

（五）金融中介机构存在和发展的理论支撑

金融中介理论指出金融中介机构为什么能够存在和发展。换句话说，金融中介机构存在和发展的必要性和可能性，靠什么理论支撑解释？于是就产生了各式各样的金融中介理论。最具有代表性的金融中介理论是"交易成本说"

和“信息对称说”。“交易成本说”认为，金融中介机构之所以存在，就在于它能降低交易成本，如果交易成本等于零，金融中介机构就没有存在的必要。“信息对称说”认为，金融中介机构之所以存在，就在于它能够缓解资金融出者与融入者双方的信息不对称，如果二者的信息是对称的或容易把握的，金融中介机构也没有存在的必要。这两种学说密切相关：金融中介机构的存在能降低交易成本，就在于它掌握信息的系统性、广泛性、专业性、可信性和分享性，也就是说，它在融资中能够系统地、较大范围地掌握融资双方的信息，而这些信息经过专业化的分析、加工，提高它们的可信度，使得每个投资者都可以分享，因而能大大降低每个投资者参与金融交易的成本。

除“交易成本说”和“信息对称说”外，用来解释金融中介机构存在和发展的金融中介理论，还有“规模经济说”“防范风险说”和“增强资产流动性说”。“规模经济说”认为，金融中介机构是“贷者的集中和借者的集中”，“积少成多，续短为长”，所以能求得规模经济。“防范风险说”认为，金融中介机构能转移风险、分散风险和稳定风险。转移风险是指通过它的操作能使风险在时间、空间上变动；分散风险是指它通过对资产负债的“打包分拆”，使风险降低到可接受的程度；稳定风险是指它能够协调社会上风险偏好者与风险厌恶者之间的关系，从而使整个社会的金融风险稳定在一定承受力水平上。“增强资产流动性说”认为，金融中介机构能够提供多种多样的金融商品，从而使资产的替代品多元化、连续化，能够提高资产的变现能力，从而增强其流动性。

金融中介理论虽然各种各样，但它们都集中回答了一个问题，即金融中介机构为什么能够存在，或它们的生命力何在。尽管如此，它们观察问题的角度仍有所不同或者说提出这种学说有着不同的思维方式："交易成本说""信息对称说"和"增强资产流动性说"，是基于融资参与者的角度，分析金融中介机构存在的必要性和可行性，而"规模经济说"和"防范风险说"是基于金融中介机构自身的角度，分析金融中介机构存在的必要性和可行性。

四、现阶段金融体系结构调整

习近平总书记在指出"经济是肌体，金融是血脉，两者共生共荣"的同时，他又指出"同时也应看到，我国金融业的市场结构、经营理念、创新能力、服务水平还不适应经济高质量发展的要求，诸多矛盾和问题仍然突出。深化供给侧结构性改革，推动我国金融业健康发展，任务仍十分繁重"。习近平总书记指出：金融供给侧结构性改革，要优化重点，聚焦痛点，疏浚堵点。

（一）打造绿色金融是优化的重点之一

关于绿色金融问题，早在21世纪初便被提出来了，只不过那时没有明确为"绿色金融"，而是提出了"赤道原则"，即2002年10月，世界银行下属的国际金融公司和荷兰银行在伦敦召开的国际知名银行会议上确立的项目融资的贷款准则。

这项准则要求金融机构在向一个项目投资时，要对该项目对环境和社会可能带来的影响进行评估，强调在保护环境和促进社会和谐发展方面要利用金融杠杆发挥积极作用。也可以说“赤道原则”是项目融资的一个新标准。“赤道原则”原名是“格林尼治原则”，格林尼治是伦敦的郊区，由于会议在这里召开，协议在这里达成，因而以此地命名。后来有人说以此命名，只适合北半球，不适合南半球，而这样的原则是适合全球的，故更名为“赤道原则”。

赤道是地球南北的分界线，取名“赤道”，就是说这个地方是“非南非北”，以此表示公正、公平。站在什么角度以示公正、公平？站在社会的角度。谁站在社会的角度讲公正、公平？金融企业。所以贯彻“赤道原则”是金融企业的社会责任。2012 年 8 月 3 日在四川召开的绿色金融博览会就是检验我们金融企业的社会责任履行得怎样。

“赤道原则”应当是对金融企业融资的一个约束。一般人认为它是“软约束”，因为关键在于有没有社会责任感！当前企业的社会责任问题不只是环境保护问题，还有其他问题。有显性的，也有隐性的；有直接的，也有间接的；有长远的，也有短期的。比如食品安全问题就是个大问题。从金融投资的角度来说，企业的行为不只是保护环境，而且还要保护人类的健康，保护人的生命！

早在 2016 年 9 月，习近平总书记就在 G20 领导人杭州峰会上提出：“我们决定加强落实各项金融改革举措，密切监测和应对金融体系潜在风险和脆弱性，深化普惠金融、绿色金融、气候资金领域合作，共同维护国际金融市场稳定。”之后，中央责成有关部门制定构建绿色金融体系的指导意见，使打造绿色金融落到实处。

绿色金融，是指对环保、节能、清洁能源、绿色交通、绿色建筑等领域的项目投融资、项目运营、风险管理等所提供的金融服务，其作用主要是引导资金流向资源节约技术开发和生态环境保护的产业，引导企业的生产注重绿色环保。

据媒体报道：2016 年，人民银行、财政部、发改委等 7 部门联合发布了《关于构建绿色金融体系的指导意见》，建立了比较完整的绿色金融政策体系。2021 年人民银行提出构建包括绿色金融标准、环境信息披露、政策激励机制、产品创新体系、国际合作在内的绿色金融体系“五大支柱”。“十四五”规划和 2035 年远景目标纲要要求“大力发展绿色金融”。

“发展绿色金融关键在于培养长期投资理念，增强绿色投资能力。”国家金融与发展实验室副主任曾刚说，从传统视角来看，绿色融资项目普遍存在资金需求量大、投资周期长、收益相对较低、风险较大等问题，可能缺乏商业可持续性。但随着绿色资产的投资价值越来越受到认可，那些具备专业绿色投资能力和先进的风险控制体系的金融机构会更具有市场优势。

绿色产业和绿色转型发展能兼顾环境效益和经济效益。“随着大数据、人工智能等数字技术，以及生物制造、新材料等绿色技术的日益成熟，可推动各行业降本增效，在创造巨大价值的同时带来可观的环境效益。”绿动资本董事长白波介绍，以生物制造为例，由于基因测序和编辑技术、人工智能技术的融合发展，使得生物合成的成本下降，效率提升，原来一些化合物通过化学合成途径难以完成，现在可以通过生物技术合成。在这个过程中，生产流程变短，也能避免重污染。

绿色产业涉及的领域广阔，专业性强，金融机构需要具备较强的专业能力、创新能力和风险控制能力，才能慧眼识珠，持续推进绿色金融服务。“绿色金融不仅涉及绿色能源、绿色建筑、绿色交通等直接降低碳排放的产业，还涉及碳汇、碳捕集技术等负碳排产业，这些产业属于战略性新兴产业。金融机构需要深入研究负排放技术的原理、特点及减排效果，提高对绿色项目的识别把控能力。”中国银行研究院院长陈卫东说，“与传统产业相比，绿色金融产品的风险更加复杂，不仅有传统信贷风险，还有气候和环境等风险。金融机构风险控制管理能力也要相应提升，对客户的气候与环境变化风险进行动态监测、评估以及可视化、可量化管理，探索进行情景分析和压力测试。”

许多金融机构正在进行有益的探索和实践。工商银行把环境与社会风险合规要求纳入投融资全流程管理。中国银行正在研究开展环境风险压力测试。兴业银行构建了绿色租赁、绿色信托、绿色基金等集团化绿色金副产品体系，推出排污权抵押贷款、碳资产质押贷款、绿色信贷资产支持证券等创新型产品和服务，并建立了一整套先进的环境与社会风险管理体系。

概括起来说，完善绿色金融体系需要建立健全五大支柱：①完善绿色金融标准体系；②强化金融机构监管和信息披露要求；③逐步完善激励约束机制；④不断丰富绿色金融产品和市场体系；⑤积极拓展绿色金融国际合作空间。

在这以后，自2016年下半年起，随着绿色环保相关制度、标准、规定的执行和监管执法不断收紧，绿色发展的政策环境产生了巨大的变化，各类市场主体因而形成了关注生态环境的内在动力。8 月底，全面深化改革领导小组第 27 次会议审议通过了《关于构建绿色金融体系的指导意见》，将构建绿色金融体系上升到了中央层面。2017 年 6 月，中央银行等 5 部门联合发布了《金融业标准化体系建设发展规划（2016—2020 年）》，将绿色金融标准化工程作为“十三五”时期金融业标准化的重点工程之一。

近年来，中国雾霾现象呈严重化趋势，日益成为困扰经济社会发展的环境难题。不仅如此，水体污染、土地污染问题也日趋严重，能源资源浪费和过度使用等现象仍较普遍。环境破坏已对人民的生活质量、经济实力、恢复力和长期增长带来巨大风险，环境污染成本占 GDP 的 6%左右，人们开始意识到环境保护的重要性。

2016 年以来，国家加快了构建绿色金融体系的步伐，到目前为止取得了明显的成效。到 2018 年末，我国最主要的 21 家银行绿色贷款的余额已经达到 8 万多亿元，比 2017 年增长了 16%。绿色债券作为我国绿色金融发展中的重要金融产品之一，是当前企业在资本市场上进行绿色直接融资较为有效的金融工具。2019 年上半年，绿色债券的发行规模再创历史同期新高，合计发行 1 432. 91 亿元，债券品种也进一步得到创新。但与此同时，我国绿色债券市场在存量和增量发展方面仍有较大空间，在完善绿色债券标准、政策激励，夯实绿色债券市场基础设施，促进跨境绿色资本流动等领域具备较大的发展潜力。

2018 年 4 月，为进一步发挥资本市场力量，服务国家战略和绿色发展，在中国证监会的指导下，上海证券交易所经过认真研究，制定了《上海证券交易所服务绿色发展推进绿色金融愿景与行动计划（2018—2020 年）》。

中投产业研究院发布的《2020—2024 年中国绿色金融行业深度调研及投资前景预测报告》共十三章。首先介绍了绿色金融的概念，接着分析了绿色金融的国际发展状况及国内发展环境。随后，报告详细解析了中国绿色金融发展现状，并具体分析了绿色金融细分市场绿色信贷、绿色债券、碳金融、绿色保险、绿色基金的投资潜力。然后，报告分析了部分区域绿色金融市场发展状况及重点领域绿色金融市场的需求潜力。最后，报告重点分析了绿色金融行业的投资潜力，并对绿色金融行业的未来发展前景做出了科学的预测。本研究报告数据主要来自国家统计局、中国人民银行、中国银行保险监督管理委员会、中投产业研究院、中投产业研究院市场调查中心以及国内外重点刊物等渠道，数据权威、详实、丰富，同时通过专业的分析预测模型，对行业核心发展指标进行科学预测。若想对绿色金融行业有个系统深入的了解，或者想投资绿色金融行业，本报告将是不可或缺的重要参考工具。

（二）着力信用制度建设是金融优化的又一重点

2020 年 8 月 24 日，习近平总书记在中南海召开的经济社会领域专家座谈会上讲话指出：**一个现代化的社会，应该既充满活力又拥有良好秩序，呈现出活力和秩序有机统一。**要完善共建共治共享的社会治理制度，实现政府治理同社会调节、居民自治良性互动，建设人人有责、人人尽责、人人享有的社会治理共同体。**要加强和创新基层社会治理，使每个社会细胞都健康活跃，将矛盾纠纷化解在基**

层，将和谐稳定创建在基层。要更加注重维持社会公平正义，促进人的全面发展和社会全面进步。习近平总书记的讲话系统而深刻。要完善共建共治共享社会制度，首先要求社会成员要讲信用。“人无信不立，市无信不兴。”

在《信用论》中，笔者曾提出“当代商品经济是信用经济”，其含义是说当代商品经济的运行要以信用关系作为机制。这种机制包括政府宏观调控政策的制定和实施、企业组织形式的建立和选择、社会成员的消费导向和价值保证等。在这里，笔者再一次提出“信用”问题，其含义不再是指当代商品经济的运作机制，而是指当代商品经济的契约关系。市场经济是高度发展的商品经济，商品经济关系的核心是契约，契约的内容是权利和义务关系的建立和消除。有人用这种思维方式去解释世界，认为市场经济就是一种契约经济或合约经济。在这里，且不论这种思维方式的合理性和科学性，只是用它来说明信用，表明信用也是一种契约关系，包含着社会成员之间权利与义务关系的建立和消除。能不能说市场经济就是信用经济可以探讨，但至少能够说市场经济需要信用关系支撑。这里提出社会公众缺信用，也就是说我国的市场经济缺乏应有的信用关系支撑。

改革开放几十年来，人们冷静地思考一下，金融领域中存在的问题是什么？缺货币资金吗？货币资金也是货币，货币可以创造；缺规章制度约束吗？规章制度是人制定的，没有的可以制定，不完善的可以补充，现在不是没有规章制度，而是在于如何贯彻执行；缺监管吗？监管可以强化……这样来讨论问题，是要表明：金融领域中现在缺的不在于或不主要在于管理层，而在于社会公众。因为讲不讲信用不是个别单位、个别人的行为，而是社会的行为。说社会公众缺乏信用素质，就是要从社会的角度强化信用关系。强化信用关系，要做多方面的努力，如政府对信用法规的建立和执行；行业对信用机制的规范和履行；媒体对信用道德的褒扬和批评；当事者对信用观念的树立和自我约束等。

怎样着力信用制度建设呢？这些年来权威部门召开会议，积极倡导和部署，提出要从“以德树信”“以理立信”“以制建信”和“以法治信”四方面着手。

1. 以德树信

在中国，沉淀着丰富的信用文化。孔子曰“民无信不立”，将“信”列入“五常”（仁、义、理、智、信）“四教”（文、行、忠、信）之中。“信者，诚也，专一不移也”，信就是诚，诚就是信，二者是相通的，基本内涵都是真实无欺。孟子曰“诚者，天之道也。思诚者，人之道也”，肯定了“诚”是客观事物的运行规律，强调追求诚信才是做人的道理。可见，早期的先贤们的信用文化是针对做人之道而言的，表明我们的祖先早已将诚信纳入人际交往的基本道德范畴。当代，在建立健全信用制度的过程中，应当说诚信是信用制度的思想道德基础和精神支柱。诚信与信誉、信用的关系：诚信是核心，信誉和信用是诚信的外在表现。从权利与义务的角度说，诚信是每个人应尽的义务，而不是权利，但信誉是某些人的权利，而信用则是权利与义务的结合。从经济学的角度说，诚信是内生的，取决于自身的品德。信誉是外生的，取决于社会的评价。

而信用是互生的，既有授信方，又有受信方。信誉和信用的确立大都需要通过媒介体，比如通过信用评估机构、征信机构确立信誉，通过金融机构建立信用关系。而诚信不需要也不应当通过媒介体确立。不实事求是，夸大其词，包装美化与诚信相悖。这表明：以德树信必须从提高人们的精神追求和道德品位上去把握，而不应当把它作为一种交换手段，作为一种谋取功利的工具。在宣传报道中说“以诚信赢得利润，获得效益”是欠妥的。进一步说，“诚信”不具有商业价值而“信誉”“信用”具有商业价值。在市场经济中，“信誉”是无形资产，“信用”是一种交换手段。这又表明：在市场经济中以德树信，必须以诚信维护自己的信誉，必须在不丧失人品、不违背道德规范的条件下，追求商业价值。

2. 以理立信

市场经济是信用经济，其含义是要求市场经济主体讲诚信、重信誉、重信用。诚信、信誉、信用这三个概念有共性，但更有个性。诚信，顾名思义，即诚实守信，是自己对他人的承诺，是一种行为规范；信誉，指声望和名誉，是他人对自己的评价，是一种形象标识；而信用反映的是权利和义务的关系，是一种动态的经济过程。进一步说，这三者都是市场经济主体的财富。诚信、信誉、信用是财富的思想和观念在我国市场经济的相当多的人群中正在逐步树立，但必须看到，又有相当多的人不把这三者当回事，应引起高度重视。我国当代经济生活中有一种现象：一方面，不少金融机构正在努力寻找客户，让资金投放出去；另一方面，又有不少企业特别是中小企业和个人，生产经营缺乏资金，急于寻求银行贷款，却难以从银行借到资金，处在一种“两难的境地”。仔细分析这种现象，我们可以找出其中的很多原因，其中重要的一条，就是不少客户缺乏信用，银行不敢把贷款放出去。为此，许多人认为，当前中国经济发展中需要解决的不仅是资金短缺问题，还有信用缺失问题。为了让信用不致缺失，在理论上必须要创造信用财富。如始于2000年7月的上海个人信用制度的建立和运作，其实就是为个人创造自己的信用财富提供了一个通道。要珍惜信用财富，任何“欠债有理、欠债致富、欠债出业绩”的现象，不但是在消耗自身的信用财富，更是一种悖理逻辑。要让信用财富增值，要着力倡导人们健康的和积极的借贷行为与消费行为，要使社会公众认识到，在完善的信用制度下，信用财富可以通过实现金融资本和投资资本的安全消费来实现当事人的利益。信用关系不仅限于人际“诚信”，更重要的是，它能够增强信誉，为信用财富的富有者带来增值。

3. 以制建信

信用制度的内容很多，核心的问题是权利与义务的透明和对等。而在当代，在市场经济中最核心的权利与义务是产权，即对财产的所有权、处置权、分配权和收益权。所以，信用制度必须建立在产权边界明确，落实了产权监护人的基础上。产权边界明确，市场经济主才有独立的财产，有了独立的财产才能产生真正的债权人和债务人，也才能形成真正的信用关系。因为，如果产权边界不明确，经济主体就没有独立的财产，没有独立的财产就意味着没有真正的经济实力来承诺财产义务和履行合约，也就没有能力来承担交易风险。没有独立的财产，即使经营不下去严重亏损要破产，也无产可破。即使破了产，也不必承担责任，不会给当事人带来什么损失。再说市场经济分散决策，产权边界明确，市场经济主体有独立的财产，使其对财产的所有权、处置权、分配权和收益权分散化，才有经济交易活动，也才有信用活动。

如果所有权集中，都是国有，不具有排他性，它们之间的交易只能是“同一所有者内部的交易”，它们之间就不会去区分真正的债权人和真正的债务人，就不受信用关系的约束。所以，建立我国信用制度的关键是明确产权，落实产权的监护人，即确定谁是财产的真正所有者，并消除垄断。当然，法制建设、道德教育也是信用制度建设所必需的，但这二者毕竟是外部力量。要增强信用制度的内部力量，只有从厘清产权、落实谁是财产的真正所有者入手。古人云“无恒产者，无恒心”，“无恒心者，无信用”，它表明了恒产、恒心与信用的关系，这应当是制度建设的理论基础之一。按照新制度经济学的观点，不同的制度所反映的是不同的文化背景与特色。但产权安排是一种最重要的制度安排，因此在我国社会主义市场经济制度中，仍然要以明晰的产权来维系信用，是中国信用环境建设的制度前提。

多年来，我们的信用体系之所以脆弱，社会信用意识之所以淡薄，市场信用链条之所以不完整，一个重要的原因在于：一些地方和企业事业单位，产权是不明晰的不确定的。而这种产权的不明晰和不确定性，最终导致人们的信用意识和信用行为的不确定性。在这种背景下，信用必然沦落到从属地位。为什么在一些地区和一些单位不把负债当回事？据《新京报》2011 年 10 月 18 日报道：我国收费公路专项清理第一阶段已于 8 月底结束，根据调查结果，12 个省份 2010 年收费 1 025.7 亿元，而累计债务余额 7 593.5 亿元。其中北京从 1987 年以来累计银行贷款及其他债务 455 亿元，但截至 2010 年底，债务余额仍有 439.23 亿元，这就是说 23 年来每年才平均偿还几千万元债务本金。为什么存在这种现象？值得深思。

4. 以法治信

明晰产权需要法律支持，更需要法律制度的保护。只有法律支持产权的明晰，保护产权才可能奠定信用往来基础、信用约束基础。所以必须以法治信。以法治信包括在信用领域中立法、守法、执法。而立法、守法、执法的主体既有企事业单位、家庭及个人，又有各级政府。政府立法是人们的常识，其实企事业单位和家庭及个人都能在一定的范围和一定的程度上“立法”，这样的“立法”就是人们在信用领域内达成一种“契约关系”，大家共同遵守。这种“契约关系”有显性的也有隐性的，有形诸文字的，也有约定俗成的。

企事业单位、家庭及个人要守法是人们的常识，其实各级政府也要守法。各级政府守法不仅要在国家宪法规定的范围内办事，而且还应严格按照各种规章制度办事，以取信于民，增强政府的公信力。公信力是社会的稳定器，公信力损耗和透支都不利于社会的稳定和发展。现阶段在一些地区存在着政府公信力损耗和透支的状况。中国社会科学院 2011 年发布的社会心态蓝皮书显示，中国的社会信任度正处于低值状态。究其原因，一是政府的信息透明度不高，二是一些部门仍然把老百姓当成“被管理者”，三是政府部门存在着脱离实际、脱离群众的倾向，甚至将自身的利益置于公众利益之上。所以，要找回政府的公信力，必须提升政府信息的透明度，必须保障老百姓的知情权、参与权和监督权，必须建立健全惩处机制，对那些损害公信力的人和事给予惩处。此外，政府的信用守法，还必须切实制定措施，将本地的社会信用环境治理当成促进改革开放和经济发展的重要工作来抓。政府对社会公众的信用意识教育负有责任，信用问题是地方经济发展的一项社会基础工程，地方信用环境好，有利于实现金融和经济的良性互动和稳健发展。对于企事业单位及家庭个人在信用领域的守法，除了当事者自觉履行外，还必须有社会的中介组织促成。在这一方面集中于征信机构的建立和对企事业单位及家庭个人信用状况的评估。《管子·乘马》中提出“非诚贯不得食于费”，意思是不以诚信为本的商人就不能以经商谋生，它意味着社会对不讲诚信、信誉、信用的人的职业贬损和惩罚。

（三）金融业态产生的混乱是随时都要关注和防范的重点

网络技术发展以后，在我国出现了两个不确定的概念，即金融互联网与互联网金融。前者，有人把它定义为金融业务网络化，进一步说，金融机构通过网络开展业务都可以被纳入金融互联网范畴；后者，有人把它定义为非金融机构利用网络开展金融业务。这样，金融互联网与互联网金融的区别就变成了金融机构与非金融机构的区别，因为这两种机构都能利用互联网。有人说“互联网金融的本质是互联网，金融互联网的本质是金融”，前者，把互联网当做工具，后者把金融当做工具。其实这样区分也没有多大意义，因为手段和目的总是统一的。

从一些国家看，利用互联网开展金融业务其实早就存在，如在美国的网贷，但没有“互联网金融”或“金融互联网”这两个概念。有人说这是因为这两个概念很难被准确定义，其实不需要规范定义。因为，金融业务网络化，或利用网络开展金融业务，基本属于同义反复，没有必要区分为不同的概念。在这里，我们不更多地讨论概念，而要密切结合中国实际指出：在网络技术发展的现阶段，随着金融业态变迁，“全民办金融”，把金融领域搞乱了。

我们曾指出：金融业是风险产业。风险产业，是不能全民办的，否则将影响社会稳定。这就是说，金融业只能由特定的市场主体办，而且应有特定的“准入门槛和退出门槛”。但在准入的金融机构中开展业务离不开网络。利用网络开展金融业务既要从技术学去研究，又要从经济学去研究。从经济学研究，既要实证研究，又要规范研究。实证研究求得是什么，规范研究求得为什么。

第一，怎样求得规模经济。金融电子化投入大，成本高，产出少，盈利少。国外金融业的重组、兼并，求得规模经济是其中目的之一。

第二，怎样突出个性。当代商业银行的发展方向有两个：一个是以客户为中心，另一个是以产品为中心。以客户为中心要突出个性，要“量体裁衣”；以产品为中心要推行标准化、程序化。如果以产品为中心，金融服务容易趋同。据说我国各家银行的网上业务基本雷同：查账、转账、理财。如果以客户为中心，就需要个性化。

第三，怎样防范风险。网络金融至少有以下风险：一是网络技术本身的风险，如安不安全，会不会泄密；二是法律上的风险，如交易双方的权责利能不能及时、准确落实到位；三是社会认同感的风险，如能不能得到社会公众的广泛认同。目前，成都市有一个网上超市“立即送”宣布按成本价转让，原因是不景气，亏损，难以为继，每月营业额约 20 万元，利润额 2 万元左右，而每月的运营成本要 16 万元。这种状况会不会反映到网络金融中来呢？重要的问题是没有得到社会公众的广泛认同。

第四，各家金融机构如何配合运作。在网络金融时代，金融领域呈现出以下特点：①政府融资、企业融资、家庭融资结合更紧；②间接融资与直接融资的界限淡化；③资金融通不完全甚至不主要是调剂余缺，而是政府、企业和家庭的资产选择；④金融产品虚拟化、标准化、程序化。

在这种状况下，各种金融机构的运作，可能“你中有我，我中有你”，业务发展趋同。值得注意的是，在这种状况下，各金融机构怎样找准自己的市场定位，怎样寻求结合点。否则，会无序竞争，力量相互抵消。

第五，金融电子化与金融创新的关系。通常说金融创新是指在金融领域内建立新的生产函数，是各种金融要素创新的结合，是追求利润机会的市场改革。金融创新与金融电子化的关系，应当是电子化推动金融创新，电子化为金融创新创造条件。值得关注的是，电子化对金融要素的作用，如分解、加速、重新组合。在这种过程中产生了正面效应或负面效应，要比较它的成本与回报。

（四）法治是现阶段金融的短板

依法治国，需要立法、守法、执法，金融领域自不例外。它包括金融管理当局、各系统的监管机构、商业性金融机构、政策性金融机构和互助性金融机构等。在这里，我们把法治称为金融的短板，是要表明，现阶段金融领域仍然存在“执法不严，无法可依，守法无边”的现象。

党的十八届五中全会指出，要增强国家意识、法治意识、社会责任意识，要“坚持深化改革，坚持依法治国”。基于这样的精神，在社会主义市场经济条件下，需要建立和完善企业破产制度。

为什么要建立破产制度，要颁布破产法？从伦理学、社会学、经济学去解释，那就是追求正义、追求平等、追求效益。

有人说法律的全部价值在于正义。在债权债务关系中，债权人有权向债务人讨回欠债。但讨回欠债，只能以债务人现有的财产为限，不能有其他的苛求，比如不能以债务人的妻子、孩子抵债。这叫维护正义，正义体现人类生活的文明进步。

破产法赋予债务人有破产免责的权利，同时赋予债权人有公平实现受偿的权利。破产是破债务人的财产，表明人类的承受力是有限的。承受力有限，人人平等。所以，破产对债务人来说，体现了平等原则。破产，所有的债权人均可参加破产程序，公平实现受偿，所以破产对债权人来说也体现了平等原则。

经济学（福利经济学）中有个概念叫帕累托效率，简单地说它的含义是：在资源配置中，如果不减少一些人的福利，就不能增加另一些人的福利。按这样的理念，资源配置就是最优的，简称“帕累托最优”。按这样的理念，在社会经济生活中，安排某一种制度时，在采取某一种行为时，就会使一部分人受损，另一部分人受益。只要受益大于受损，便是可取的，否则是不可取的。

破产这种制度安排，使债权人受损，使债务人受益。一般来说，债务集中（即集中于面临破产的法人或自然人），而债权分散（即有众多的债权人）的状况下，破产就使得债务集中的法人或自然人的得益大于众多债权人的损失。所以这种制度安排是可取的。总之，破产可解除债务人的包袱，可使债权人公平受偿，可避免连锁反应造成系统性风险。

后记：对中国金融曾有的状态的思考和矫正

第一，我国金融曾有的状态

（1）社会上的钱不少，但少数行业、部分企业仍然缺资金。

（2）“以钱炒钱”普遍、严重，货币资金融通的社会成本高企，降不下来。

（3）金融秩序存在乱象，缺乏监管（地方商业银行、小贷公司、担保公司、投资咨询公司等大都是“出了问题”以后，才去“救火”）。

（4）投资渠道狭窄，有了储蓄，除少部分人炒股、买基金、买债券、买其他金融产品外，相当多的人把钱存到银行图安全。其中相当一部分人期待买房炒房，房价降不下来。

（5）合规的金融机构，资金分布不平衡：国有独资或控股的商业银行资金比较充裕，股份制商业银行资金有困难，城市商业银行资金不均衡，中央银行调控效果有限。

第二，怎样分析这种状况

（1）联系到我国经济的发展，首先要分析经济发展主要由谁拿钱推动。经济发展，需要货币推动。但推动经济发展的货币是有限的，它取决于流通领域。流通领域的时间、空间决定了经济发展所需要的货币量。过多了，使货币空转；过少了，不能使生产要素结合。实际情况是总量过多，但结构不平衡。

（2）怎样看待，货币总量过多，结构不平衡。以 2008 年经济危机为例：在我国，2008 年 9 月以前，曾经有人认为流动性过剩，而 9 月以后认为“狼来了”，投资 4 万亿元，保出口企业，但实际投了 11 万亿元，造成货币总量过多。这是人为的推动，但目的是为了“保 GDP 增速不低于 8”，保更多的人就业。除追求 GDP 以外，资金内流、外汇储备增加，这又保外汇储备和汇率稳定。从执政者的理念分析，“为官一届，造福一方”，把“造福一方”理解为上项目，上了项目使结构不平衡。在政企不分、资源配置未充分市场化的条件下，资源配置不充分、不平衡。

第三，怎样看待金融风险

现在有一种说法：金融风险是上升的，但是可控的。

所谓上升的：金融机构的不良资产大量增加，民间金融机构债权债务纠纷突出，债务人赖账走人。

所谓可控的：银行资本要求增加10%以上，同时银行拨备量增大，覆盖面更广。

造成这种状况的原因：冰冻三尺，非一日之寒。**一是大量地供给货币**。长期以来，我国经济是怎么发展的？靠房地产支撑，靠基建投资推动；增加货币供给，推动经济增长。**二是所谓的金融创新**，推出了不少产品，超常规的运作，所谓表外业务如影子银行泛滥。这样的金融创新，无助于实体经济发展，没有着力于实体经济发展，而是“以钱炒钱”。

从思想根源上找原因：避免不了急功近利、短期行为。这样，形成高杠杆和产生经济泡沫，重要的特征是发生各种风险。

第四，能够采取哪些措施纠偏

通常说金融形势不乐观是指：①不良资产增加；②“以钱炒钱”盛行；③信用道德缺失（近乎诈骗，一走了之）。问题是需要找到缓解或扭转这种趋势的强有力的有效措施。现阶段，顶层设计的措施有：

（1）**控制货币量的供给**（2015年货币供给下降2个百分点），但供给降2个百分点，基数仍然巨大。货币替代品增多，绝对额小不了，难说其效果有多大。

从一定意义上说增加货币供给，是不得已的措施。因为：半拉子工程，要靠新增货币供给继续；僵尸企业，要靠新增货币供给救助；还本付息，要靠新增货币供给维持（高额利息靠新增货币供给维系）。说形象一点，这是拆东墙补西墙。说含蓄一点，这是绑架金融机构。

（2）**加强金融监管，控制金融风险，行政措施和市场**

机制双管齐下。

（3）采取具体措施增加投资渠道，让货币资金精准进入实体经济。

在采取的具体措施中有：**①增加对商业性金融机构的资本要求，以资本去约束资产，防范风险。②强化对实体经济支持的同时，加强对民间金融的监管。③按财政部门规定核销呆账，调整资产负债结构，改善财务盈利状况。**

下篇

第八章　大国金融及其特色

导读：

中国金融的特色是大国金融、社会主义金融、发展中的金融。大国金融主要体现在：扶贫金融是大国金融的组成部分，农村金融制度建设始终是大国金融的重头戏，大国要特别关注货币政策效力的区域差异，地区间资金流动是大国金融的关注点，聚焦国际金融资源配置是大国金融的担当。社会主义金融主要体现在：金融活动主要以政府信用支撑，中央银行相对不独立，商业银行相对高度集中，在国家经济发展且以基本建设为主，主要以银行的钱来推动的局面下，借款单位的资产大部分比较固定，金融机构展业存在“亲政府倾向”，财政与金融具有同一性且统一平衡。发展中的金融主要体现在：它处于变化、发展和前进之中。发展要遵循经济社会发展的客观规律，发展的最终目标是建立现代金融体系，现代金融体系是现代经济体系的组成部分。现代金融就是创新金融、协调金融、绿色金融、开放金融和共享金融。

金融是现代经济的核心，也是一个国家重要的核心竞争力。关于什么是中国金融，这是一个重要而又前沿的课题，业内人士研究较少，没有权威的文献可循。在这里，笔者的初步认知是：中国金融是大国金融、社会主义金融、发展中的金融。

一、大国金融

无论是从国土面积还是从经济总量来看，中国都是世界大国。作为幅员辽阔的经济大国，中国一方面在世界经济增长中发挥着重要作用，另一方面也存在经济发展不平衡、贫富差距较大、农村贫困人口较多的现实。为此，在金融领域必须发展扶贫金融，加强农村金融制度建设，重视货币政策效力的区域差异，关注地区间资金流动，并聚焦国际金融资源配置。

（一）扶贫金融是大国金融的组成部分

中国有近 14 亿人口，由于各地自然条件差异较大，经济发展不平衡，相当多的人口处于贫困状态之中。党的十八大召开以后，“脱贫攻坚战取得决定性进展，六千多万贫困人口稳定脱贫，贫困发生率从百分之十点二下降到百分之四以下”[①]，平均年脱贫一千万人以上，这是一个了不起的成就。

---

① 习近平. 决胜全面建成小康社会　夺取新时代中国特色社会主义伟大胜利——在中国共产党第十九次全国代表大会上的报告［M］. 北京：人民出版社，2017：5.

1. 扶贫金融的理论基础

一般来说，理论基础是确立事物存在的机理，主要回答某一事物为什么、因什么产生和发展。要阐明扶贫金融为什么、因什么产生和发展，必须从我国现阶段经济金融的实际出发进行理性分析。在精准脱贫中，要不要发挥金融的作用，在理论上怎么回答？笔者曾指出：货币作为资产或资金对人类生活的影响在于分配[①]。

（1）货币作为商品或资产价值的实现形式时，成为商品或资产的价格，商品或资产价格的高低影响收入分配。

（2）货币自身成为商品进行交易时，不仅价格的高低影响着升值或贬值，而且自身作为金融资产实现着分配。

总体来说，这样的分配形成政府、企业和家庭各自的资产。各自持有资产多少，成为贫富差异的标志，它反映着社会成员对国民收入和社会财富的分配与再分配。作为社会的人都必须具有信用素质[②]，“人无信不立，事无信不成”。只要讲求权利与义务的制衡，信用观念就能建立，信用制度就能健全。金融的法理基础是信用，金融活动是建立在社会人信用素质的基础上的。只要加强教育让人们拥有知识——不论他们是强势群体还是弱势群体，就有利于形成人人都讲信用的局面。此外，从法学的角度说，金融反映了以货币和有价证券为载体的权利和义务的交换关系，是权利和义务交换关系的制衡。权利和义务的交换能否成立取决于当事者的信用。信用是权利和义务交换关系制衡

---

① 曾康霖. 货币在当代经济生活中的分配作用［J］. 财经科学，1986（4）：23.

② 曾康霖. 现实与未来的思索：富人是否一定比穷人更讲信用？［J］. 中国金融，2006（7）：16.

的保障。在信用面前人人平等的前提下，人们不仅有尽信用的义务，也有享受信用的权利。

以上确立了扶贫金融的理论基础，回答了在精准扶贫中要不要发挥金融作用的问题。概括地说，扶贫金融的理论基础之一：金融具有分配与再分配的功能，金融活动也是一种分配机制；扶贫金融的理论基础之二："以人为本"，信用面前人人平等；扶贫金融的理论基础之三：权利和义务交换关系的对等。

2. 扶贫金融的制度安排

贫困具有相对性。大国有贫困人口，小国也有贫困人口；发展中国家有贫困人口，发达国家也有贫困人口。世界银行制定了不同国家和地区的贫困标准，其标准不仅以人均生活费去衡量，而且还有生活质量方面的考虑。制定标准，其目的在于供不同国家或地区扶贫制度安排选择。各国或地区在扶贫制度安排上，通常由该国或地区财政承担主要任务，有一定资金的社会组织和个人也可以参与扶贫。这是扶贫制度安排的常态。在国外，金融机构通常不参与扶贫，金融学领域也不存在扶贫金融的概念。但在我国，金融机构通过融通货币资金缓解社会成员生产和生活中的困难已成为常态，且该社会成员的范围已重点扩大到弱势群体。这种状况的形成是因为社会成员以金融为依托，形成、分配、占有和流通社会财富，而这一切必须以信用为基础——信用体现着它们承诺兑现和现实偿债能力。弱势群体缺乏现实的偿债能力，但不能否定他们的承诺兑现能力。此外还应当承认他们可以占有金融资源的一部分以进行智力、物力投资开发，也就是认知他们对社会发展、创造财富的贡献。所以，如果只允许强势群体而不允许弱势群体以负债的方式分配占用金融资源，就不能充分体现社会公平，因而是不合理的。还必须指出，安排扶贫金融制度是从我国现阶段的实际出发的。现阶段我国是发展中国家，贫富差距仍然存在。由于国力和财力有限，我国需要借助金融缩小贫富差距。采用金融方式扶贫，能够建立有效的激励机制，起到财政方式无法起到的作用。金融扶贫具有针对性、可选择性和差别性，由此可实现部分金融资源的优化配置。总之，扶贫金融能够存在于我国特定的时期、特定的领域，作用于特定的对象。当前，缩小贫富差距要靠国民收入的再分配。国民收入第一次分配要着力于讲效率，第二次分配要着力于讲公平。此外，还要促进慈善事业的发展，简单地说就是把自己财产的一部分捐赠出来，关心、扶持贫困人群和弱势群体。这不仅是缩小贫富差距的有效办法，而且是社会进步、文明的表现。

3. 扶贫金融的运作模式

扶贫金融运作模式选择，需要两个因素支撑：

一是科学界定弱势群体。总的来说，金融扶贫要关心、扶助弱势群体。如何科学地界定弱势群体？我们可以以现行的生活贫困状况去界定弱势群体，比如生活消费支出在平均生活水平以下的人群、享受失业社会保险的人群等；也可以将因为未来预期的不确定，承担较大的社会风险而不能自行消除风险的群体界定为弱势群体，比如缺乏固定收入来源的人群、在市场竞争中处于弱势地位的一些个体及小型工商业者等。总之，相对于强势群体而言，弱势群体的特点是不仅面对现实的生活和生产经营的困难，而且面临未来较多的不确定性。从广义来讲，风险承受力较低的创业投资企业特别是搞科技开发的小企业也是弱势群体，因为它们面临着较多的不确定性，承受着较大的风险。弱势群体是个发展变化的概念，但在一定时期是相对稳定的，因而金融扶贫的对象也是能够确立的。弱势群体存在于一定的空间。从空间考察，扶贫金融的需求构成有家庭扶贫金融、行业扶贫金融、地区扶贫金融。

二是金融扶贫的供给要有“两只手”。所谓“两只手”，即既要靠市场，又要靠政府。靠市场要一步一步地走，如果超前就违背了事物发展的规律，是要受到惩罚的；靠政府不能推出一个固定模式，从上到下，统一执行，而要承认差别，尊重下面的创造。结合我国现实，建立和发展扶贫金融的构想总的来说是：依靠财政、金融配合，政策性金融机构支撑，社会富裕阶层资助。也就是要培育金融资源，利用金融手段，扶助弱势群体，推动贫穷落后地区发展，让他们分享改革开放以及经济金融发展的成果。进一步来说，应按以下思路开展工作：①机构设置的区域性。对于城市的某些社区、农村的老少边穷地区，哪些地区应有这样的金融组织，哪些地区不必有这样的金融组织，应根据需要进行统筹安排。②组织形式的多样性和独立性。政策性金融机构是主力，商业性金融机构为辅助，但不排斥可以有扶贫银行、扶贫信用合作联社，也可以有扶贫基金会、扶贫金融办。各类扶贫金融的组织形式必须独立运作，这样才有效率。③资金来源的多元性。应包括财政拨款、中央银行注资、商业借贷、社会捐赠、各方赞助等。④资金运用的规范性。即规范什么样的人群（地区、行业、家庭）能够享受扶贫金融服务，哪些人群不能享受。⑤操作程序的选择性。确立不同类型的扶贫金融方式让弱势群体选择，例如小额低利助学贷款、小额免利就业贷款、分期偿还生活贷款、长期扶贫开发贷款等。不同的扶贫方式，有不同的条件、需求和操作方式。

总之，建立和发展扶贫金融不仅是必要的，而且是可行的。这种必要性在于金融在构建和谐社会过程中必须有所作为；这种可行性在于政府正积极推动改革发展，组织倡导和实施有关优惠政策。

（二）农村金融制度建设始终是大国金融的重头戏

中国是个农业大国，农业、农村、农民始终是人们关注的对象，农村金融制度建设始终是大国金融的重头戏。这一点在其他大国中几乎不存在——这些大国有农村，但几乎没有农村金融。

中国农村金融的诞生与改造“小农”密切相关。多少年来，改造“小农”就是走合作化的道路，农村信用合作组织因而成为农村金融的重要力量。在我国，农村信用合作组织怎样建立、怎样运作、归谁领导，一直是个值得探索的问题。在相当长的时期内，农村信用合作联社受中国农业银行领导，农村信用合作联社成为中国农业银行的分支机构，后来农村信用合作联社又与中国农业银行脱钩。

中国农业银行与信用合作联社脱钩后，国家对信用合作联社的行政控制比以前有所减弱，而中央银行则主要依据金融法规，通过资产负债管理、准备金制度、利率水平控制等制约和规范信用合作联社的经营活动。这样，农村信用合作联社比以前拥有了较多的经营自主权，但没有建立起保证农民参与合作经济组织的机制。在这种状况下，自主权的增长使信用合作联社成为一个既相对独立于国家的银行，又相对独立于农民的利益群体，于是一些地区的农村信用合作联社出现经理人控制现象。现在的情况是，农村信用合作合作联社以县为单位，县信用合作联社是一级独立法人的金融组织，全国没有农村信用合作联社总社，而各省由省信用合作联社在一定范围内对县信用合作联社进行领导管理，推动县信用合作联社进行改革。符合条件的县信用合作联社改为农村商业银行，向商业性金融转型。不符合条件的县信用合作联社，仍然保留信用合作之名，但逐步丧失了信用合作之实。农村金融制度建设这条路怎么走，目前仍在探索中。

1. 农民有多大的金融需求

农民缺钱消费需要借钱支撑，严格来说不是金融需求，或者说只是狭义的金融需求。广义的金融需求的产生，一是要有经济基础，二是要有金融意识，二者缺一不可。如果这样的认知成立，则只有那些富裕或者较富裕的农村、农民才有产生金融需求的条件，比如农产品集中加工、运输、销售的地区，“公司+ 农户”的地区，需要科技投入进行农业开发的地区等。测量农民金融需求的大小，不仅要看农民要不要借钱，而且要看农民会不会花钱。就一个家庭来说，金融意识高不高，主要看户主对利息率的敏感度。如果利息率变动对家庭流动性资产的作用大，则该家庭的金融意识强。现阶段的实际情况是，我国相当大部分的农村地区缺乏金融需求：①在这些地区，农业生产主要是一家一户耕种，用经济学的语言表达，这些地区还处于“小农经济”状态。②农村的青壮年大部分流向城市，留在家里的主要是老人、妇女和儿童。这些人留守农村，一是把家产守住，二是维持几亩地的简单再生产。③农民的家庭资产绝大部分是生活资料，且缺乏流动性。④农民的主要生产资料（如土地）所有权不属于自己，不能直接进行市场交换。⑤相当多的农民缺乏金融理论和金融知识方面的教育，缺乏甚至根本没有金融意识。⑥部分人缺乏信用观念。⑦在一些地区特别是经济欠发达地区，农民承受负债的能力弱。

农村金融体制改革实际上是一种金融制度安排，而金融制度安排就是一种金融供给。农村金融体制改革既要在金融供给方面做文章，也要注重考察农民的金融需求，防止制度安排失衡。

2. 怎样把握支持“三农”这个概念

“三农”是指农业、农村、农民，其中，农业是个产业，农村是个区域，农民是个群体。现在这三者都在发生变化：农业早已超出了种植业、养殖业的概念范畴；农村正在向城市化推进和发展，大中城市的周围和城市之间的连接使很多农村变成城市的郊区，改变了农村的原有状态；相当多的农民特别是青年农民流向城市，成为新一代“农民工”，成为流动人口。这些变化使得“三农”的概念边界趋于模糊，进而导致对支持“三农”的工作难以进行稳定的定性分析和定量测度。现实当中，金融部门向有关部门提供、上报的支持“三农”的各项指标口径不一，范围各异。有人认为凡是与农产品的生产、运输、加工、消费有关的活动都是“三农”，也有人认为凡是支持农村建设的活动都是支持“三农”。实际来看，金融支持“三农”的面虽然不断扩大，但规模较小，而大部分的金融支持是作用于那些已进入城市或城镇从事非种植业和非养殖业的企业，这些企业虽然户少但量大。这种状况给人们提出了一个理论和实际的问题：金融支持“三农”能不能增加农民收入，改善农村的面貌？如果不能，那么支持“三农”的意义就要打折扣。

当前很多农业生产基本上是一家一户维持简单再生产，在农副产品价格相对低廉的情况下，农民要想在农村增加收入是很难的。农民要想较大幅度增加收入特别是现金收入，只有进城就业、打工。要使农民进城能谋到一个好的职业，取得较高的打工收入，只有推进城镇经济的发展。根据《国务院关于解决农民工问题的若干意见》（国发〔2006〕5号）的精神，我国要拓展农村富裕劳动力的就地转移空间。为此，要大力推进县域经济和民营经济的发展。只有这样，才能实现工业反哺农业、城镇支持农村。所以，对支持“三农”这个概念要辩证理解，要落到实处，要找出切入点。必须指出，让农民进城就业、打工，提高农民素质是先决的、重要的条件。

图8.1表明，支持“三农”，要以提高农民素质、增加农民收入为目标，把推进县域经济发展作为切入点，把发展、壮大民营经济作为着力点。这样的思维方式是轻视农业、丢掉农村、忽视农民吗？绝对不是。如果要大力发展农业，就一定要改变一家一户生产的“小农经济”状况，而要改变这种状况，就必须推广先进技术，而且给予制度安排。对制度安排的选择，既要靠政府政策推动，也要靠

市场力量。市场主体是企业家，市场形成靠农村城镇化。因此，支持“三农”并不排斥农村城镇化，支持“三农”就是要让部分农民成为企业家，让广大农民成为扩大内需的积极推动者。

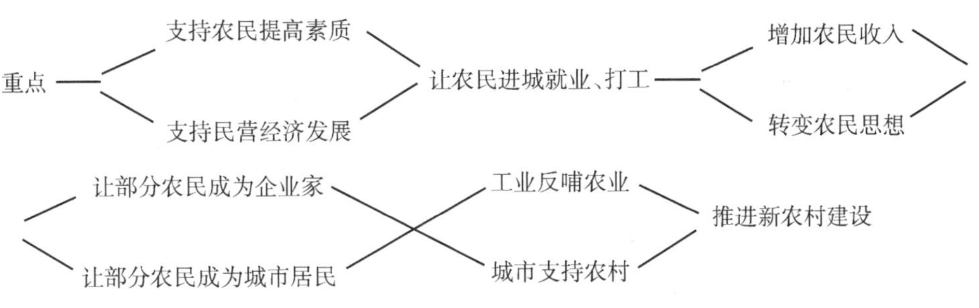

图 8.1 支持“三农”的内在机理示意图

3. 金融不仅要满足农民的金融需求，更要推动乡村振兴

金融要满足农民的金融需求，这是农村金融制度安排的重要初衷。近年来，由于国有商业银行的机构调整，农村合作金融能力有限，农村金融成了“空白”，农民金融需求的满足主要靠民间金融。

金融作用于农村建设，要顺应时代潮流，结合我国农村需要。实施乡村振兴战略，必须“把更多金融资源配置到农村经济社会发展的重点领域和薄弱环节，更好满足乡村振兴多样化金融需求”①。那么，如何推动金融服务于农村？一要加大农村金融机构对农业科技开发和规模经济的投入，对此应以企业而不是一家一户的农户为载体。二要着力发挥政策性金融的作用，增加农村公共品供给，特别是要大力推动道路交通和水利设施建设。三要以推广农业保险和提高农民的社会保障力度为农村金融制度安排的切

① 中共中央 国务院关于实施乡村振兴战略的意见［N］. 人民日报，2018-02-05.

入点。因为农业是弱势产业，农民经不起天灾人祸的折腾，需要社会的关怀。四要以提高农民整体素质作为提高金融服务质量的落脚点。也就是说，金融服务不能只解决农民生产、生活上的暂时困难，而要着力提高农民的整体素质，充分体现以人为本。其中，信用素质的提高尤为重要。

4. 金融制度安排必须适应农村的变化，建设好县域金融

改革开放40多年来，农村有了很大的变化。与金融制度安排相关，农村的若干现象值得关注：一是农民的货币收入有大幅度增加，但城乡收入差距仍在拉大。增加的货币收入主要来自农民进城打工的收入，占70%以上。经济发达地区的城乡收入差距比经济不发达地区小。二是农业工业化和农村城镇化的程度有进一步提高，但农村的环境、生态遭到不同程度的破坏和污染。三是就大部分地区来说，农村的规模经营尚未形成，缺乏技术和投资的情况在现阶段农村经济中仍普遍存在。四是农村产业结构除少数地区有变化外，多数地区仍以种植业为主。五是农业的商品化和市场化程度有所提高，但进展不快。六是农民的素质有所提高，但素质提高后，很多农民不再从事农业生产。安心于农业生产的大都是年岁偏大的农民，表明农业专业化的队伍在变化，同时说明现在有越来越多的非农业就业的农民。七是农民的消费观念、消费结构和消费总量没有大的变化，农村的购买力较弱。

可见，尽管我国农村社会经济的发展取得了令人瞩目的成就，但各地发展程度仍存在很大差距，特别是不少农村地区仍然贫穷落后。金融作用于农村建设，不仅要合理利用农村资源，而且要培育、保护农村资源；不仅要支持农业生产、农产品加工运输，而且要提高其科学技术含量。金融作用于农村建设，不仅要作用于农民的客观世界，而且要作用于农民的主观世界，着力提高农民的整体素质。金融作用于农村建设，不仅要融通资金，而且要提供金融服务，其内容不仅是汇兑结算、方便融资，更重要的是防范风险、增加收入。这种状况表明，农村金融功能在变化，涵盖的范围也在变化，所以我们要建设好县域金融。

（三）在大国中要特别关注货币政策效力的区域差异

中国是个大国，国内各个区域的经济状况存在较大差别，货币政策实施的效力存在差异。货币政策是宏观经济调控的工具之一。在市场经济条件下，货币管理当局实施数量型调控的货币政策或者价格型调控的货币政策，调控的对象都是那些经营货币资金的企业。一般来说，货币政策通过直接调控经营货币资金的企业的货币供给，间接影响非金融企业或实体经济的货币需求。进一步说，货币政策通过对中介指标的运作和窗口指导对金融企业资产负债结构产生影响，作用于非金融企业资金的松紧，从而影响实体经济。但在我国，货币政策的调节有其特殊性。一是国家商业银行既是宏观调控的客体，又是宏观调控的主体，信贷政策成为货币政策的组成部分。二是工商企业和其他实体经济直接成为宏观调控的对象，货币政策调控的成效主要反映为实体经济的兴衰。三是调控除了运用市场手段（如公开市场业务及各种利率手段等）外，还要运用行政手段（如信贷限额等）。基于现阶段我国货币政策调控的特殊性，总结近年来推行货币政策的经验和教训，应当承认我国货币政策调控的效力呈现出区域差异性。这种差异，体现在不同的金融政策环境下（实施宽松的货币政策或紧缩的货币政策），不同地区的调控效力不同。

1. 当放松银根时，经济发达地区反应较快，经济欠发达地区反应较慢

以 2003 年为例。2003 年我国货币政策名为稳健，实际上是“稳中有松”。当时人们担心“非典”可能会使经济增长放缓，于是货币管理当局立足于放松银根，要商业银行加大信贷投放力度。这一年贷款整体增幅势头很猛，但各地贷款情况有很大差异。发达地区在贷款总量和增速上大大高于经济欠发达地区，这主要是因为：①经济发达地区的市场化程度要高于经济欠发达地区，经济实体拥有强大的自我积累、自我发展、自我扩张的能力，各种经济要素对市场信号反应灵敏，在预期经济会上升的情况下，对资金需求量很大。②相对来说，经济发达地区的企业具有明显的优势，它们市场开拓能力强，善于发现和把握市场机会，有条件遴选出较多可供投资的项目，对贷款数量的需求自然很多。③大体来说，欠发达的中西部经济处于产业结构的上游，为东部提供能源、原材料和初级产品，而相对发达的东部经济处于产业结构的下游，不同的产业位置使得下游的东部具有先行发展的机会，而下游产业的先行发展又带动上游的中西部产业增长。这样在增长的时序上，经济发达地区会先于欠发达地区发展，因此不同地区的贷款增速产生时间差异是必然的。④在我国加入 WTO 后，东部外向型经济得到进一步提升，外贸进出口快速增长，增强了经济活力。此外，外商投资势头强劲，国际制造业加速向我国转移。外向型经济的活跃带来大批项目投资，引致信贷规模扩大，贷款投放数量不同的差异促进形成了实体经济发展的差异。例如，2003 年，我国东部经济发达的部分地区工业增加值高于欠发达的中西部地区。

2. 当紧缩银根时，运用的货币政策工具不同，给不同地区带来的效力不同

相对于 2003 年较为宽松的货币政策，2004 年实施的则是紧缩的货币政策。为抑制经济过热的趋势，中央银行主要使用信贷额度、存款准备金和利率政策进行调控。政策效力的不同，形成了区域差异。

（1）上调存款准备金率，对欠发达地区的影响大于发达地区。2004 年，中央银行上调了存款准备金率，以减少货币供应量，但不同地区在不同的金融经济环境下，货币供应量收缩的程度不尽相同。从道理上说，存款准备金率的变动通过影响货币乘数进而增减地区货币供应。经济欠发达地区货币化程度要低于经济发达地区，使得现金比率较高，按照货币乘数=（1+现金比率）（法定准备金率+备付金率+现金比率）的公式计算，其货币乘数就相对较小。这表明，存款准备金率的上调，缩小了欠发达地区的货币乘数，换句话说，就是缩减了欠发达地区的信用创造能力。

这项政策的作用还与金融机构资产负债的对称情况相关。存款准备金率的上调直接影响到金融机构的流动性。在短借长贷比例高的金融机构中，存款准备金率上调对流动性产生较大压力，导致金融机构必须着力减少长期贷款。在欠发达地区，贷款往往与资源行业的开发项目联系在一起，长期贷款比重偏大，上调存款准备金率后，为了保持资产流动性，金融机构会主动减少长期贷款的发放，相对来说，这也是欠发达地区对货币政策效力的一种反应。

（2）信贷额度控制是一项行政调控措施，在紧缩银根的条件下，各家商业银行往往通过信贷额度对贷款行业进行限制。应当说，这样的措施对各地区的影响是同步的，没有传导时滞的区别。但实践的结果呈现出区域差异，经济欠发达地区的紧缩效应要大于发达地区。这是因为：其一，受制于商业银行的客户选择。一般来说，在额度控制的前提下，银行会对发达地区采取倾斜的策略，而对于经济欠发达地区则进一步上收信贷权限，提高贷款门槛，加强风险控制，使得该地区贷款投放减少。其二，受制于融资环境。经济发达地区民营经济成分比例较高，民间金融比较活跃，当资金紧缺时，有条件向民间融资，相对而言，该地区对银行信贷资金的依赖程度较低。如果企业所在地区不具备金融资源市场配置的环境，或者不允许企业采取市场机制的方式集资，则企业面对资金困境时就会束手无策。另外，外资是一个地区经济发展的重要资金渠道，它的投入基本不受货币政策影响，区域间外资投资数量的巨大差别，也会形成调控的区域效力差异。经济发达地区对外资吸引力较强，外资的注入形成当地经济增长的重要支撑力量，并带动相关产业的发展。缺少外资的欠发达地区经济增长自然就显得乏力。

（3）调整利率对发达地区的作用要大于欠发达地区。2004 年 10 月，中央银行调高了存贷款利率。利率政策作用的发挥有赖于经济主体的金融意识。在发达地区，经济主体金融意识较强，注重投资的综合效益，会全面考虑投资成本、财务压力以及利率变动对利润的影响，因而对利率政策的作用较为敏感，利率的约束性较强。而欠发达地区由于市场化程度较低，经济主体金融意识较弱，更注重规模的扩张而非整体效益的提高，缺乏严格的成本核算意识，因此对利率不够敏感，更注重资金的可得性。

总之，我国货币政策效力的区域差异与以下因素密切相关：地区经济发展的市场化程度、企业资金结构状况、人们金融意识的强弱、金融机构的资产与负债的对称状况、金融机构的经营策略。前三点是从货币资金需求方考察，后两点是从货币资金供给方考察。货币政策效力的区域差异，始终取决于资金供求双方的选择。

（四）地区间资金流动是大国金融的关注点

大国区域经济金融发展的不平衡，给金融调控带来的问题主要有：①内地资金以各种方式流入沿海地区。因为这些地区不仅有更多的资金需求，而且经济效益好，有较高的借入资金成本的承受力。②产生资金倒流的现象。沿海地区资金“吃剩有余”，使资金倒流。这种倒流主要有三个途径：一是金融机构吸收的存款上存上缴，归中央银行和上级行支配；二是企业家拆走资金到内地投资；三是以有价证券回购的方式将沿海地区的资金引入内地。③使资金分布更不平衡。这种不平衡不仅表现为从事物质产品生产流转的企业之间资金余缺拉大，而且表现为从事非物质产品生产流转的企事业单位和个人之间资金余缺拉大。④涉外因素对资金流动和货币流通的影响大。因为存在经济发达地区的外商资金投放，所以货币供给量不仅取决于银行贷款，而且取决于外汇收支。⑤金融系统中区域之间汇差清算的工作量大，且相互抵消的可能性相对缩小，容易产生债务锁链。从商品流通的趋势和过程看，主要呈现为：物资往内地流→货币资金往沿海地区流→金融系统应收汇差>应付汇差。一般来说，通过金融系统清算的部分大于不通过金融系统清算的部分。这样，沿海地区金融系统因金融引起的汇差清算一般是应收大于应付。这种状况从银行来说则呈现为：内陆地区银行应付汇差增大，应收汇差减少，而沿海地区银行应收汇差增大，应付汇差减少。当应收应付汇差不能按时清算时，便容易产生债务锁链。这里需要讨论的是一个人们相当熟悉但又似是而非的问题，即如何看待农村资金往城里流。农村资金往城里流是多年来的状况，国家想要扭转这种状况而又难以扭转，归根到底是由货币资金的趋利性决定的。解决这一问题的关键是把农村资金有效地转化为投资。这不仅要有物力资源，而且要有人力资源。因此，提高农民的素质尤为重要。金融支持如何提高农民素质？现阶段的路径选择，一是让农民到城市中去就业、打工，或成为企业家；二是支持教育事业，让农民掌握科技知识。这样将有利于缓解农村资金往城里流的现象。不过，这也无法完全确保金融机构吸存的农村资金用于农村建设。

（五）聚焦国际金融资源配置是大国金融的担当

国际经济、政治、文化的发展变化，特别是1998年亚洲金融危机和2008年全球金融危机的发生，需要世界各国总结经验和教训，重新配置全球金融资源。作为首个由中国倡议设立的多边金融机构，亚洲基础设施投资银行（以下简称“亚投行”）于2015年12月25日正式成立。亚投行的成立，充分体现了中国作为大国在重新配置全球金融资源中的担当。

亚投行成立的背景之一是全球金融体系的变革。在亚投行成立以前，全球金融资源主要由国际货币基金组织和世界银行分配。这两者的分工是：前者主要管控国际货币合作及资本流动，作用于国际收支平衡，后者主要通过贷款支持有关国家经济发展。最初，世界银行主要支持的是第二次世界大战后的战败国如日本和欧洲一些国家的建设，后来才关注发展中国家。进入21世纪后，世界银行的功能逐步转为对一些国家的“扶贫”，弱化了对发展中国家基础设施建设的支持。加上国际货币基金组织和世界银行负责人展业的倾向性，使得这些机构的效率不高，没有取得应有的经济效益和社会效益。与此同时，新兴大国异军突起，不仅成为全球经济的引擎，而且成为全球治理的重要主体。为了更好地发挥新兴国家在世界经济和全球金融治理中的作用，改革原有的国际金融组织和制度已是顺理成章的事。

亚投行成立的背景之二是亚洲不少国家基础设施建设落后。亚洲经济总量占全球经济总量的1/3，亚洲人口占全球人口的60%，但因资金有限，一些亚洲国家的铁路、公路、桥梁、机场、港口以及通信设施等严重不足，这在一定程度上制约了经济的发展和人们的交通出行。此外，基础设施建设投资大、回收周期长，存在一定风险，如果没有良好的金融机制，私人资本一般不会进行投资。从这个意义上说，成立亚投行也就是建立一个投融资机制平台，使私人资本与多边开发银行合作，撬动私人部门资金投资基础设施，风险分摊，利益共享。作为新兴的发展中大国，自改革开放以来，中国经济持续增长，现已成为全球第二大经济体。中国的实践表明，实现经济的起飞，首先一定要进行基础设施建设，而中国在这方面不仅有经济实力，而且积累了丰富的经验。中国倡导成立亚投行，是本着人类命运共同体的理念，支持亚洲其他国家进行基础设施建设，以发展经济，实现共同富裕。可以说，这样的担当是无私的，完全是为了全人类的福祉。

亚投行的成立具有积极意义，它与多边开发银行的合作，增强了资金实力，弥补了资金缺口；增强了中国的话语权，有利于推动国际货币基金组织和世界银行的进一步改革，弥补亚洲开发银行的不足；推动了亚洲经济社会的发展，使亚洲经济更加具有活力；发挥了资本在国际金融中的力量，使亚投行能够成为人民币国际化的桥梁和重要保障。因此，中国在全球金融资源配置中的担当，充分展现了大国金融的布局和气概，具有显著的国际意义。

二、社会主义金融

党的十九大报告明确指出："我国仍处于并将长期处于社会主义初级阶段的基本国情没有变。"[①] 本节讨论的"社会主义金融"，是社会主义初级阶段的金融，也是中国特色社会主义金融。基于中国现阶段的实际，相对于发达的市场经济国家而言，中国金融的特色主要表现为以下几点：

---

① 习近平. 决胜全面建成小康社会　夺取新时代中国特色社会主义伟大胜利——在中国共产党第十九次全国代表大会上的报告［M］. 北京：人民出版社，2017：12.

（一）金融活动主要以政府信用为支撑

我国金融活动主要由政府信用支撑，表现为中央银行的基础货币供给主要由外汇储备支撑和自有资本支撑。自改革开放以来，中央银行资产负债表中的资产方外汇占款从百分之几到百分之十几，直至60%左右，表明靠外汇储备支撑供给基础货币的比例逐步增大。外汇占款的相当部分形成外汇储备，外汇储备也就是对别国的债权，比如购买美国国债是对美国的债权。以美国国债做基础供给基础货币，这样的金融活动主要以政府信用为支撑。

商业银行派生存款供给货币，主要以政府信用为支撑，这是不言而喻的。因为我国体量大的商业银行，都是国有控股的商业银行。其他的股份制商业银行和城市商业银行，有的虽不是政府直接控股，但在人们的观念中也是“国家的银行”，所以其金融活动主要由政府信用支撑。由政府信用支撑的可取之处是弘扬了“信用文化”，并把社会金融活动纳入信用约束的“游戏规则”之中。

信用文化是人类创造的集信用、诚信和信誉于一体的物质成果和精神成果，具有传承、拓展的价值。从人们思想行为的角度看，信用文化包括“践约”“慎独”“利他”三重含义。

（1）践约。践约即信守契约、履行契约，它是信用活动的基础。践约表明信用关系受到书面语境的约束，是他律的一种形式。只有当践约成为全社会的行为规范和自觉意识时，社会信用体系的大厦才算基本建成，所以它是信用文化最基本的层次。

（2）慎独。慎独即讲求自律、立德，“己所不欲，勿施于人”，它是守信者的修养，也是为人的行为准则。在信用活动中，当事人之间了解和把握的信息不完全对等，这为信息优势方利用践约损害信息劣势方创造了条件。所以，信用文化只强调“践约”是不够的，其关键之处在于“合约”的内容是否建立在当事双方充分了解和把握信息的基础上。把慎独纳入信用文化的含义，就是要表明无论在什么情况下都要突出自律，诚信以待，它是信用文化的更高层次。

（3）利他。利他即当事者在追求或维护自身利益的同时，也要考虑对方利益，力争实现“双赢”。这样，在信用活动中，当事者的价值取向不限定于“自己”，而是包括“双方”，这是信用文化的最高境界。

“游戏规则”有正式和非正式之分，正式的“游戏规则”通常以政府法律法规的形式出现，具有显性的权威性；非正式的“游戏规则”以人们共同遵循的观念、共识、行为准则和崇尚的习惯等形式出现，是一种潜在的社会力量。信用作为显性的和潜在的社会力量，只有制度化才能形成合力并持久存在。严格地说，将诚信作为一种制度来认识，是当代的事情，是市场经济发展的产物。市场经济充满竞争，而竞争要以信用作为支撑。马克思指出，竞争和信用是资本集中的两个强有力的杠杆。当然，这里主要是指银行信用。随着市场经济的发展，信用不再完全集中在银行，而是扩展到经济活动的各个角落。没有信用，市场经济就难以有序运行，金融秩序也会被打乱。纳入“游戏规则”也就是让金融活动受到信用的约束。

但金融活动若由政府信用支撑，也有不可取的地方，主要表现在这将使金融风险集中于政府，因为金融活动反映债权债务关系。货币供给（无论是中央银行的基础货币供给，还是商业银行派生存款的货币供给）的供给方总是债务人，持有货币方总是债权人。债权方要索取，债务方要偿还。一旦金融秩序不能正常维护，债权债务链条的运行受阻，债权债务关系紊乱，就会产生金融风险，在金融活动主要由政府信用支撑的情况下，政府就要为此付出更多代价。

（二）中央银行相对不独立

当代中央银行仍然被称作“发行的银行”“政府的银行”和“银行的银行”，可是不仅其含义扩展了，而且可以说重心也改变了。当代中央银行作为“发行的银行”已不是单纯地发行银行券代替金属货币流通，而是提供基础货币。当代中央银行作为“政府的银行”也不是或不再主要是向政府提供贷款，而是作为政府金融宏观调控的机构和金融事业的管理者，并代表政府进行国际交往。当代中央银行作为“银行的银行”，主要不是办理清算和最后贷款，而是保存存款准备金。为此，一些国家的中央银行在名称上就标明为“储备银行”。尽管有些国家的中央银行也要对商业银行进行再贷款，但再贷款已不是中央银行唯一的甚至不是主要的基础货币的供给方式。

地位和作用的发展变化，表明中央银行负有特殊的社会责任，即稳定币值。币值是否稳定不仅关系到各阶层人们的利益，而且取决于千家万户的行为，是一个包含各种因素的机制（过程），往往有相当长的潜伏期和滞后性，因而需要特别尊重中央银行的判断和决策。币值的稳定是一个时期概念，它存在于相当长的时期中，因此，中央银行的货币政策必须具有继承性和连续性。中央银行不仅要对政府负责，而且要对社会负责；不仅要对当期负责，而且要对将来负责。从这一点来说，它是一个保证币值持续稳定的机构。为此，中央银行必须制定、利用货币政策进行金融宏观调控。在调控过程中，中央银行的独立性是各国进行金融制度安排时必须选择的问题。

过去较长时间内，我国中央银行相对不独立，这主要是受计划经济思维的影响。以往，我们把财政、银行视同一家，认为它们都是为国家积累和分配资金的部门，即所谓“一条裤子，两条腿”。此外，我们曾在相当长的时期内把银行（当时只有中国人民银行）定位为“三大中心”，即信贷中心、结算中心和现金出纳中心。改革开放以后，这种状况有所改变，但财政与银行是一家的想法仍未被彻底根除，“银行的资金财政用，财政的资金银行用”的现象在实际生活中仍时有发生。综上所述，我国中央银行相对不独立主要表现在：首先，财政管理系统与货币管理系统没有分开。其次，我国中央银行在对经济进行宏观调控时，缺乏完全的自主权和主导权。当经济出现波动时，怎么调控，必须由各部门（包括财政部门）配合。最后，我国中央银行运行机制、经费来源等相对不独立。比如，中央银行的资金配备，必须由财政部门拨付；中央银行的经费开支，必须纳入财政预算。

（三）商业银行相对高度集中

中国的商业银行与外国的商业银行相比较，在现阶段有以下差别：

第一，西方商业银行大多按经济区划设立和开办分支机构；在中国，除股份制银行外，国有商业银行均按行政区划设立和开办分支机构，即全国有商业银行总行，各省、自治区、直辖市有商业银行分行，各地区、市县有商业银行中心支行和支行。这种从上到下“一竿子插到底”的组织结构是国外没有或少有的，它表明了国有商业银行组织结构的系统性和集中性。这是因为：①社会主义国家有组织经济生活、管理社会的职能，在幅员广阔、人口众多的大国里，履行这一职能需要各部门的配合。商业银行虽然不是政府机构，但也是社会组织，是管理经济的职能部门。②在传统的大一统体制下，一切机构都按行政区划自上而下地设置。商业银行自然也不例外，按行政区划设置商业银行虽然有它的缺陷和弊端，但有利于按行政区划与有关部门配合，进行宏观金融调控。

第二，西方商业银行以追求利润为唯一目标，因为它要维护私人资本的利益，发展私人资本；在中国，商业银行也要赚钱，但不以追求利润为唯一目标，因为它还要维护社会利益，发展和增加社会财富。

第三，西方商业银行一般不承担政府的政策性贷款，政策性贷款由专门的金融机构办理；在中国，除股份制商业银行外，在政策性银行成立前，国有商业银行都要承担政策性贷款业务。政策性银行成立以后，政策性贷款业务有了分解，但还没有彻底分离。

第四，西方商业银行主要的运营资金不是来源于中央银行的贷款，这就是说，西方商业银行的资金运营不依赖于中央银行；在中国，商业银行的运营资金除一部分来源于股份制商业银行外，有相当部分来源于中央银行，即我国商业银行的资金运营相当大的一部分来源于中央银行，否则商业银行业务就难以开展。

第五，西方商业银行不具有宏观调控的经济功能，相反，它们是宏观调控的对象，中央银行通过调节它们的信用活动来调节货币供给量；在中国，国有商业银行具有参与宏观调控的经济功能，它们是宏观调控的主体之一，同时又是宏观调控的客体。中央银行通过对商业银行信用活动的调节，商业银行通过对顾客信用活动的调节，共同作用于货币供求。

以上五点表明了中国商业银行的社会主义性质。进一步说，中国商业银行的社会主义性质还体现在以下几个方面：①最大限度地保障社会公众利益。除了商业银行对办理个人储蓄存款遵循“存款自愿、取款自由、存款有息、为存款人保密”的原则，对单位存款有权拒绝查询、冻结、扣划外，当国有商业银行发生信用危机严重影响存款人的利益时，中央银行要对该行实行接管。接管的目的是通过治理整顿恢复商业银行正常的经营能力，尽量不让商业银行破产，以保护存款人利益。②适度竞争。在市场经济条件下，商业银行之间也有竞争。但社会主义公有制商业银行之间的竞争原则上不像私有制商业银行之间的竞争那样“你死我活”，而是适度竞争、共同发展。怎样算适度，虽然在实践中难以划分，但在理论上是能够确定的，就是“不以损害对方根本利益为限度”。适度竞争、共同发展，也就是要发挥帕累托效应。③适度“保密”。商业银行作为企业在经营活动中的“招数”有各自的“秘密”，从竞争的角度说是相互保密的。但在社会主义条件下，商业银行在经营活动中的各种做法，是能够相互学习、观察交流的。这在西方私有制商业银行中，难以办到或少见。④银企合作、政企合作。通过合作，促进企业实现规模经济效益，推动地区进行经济结构调整，这是中国国有商业银行运作机制的经验总结，而这在西方私有制的商业银行中是不存在的或难以实现的。⑤主要由政府分担风险。中国的国有商业银行大都是有限责任公司或股份有限公司，投资者以自己的投资额对银行的负债负责，但国家财政有明文规定对这些商业银行的不良资产进行消除和豁免。这实际上是政府以拥有的国有资产对国有商业银行的负债负责。所以，在社会主义条件下，国有商业银行的风险主要由政府分担。

（四）金融机构展业的“亲政府倾向”

在国家经济发展主要以银行的钱来推动的局面下，与银行负债相对应的借款单位的资产大部分是固定资产。固定资产缺乏流动性，使得银行贷款不易收回，借新债还旧债的企事业单位广泛存在，由此使得货币供给增加的同时，金融风险递延。这样的金融机构的展业，容易误导人们的认知，使一些从业人员认为放款收不回来也不怕，是有“物资保障的”，不把它列入风险资产当中。我们这能把这种状况称为“社会主义风险观”。

在国外，关于金融机构的展业有“亲经济周期倾向”和“亲政府倾向”理论。简单地说，“亲经济周期”理论认为：若商业银行认为经济处于繁荣时期，信用风险小，违约率低，就着力扩张信用；相反，就会着力收紧信用。这一理论，就单个银行即微观的角度而言，无可非议，理所当然。但如果就整个银行业的角度而言，就会有问题，因为如果各家商业银行都按此理论放款，势必造成信用膨胀。这样的结果，一方面会推动经济的发展和周期的形成，另一方面也会加大周期的波动性。

在我国，商业银行的行为有没有受“亲经济周期理论”的影响值得研究。但笔者认为，我国商业银行存在着“亲政府倾向”。“亲政府倾向”的含义，简单地说，就是抓存款，首选财政；放贷款，主要瞄准政府项目（或者有政府背景的项目）。因为财政性存款成本低，政府项目或者有政府背景的项目一般数额大、风险小。进一步说，这主要是由于政府掌握了大部分金融资源。不仅国有独资商业银行、国有政策性银行占据了我国金融市场的绝大部分（70%以上），而且很多股份制商业银行、地方商业银行以及其他金融机构也是国家或政府控股的。在这种状况下，全国金融系统的业务操作“一盘棋”。金融资源的分配呈现为“要紧都紧，要松都松”，基本上没有差别。我国商业银行要真正完全按商业化要求运作尚需一个过程。

（五）财政与金融的同一性及其统一平衡

在中国，国有和国有控股的金融机构的资本金来源，主要是中央和地方财政资金，并被主要用于支持中央和地方国有企业。财政与银行的资金安排，相互补充，这集中表现为财政与金融的同一性。此外，财政资金与银行信贷的运用，能够相互转化；财政收支发生赤字需要银行信贷弥补（如银行购买国债），信贷收支发生差额需要财政安排拨付信贷基金。此外，财政收支发生的资产负债与银行信贷收支发生的资产负债能够相互转化，财政风险与金融风险能够相互转化。在实际当中，人们习惯于把银行称作“第二财政”，便是对这种状况的形象概括。

与财政金融同一性相关的是财政金融的统一平衡。在20世纪五六十年代，我国曾提出在经济建设中要实现财力的平衡、物力的平衡、财力与物力的平衡，这是“三平理论”的起源和最初表述①。后来金融学界把“三平理论”表述为财政收支平衡、信贷收支平衡和物资供求平衡，并认为财政收支平衡是关键，物资供求平衡是基础，信贷收支平衡是综合反映。应当说，这是对“三平理论”的丰富和发展。继“信贷收支平衡论”后，学术界深入研讨了“财政信贷综合平衡”。财政信贷综合平衡的价值主要体现在：第一，在研究思维上有创新。财政信贷收支是一个涉及面广、受影响因素多、与其他经济变量关联度高的问题，难以梳理清晰。财政信贷综合平衡论以剖析货币流通问题作为切入点，可以说是系统论、信息论、控制论在财政金融学科研究领域中的运用。第二，修正、补充和发展了“三平理论”。不少人对“三平理论”的认识尚嫌粗略，有待深入；尚嫌抽象，有待具体；尚嫌笼统，有待分解，而财政信贷综合平衡论则弥补了这方面的缺陷。《财政信贷综合平衡导论》② 中对问题的提示和剖析，密切结合国内外的实际进行概念规范、条件假定、定性定量分析，从具体到抽象，又从抽象到具体，层层推进，步步分解，处处彰显辩证的思维。第三，矫正了不少似是而非的理论和观念。比如对“上年结余不可动用”“财政赤字要发行货币去弥补”“信贷

① 陈云. 陈云文选：第3卷［M］. 北京：人民出版社，1995：52-55.

② 黄达. 财政信贷综合平衡导论［M］. 北京：中国金融出版社，1984：1-18.

差额就是贷大于存的差额”“信贷差额要增大现金发行”等进行了矫正。第四，回答了人们关心但又存在争议的实际问题，比如，“增拨信贷基金和财政向银行借款”是什么关系，如何看待国家信用，利率调整对财政信贷收支有何影响，居民储蓄应归谁支配，现金发行的资金来源应归谁支配，保险收入是否可归财政支配，等等。第五，建立了指导经济建设的经济金融理论体系。在《财政信贷综合平衡导论》中，作者指出：“综合平衡必须把企业收支的安排考虑在内”，“过去的主要矛盾是挤占流动资金”，“正确解决建设资金供求的矛盾是实现财政信贷综合平衡的关键”，“需要再次明确银行信贷力量的客观界限”等。这些论断不仅在当时具有指导意义，而且在以后的实际工作中也发挥了作用。

尽管如此，财政金融平衡理论仍然是为计划经济服务的。它与西方经济学中关于总需求与总供给平衡的理论有联系，但更存在着根本的区别。概括地说，前者主要是政府行为，后者主要是市场行为。把财政金融平衡理论作为中国社会主义初级阶段金融领域的特征之一是成立的，也是值得高度重视的。

三、发展中的金融

中国是发展中国家，发展中国家的金融是发展金融，这是完全符合逻辑的。党的十九大报告提出要“贯彻新发展理念，建设现代化经济体系”，“着力加快建设实体经济、科技创新、现代金融、人力资源协同发展的产业体系，着力构建市场机制有效、微观主体有活力、宏观调控有度的经济体制，不断增强我国经济创新力和竞争力”①。按照党的十九大报告精神，本节提出的“发展中的金融”包括以下内涵：①它处于变化、发展、前进之中。金融制度、体制、政策的运作模式和监管方式等不是一成不变的，而是正在建立健全或有待建立健全。②发展要遵循经济社会发展的客观规律，要基于中国国情，“急功近利”“急于求成”不可取，生搬硬套、简单模仿要排除。③发展的最终目标是建立现代金融体系。

在发展中建立健全金融要素，现阶段就是要“深化金融体制改革，增强金融服务实体经济能力，提高直接融资比重，促进多层次资本市场健康发展。健全货币政策和宏观审慎政策双支柱调控框架，深化利率和汇率市场化改革。健全金融监管体系，守住不发生系统性金融风险的底线”②。

在这里，要指出的是：金融体制改革绝不是要走“金融自由化”的道路。美国经济学家、斯坦福大学教授罗纳德·麦金农（Ronald I. Mckinnon，1935—2014）是世界上首先分析“金融压制”的人，他的第一本著作《经济发展中的货币和资本》，就指出了“金融压制”对经济发展的危害。他的分析是：①发展中国家自然经济所占成分很高，经济货币化的程度低；②在金融制度上存在现代化金融机

① 习近平. 决胜全面建成小康社会　夺取新时代中国特色社会主义伟大胜利——在中国共产党第十九次全国代表大会上的报告［M］. 北京：人民出版社，2017：29-30.

② 习近平. 决胜全面建成小康社会　夺取新时代中国特色社会主义伟大胜利——在中国共产党第十九次全国代表大会上的报告［M］. 北京：人民出版社，2017：34.

构与传统金融机构的二元结构，货币政策的传导不畅；③金融体制不平衡，效率低下；④金融市场发展落后，金融工具匮乏，社会资金融通不畅，导致资本形成不足；⑤政府对经济进行不适当的干预，突出表现为实行利率和汇率的管制，使利率和汇率扭曲，使利率和汇率丧失了反映资金流动和外汇供求状况的功能。麦金农认为：发展中国家之所以经济发展缓慢，发展水平很低，重要的因素是实际利率（$d-p^*$）水平很低，有些国家甚至为负数。造成这种状况的原因，或者是人为的因素，或者是通货膨胀，而实际利率水平很低，既影响储蓄又影响投资。所以，他与肖主张“金融深化”，就是主张和强调国家（政府）要放弃对金融机构和金融市场的干预，不要对利率和汇率进行控制，应充分地发挥市场的作用，让市场充分地反映国内货币资金的流动和外汇的供求状况。他们所谓的“金融深化”也就是“金融自由化”。

在发展中遵循经济社会的客观规律，从中国金融的实际出发，现阶段就是要回归本源，金融服从和服务于经济社会发展；优化结构，完善金融市场、金融机构、金融产品体系；强化监管，提高防范和化解金融风险的能力；市场导向，发挥市场在资源配置中的决定性作用①。

什么是现代金融？在《新帕尔格雷夫经济学大辞典》中，“金融”一词被定义为“资本市场的运营，资本资产的供给与定价”②。这样给金融定义，是由融资活动的发展变

---

① 习近平在全国金融工作会议上强调　服务实体经济　防控金融风险　深化金融改革　促进经济和金融良性循环健康发展［N］. 人民日报，2017-07-16.

② The New Palgrave Dictionary of Economics［M］. Third Edition. London: Macmillan Publishers Ltd., 2018: 4578.

化推进的：①金融工具的多样化和融资方式的发展，使融资活动与投资活动呈现统一的趋势，资本市场是实现二者统一的系统；②直接融资在融资活动中的比重增大，间接融资的比重缩小，且间接融资与直接融资相互渗透，为资本市场的运营创造了条件；③发达国家金融经济相关度的提高，意味着人们持有的资产中金融资产的比重增大，既要追求回报又要回避风险，还要保持流动性，在这种状况下创造资本资产的供给，人们的融资活动自然选择在市场进行；④融资活动讲求效率，而效率高低反映信息被掌握的程度和收益与成本的比较，这样就需要通过预期、定价，所以资本资产的定价成了金融活动的主要内容。总之，金融的含义取决于金融活动的发展、运作以及人们对它的评价，而金融活动的发展又取决于经济金融化的程度。资本市场运营及资本资产的供给和定价，其核心内容是资产选择和组合。对此，20 世纪 60 年代美国经济学家马科维茨和夏普提出了资产组合理论及资本资产定价模型，得到社会的认同，并成为传统金融与现代金融的分界线。

传统金融与现代金融有不同的视角：①传统金融侧重于从宏观经济活动以及宏观经济活动与微观经济活动相结合的角度去分析货币、信用以及金融机构的运作状况，而现代金融侧重于从微观经济活动，特别是从资本市场上投资主体的角度去分析投资行为和资产选择。②传统金融着力于对现状的考察和静态分析，现代金融着力于对预期的考察和动态分析。现状考察和静态分析具有较多的确定性，而预期考察和动态分析具有较多的不确定性。不确定性会带来风险，所以，现代金融强调的是金融活动越来越市场化，在市场化中要着力避免和转移风险，为此，要进行资产组合、合理定价，并有更多的金融商品可供选择。因此，"金融活动市场化—资产定价"与"资产组合—供给更多的金融商品可供选择"是相互联系的。这些是现代化金融理论的核心内容。③传统金融着力于制度分析和相关分析特别是对金融与正式制度和经济运行的关系的分析，而现代金融着力于对行为主体的心理分析和目标分析。

理论是对实践的升华，概念是对实际经济关系的概括。怎样给金融定义，从方法论来说有以下几种选择：①如果从融资活动的运作机理考察，可以把金融定义为金融资产的交易行为。②如果从融资活动的领域和着力点考察，可以把金融定义为资本市场运营和资本资产的供给及定价。③如果从融资活动主体的行为目标考察，可以把金融定义为风险与报酬的权衡。④如果从融资活动的社会效应考察，可以把金融定义为不同主体对货币资金的管理等。这样来讨论问题，与其说是金融概念的规范问题，不如说是规范金融概念的方法问题。

从学科建设上观察，现代金融是包含多学科内容的广泛概念，具体包括金融学意义上的微观金融、宏观经济学意义上的货币银行学（包括货币理论、信用理论、宏观调控中的货币政策，等等）以及国际经济学中的汇率理论等。可以说，我们所说的金融是在对微观经济学、宏观经济学和国际经济学以及不断发展的新的经济学理论进行整合的基础上形成的。从经济发展的角度观察，现代金融应当是现代经济体系的组成部分。现代经济体系要加快发展先进制造业，推动互联网、大数据、人工智能和实体经济深度融合，在中高端消费、创造引领、绿色低碳、共享经济、现代供应链、人力资本服务等领域培育新增长点，形成新动能。现代金融要支持传统产业优化升级，加快发展现代服务业，瞄准国际标准提高水平。金融业是现代服务业的组成部分，现代金融业包括在现代经济体系中顺理成章。进一步说，现代金融就是创新金融、协调金融、绿色金融、开放金融和共享金融，具有以下基本特征：

第一，现代金融着力金融活动市场化。在发达的市场经济国家，人们的金融活动主要是投资，而投资必须要寻求市场。可以说，金融活动越来越市场化，使得资本市场在金融体系中的地位显著提高，并成为金融体系的核心。金融活动市场化的主要内容是资产的定价、资产的组合。只有合理定价，资产才能交换。寻求资产组合是为了避免和转移风险，这就要求有更多的金融商品可供选择。

第二，现代金融风险始终存在，必须予以避免、化解、转移。要着力监管金融风险特别是系统性金融风险。为避免、转移风险，数理金融学随即产生，资本资产定价模型也应运而生；为避免、转移风险，资产组合理论、理财理论出现了；为避免、转移风险，金融工程学出现了，金融工程的本质就是工具创新加风险组合。

第三，现代金融关注金融机构与市场的关系。概括地说，机构是市场的主体，市场推动着机构的产生和发展。金融机构是市场的参与者，参与投资、融资、提供信息。随着金融市场的不断发展，金融机构要不断满足市场的功能需求，也就是要求机构提供多种功能为人们的金融需求服务，如创造某一种有形的或无形的产品，提供信用流通工具、金融产品以及信誉、信息、方案等。

第四，现代金融研究金融变量与经济变量的相关性。当代金融变量与经济变量的相关性减弱且不确定。“单一货币规则”认定货币供给增长与经济增长具有稳定的相关性，但现在这种相关性正变得很不确定。一是影响货币供给的因素很多，二是影响经济增长的因素很多，不确定的因素也很多。

第五，现代金融很看重公司金融。公司金融的重要内容是资本结构，具体而言就是要研究公司资产负债表的右方即负债各个项目之间的相互关系，以及各项负债的形成机制、成本、收益。

现代金融要推动社会发展。社会发展包括经济发展，但不完全是经济发展。换句话说，经济发展不等于社会发展。社会发展包括其他内容，它反映人类社会的进步和人们生活质量的提高。在社会发展中，金融处于一个什么样的地位？概括地说，金融发展是社会发展的组成部分，金融发展为社会发展提供条件。前者主要体现为金融是国民经济中的一个产业，后者主要体现为金融促进经济发展。当前，我国金融行业的发展，一方面还不充分，另一方面成本较高，效率也有待提高。金融业务的发展，既呈现过度竞争的趋势，又没有消除垄断的局面。金融机构的发展，在必要性和可行性分析方面做得还不充分。

金融服务包括金融媒介服务、金融信息服务、金融代理服务、金融保证服务、金融保险服务、金融商品服务等。服务质量高不高，可以看方便程度，这主要由人均金融机构的数量、工作效率、服务项目的多少等表现出来。发达国家金融业从业人员占就业人口的比例较高，而发展中国家的比例较低，这也反映着金融作为服务业的发展水平。

以往的金融改革，主要是把金融业作为国民经济调控系统的组成部分去发展，弱化了其作为第三产业的发展。如果金融要作为第三产业发展，则要研究金融服务与金融业发展的关系、金融业供给与需求的关系、金融服务与金融竞争的关系、金融服务与金融垄断的关系、各种金融机构的分工合作以及服务的特定领域等。

金融业与社会发展有什么关系呢？应结合现实关注以下问题，或者说考虑建立和完善以下制度：老有所养，老有所乐，增进社会福利，推广人身保险；从银行信贷上，支持精神文明建设；关注银行业风险的防控、扩散和转移。银行业的风险实际上由社会承担，银行业的风险不仅取决于顾客，也取决于自身，是不确定、不透明的。银行的风险会给社会带来负担，社会负担是银行业存在的“社会成本”。

第九章　对金融宏观调控的理论思索与实际考察

导读：

本章研究金融宏观调控与货币供给的有限性和流通中货币需求的层次性。一国的货币供给量取决于进入市场中流通的商品和能够反映商品使用价值和价值的商品价格量的总和。必须遵循货币供给的有限性和流通中货币需求的层次性来进行金融宏观调控。既然货币供给量是有限的，靠货币供给量着力于金融宏观调控的力量也是有限的。“中央银行行为的哲理”是金融宏观调控的艺术和必修课。新经济自由主义是“货币多，物价涨”的理论渊源；“通货膨胀纯粹是一种货币现象”是“货币多，物价涨”的理论基础；执行什么样的货币政策是“货币多，物价涨”的理论焦点。应结合中国实际，探讨：“货币多，物价涨；物价涨，货币多”；物价上涨的理性与非理性；治理通货膨胀，要找准源头，多方配合。金融宏观调控关注的基点是：要关注国民实际收入的变化；要关注区域经济的建设和发展；要把社会就业始终作为金融宏观调控的首要目标；要密切关注财政信贷收支的综合平衡；要关注经济周期和金融周期。建立现代中央银行制度，就要提高对金融市场变迁的敏感度和适应能力，增强中央银行的独立性。

2019 年 3 月，笔者以《大国金融及其特色——为中国金融立论》为题，在教育部主管、教育部高等学校社会科学发展研究中心主办的《中国高校社会科学》刊物上发表长篇文章，论述了“中国金融的特色是大国金融、社会主义金融和发展中的金融”。

本章遵循马克思主义经济学的基本原理，密切结合中国内外的实际，从五个层面讨论金融宏观调控的基本理论与行为特征、经济社会的重大变化，以及金融宏观调控要把握住的基点。

一、金融宏观调控与货币供给的有限性和货币需求的层次性

金融宏观调控，是中国社会主义市场经济中，资源配置的重要组成部分。金融领域的资源配置，重要的是货币供给，因而金融宏观调控，必须从货币供给说起。

马克思主义经济学中的货币供给和需求理论，其要点是：货币随商品流通而进入流通；流通中的货币需求量取决于进入流通的商品供给量。之所以如此，是因为商品的价值必须靠货币表现和实现。在马克思经济学手稿（1861—1863）的补充部分，马克思设计了一个理论模型，表明需要供给多少货币，实现两部类之间的价值交换需要多少货币。他假设：

第Ⅰ部类产品价值总额 2 800 000＝C1 944 445+V388 888+M466 667

第Ⅱ部类产品价值总额 5 000 000＝C3 055 555+V1 111 112+M833 333

其中Ⅰ代表生活资料的产品，Ⅱ代表生产资料的产品，C代表不变资本的价值，V代表可变资本的价值，M代表剩余产品的价值。它们的价值都是以同一货币单位计量的，因而都能相加和对等交换。在模型中，马克思设定的货币单位为英镑。

马克思设定：第Ⅰ部类剩余产品的价值是（C+V）的20%，即2 333 333×20%＝466 667；第Ⅱ部类剩余产品的价值也是（C+V）的20%，即4 166 667×20%＝833 333。在这样的设定条件下，两部类之间要多少货币进行交换呢？马克思的分析是：

在第Ⅰ部类内部：①用于可变资本V流通的货币，每周付一次，全年52周，需要388 888÷52＝7 479；②用于分配剩余产品价值的货币必须考虑两个因素（因为这一部分价值需要分解为利息、地租和企业主收入）：第一，用于各种收入开支。假定全年平均支付10次，则1/10，就应需要466 667÷10＝46 667。第二，分解为利息、地租和企业主收入后，成为他们的货币收入。为了生活他们就要将收入用于购买消费品。假定用于购买消费品的货币平均周转10次，则就需要货币46 667÷10＝4 667。经过这样的分析，马克思的认知是：在第Ⅰ部类内部，为了使可变资本V流通就需货币7 479，为了使剩余产品价值M流通就需要货币4 667，两者合计共需要12 146（7 479+4 667）个单位的货币。

在第Ⅱ部类内部：用于可变资本V流通的货币，也是每周付一次，全年52周，需要21 367个货币单位（即1 111 112÷52＝21 367）；用于媒介剩余产品价值的货币，假定每年10次，全年则需要83 333个单位的货币（即

833 333÷10＝83 333)。经过这样的分析，马克思的认知是：在第Ⅱ部类内部，为了使可变资本V流通就需要21 367个货币单位，为了媒介剩余产品价值M的流通就需要83 333个货币单位。两者合计共需要104 700（21 367+83 333）个单位的货币。

由于第Ⅰ部类再生产所需要的生产资料都要向第Ⅱ部类购买，其购生产资料价值1 944 445的货币，假定全年1次性全额支付，则需要1 944 445单位的货币。但马克思假定第Ⅰ部类向第Ⅱ部类购买生产资料的货币都是在第Ⅰ部类实现V+M后取得的，不需要额外增加供给货币。此外马克思还假定，第Ⅱ部类内部不变资本的流通，有1/10在实物形式上得到补偿，即3 055 555÷10＝305 555，是不需要转化为货币的，只有90%的补偿需要货币媒介，这样就只有2 750 000的生产资料在内部互相转移才需要货币。同时，马克思又指出，“这里货币多半是作为支付手段流通，而只是用货币来支付差额”，只需要2 750 000的1/20，即137 500个单位的货币。

综合上述分析，马克思设计的理论模型表明：要实现两部类总额为780万产品价值的流通，总共需要货币12 146（在第Ⅰ部类内部流通）+104 700（在第Ⅰ部类和第Ⅱ部类之间流通）+137 500（在第Ⅱ部类内部流通），共计只需要254 346个单位的货币（注：马克思手稿中货币的单位是英镑），相当于两个部类产品总值的0.032%。这样的分析表明：①随商品流通而进入流通的货币量大大少于进入流通中的商品量；②货币的购买手段的使用次数即它们的周转速度代表了进入流通的绝对货币量；③在再生产中生产资料的补偿不需要转化为货币；④绝大部分通过支付手段转移生产资料，在这种情况下，只需要现实的货币来支付差额；⑤Ⅰ（V+M）＝ⅡC，这是马克思假定的两部类再生产的前提条件，由于Ⅰ（V+M）＝ⅡC，所以再生产不需要额外供给货币。

马克思设计的这一模型，揭示了作为媒介消费品的货币流通和作为媒介生产资料的货币流通，前者是货币作用于消费品分配和交换的货币供给，后者是货币作用于生产资料分配和交换的货币供给。前者，马克思称为“简单商品流通的货币流通，表现为W-G-W的过程”，后者，马克思称为“再生产过程的货币流通”，表现为G-W-G的过程。

再生产过程中货币流通有以下特点：

马克思说“G-W-G这种形式也包含着特殊的货币流通”。我们将这种特殊性概括为以下几个方面：

（1）存在垫付与回流的过程。货币的预付包含着货币回流的条件，因为再生产的组织者必须先当买者，要使再生产过程能继续进行，就必须继之以卖。作为简单商品流通的货币流通却不存在这样的过程和条件。

（2）回流的货币一般要增值。这是因为它包含着直接的生产过程，而直接的生产过程既是使用价值的创造过程，又是新价值的形成过程。其新增价值以货币表现即△g。作为简单商品流通的货币流通不体现增值，因为一般来说它以等价交换为条件。

（3）货币作用于多个过程。作为再生产过程的货币流通，货币既作用于交换过程，又作用于生产、分配、消费过程。作为简单商品流通的货币流通，货币只作用于交换过程。

（4）能够区分为生产性的货币流通和生活消费性的货币流通。这是因为社会产品的价值是区分为资金和收入的。作为简单商品流通的货币流通不存在这种区分，因为它不体现所交换的产品的价值成分和用途。

（5）一部分货币的回流需要以下一个再生产过程提供的产品为条件。这就是说，上一个再生产过程预付的货币的一部分要用下一个再生产过程生产的产品来回流，因为上一个再生产过程生产的产品，由于储备的需要不可能全部销售出去。这样，仅从这一过程看是货币预付的多，回流的少。这说明在再生产过程中货币的预付与回流是交错发生的。作为简单商品流通的货币流通则不存在这种状况。

马克思关于再生产过程中的货币流通理论主要说明：再生产要能正常进行，必须有货币资金的垫付，而且垫付的货币资金必须回流；否则，再生产过程就无法继续。这是一个不以人的意志为转移的客观规律。

马克思讲："在再生产（无论是简单的还是规模扩大的）正常进行中由资本主义生产者垫付到流通中去的货币，必须流回到它的出发点（而不论这种货币是他们自己所有的，还是借来的）。这是一个规律。"这之所以是一个规律，是因为要使再生产过程正常进行，买者必须转化为卖者。作为买者，他投放货币；作为卖者，他使货币回流。这说明再生产过程的货币流通要呈现为 G-W-G 的形式。这一形式包括"货币转化为商品——生产资料和生活资料；然后，这些商品作为要素进入流通过程，因而在作为商品同货币相对立的时候起，商品又是过程的结果；最后，商品再转化为货币，因为完成的商品只有在它先转化为货币之后，才能重新同它的生产要素交换”。

再生产过程中需要的货币，既然是生产者或企业家垫付到流通中去的货币，其量的多少取决于流通时间的长短，而流通时间长短又取决于生产者或企业家从买者转化为卖者的时间。这表明：作为资金的货币，其供给的多少取决于市场经济中生产者或企业家的行为。

还必须指出的是：作为资金的货币的供给，不仅取决于物质产品的生产、再生产过程生产者或企业家对货币资金的垫付，而且取决于为了推动经济社会进步和发展而形成的对货币的需求。推动经济社会发展的货币需求：既有物质产品又有精神产品；既有劳动创造的产品，又有非劳动创造的产品（如土地、矿山及其他自然资源）。在这种状况下，货币的供给就不完全是实现物质产品和精神产品的价值，而且推动各种生产要素与劳动的结合，推动供给与需求的结合，其需要供给的货币量，也取决于它们在市场中的价格，价格的高低、涨落则取决于对货币量的供求。

总之，一个国家的货币供给量正如马克思所揭示的，影响的因素很多，但重要的因素仍然是取决于进入市场中的流通中的商品，能够反映商品使用价值和价值的商品价格的总和。这是马克思主义经济学的基本原理。按这个原理进行金融宏观调控，必须遵循货币的供给是有限的且能够计量，而不是任意的且不能计量。

二、中国货币的供给超额增长与 M2-M1 的评析

中国人民银行公布的数据显示：2020 年 1 月，中国广义货币量（M2）余额为 202.31 万亿元，同比增长 8.4%。与 2019 年的国内生产总值（GDP）990 865 亿元相比，M2 是 GDP 的 204%，即货币供给量相当于国内生产总值的两倍还多。这样的比例关系不仅超过了发达的市场经济国家，而且其增长的趋势即速度也大大超出了不少发展中国家。对于怎样看待中国货币供给量的迅速增长，中国学术界及实际部门曾经进行过深入讨论，分析了中国货币供给超额增长的原因、去向。笔者于 2013 年撰文《研究我国货币供给超额增长要有创新思维》，其主要观点是：

（1）要把货币与准货币区别开来。笔者指出，在现实中，只有货币（M1）发挥购买手段和支付手段的职能，与经济社会的现实增长和发展产生密切关系，而准货币（M2-M1）是潜在的货币，在现实中发挥着储备手段的职能，成为政府、企事业单位、居民家庭的货币积累，与投资发生密切的关系。政府、企事业单位、居民家庭货币积累的迅速增长可视为货币供给超额增长的重要因素之一。但从货币积累到进行投资，从投资到经济增长有一个过程。在这一过程中，以一定时期（如一年）以来 M2 的存量与一定时期中 GDP 的流量相比较，难以表明这二者合理或不合理、均衡或不均衡的关系，因为准货币（M2-M1）与潜在的经济增长密切相关，并不会与现实的经济增长密切相关。

（2）要研究货币供给超额增长的时间跨度和转折点。笔者指出，在中国，经济周期与政治周期密切相关。由于

中国的改革开放在1992年邓小平同志发表南方谈话以后才实际起步，所以将1992—2012年这21年作为时间跨度（研究周期）。在这21年的时间跨度的前10年中，引起货币供给大量增加的主要因素是引进外资和鼓励出口；后11年中引起货币供给大量增加的主要因素是房地产业的发展以及与此相关的地方“土地财政”的蓬勃兴起。在前10年中，1998年是个转折点，这一年的货币供给第一次超过10万亿元。在后11年中，2005年和2009年是转折点，2005年货币供给近30万亿元，而2009年货币供给超过了60万亿元。并指出，在我国过去的21年中，M1的增长率基本上与经济增长率和物价水平之和相一致，不存在超额供给的现象，而真正出现超额供给的是“作为资产的货币”，即准货币。我们认为“作为资产的货币”在一定程度上可以视为市场参与者的储蓄，这部分储蓄转化为投资的过程就是超额供给的货币通过动员社会资源来实现经济发展的过程，而资产会在此过程中形成。值得注意的是，资产形成效率的高低决定着负债的偿还能力。如果过度通过超额供给货币来发展无效资产，那么资产所对应的负债就只有由后人来偿还。

现在看来，仅指出以上两点是不够的。近年来，金融领域面临着“数字货币”的挑战。数字货币的出现改变了对法定货币的供求。数字货币是建立在信用关系的基础上的，数字货币就是社会成员之间信用关系的量化，社会成员既是货币需求者，也是货币供给者。在这种状况下，强化了货币供给的不确定性。它的出现拓展了金融服务，既节约了成本，又提高了效率，同时增大了金融风险的可能性和现实性。

此外，在金融宏观调控中，中国人民银行建立并编制了“社会融资规模”这一考察指标。这一指标以金融机构资产负债表的资产方有关数据作为基础，综合反映各种金融机构通过各种途径对实体经济领域的货币资金供给。考察它的意义是：在金融宏观调控中，通过货币、信贷等政策的传导，真实地进入实体经济的货币资金是多少，并旁证货币供给量与社会融资规模的相关性。2020 年 1 月末，中国人民银行统计的社会融资规模为 256. 36 万亿元人民币，同比增长 10. 7%，这与同期货币供给量 M2 的增幅比较，多 2. 3 个百分点。从社会融资规模的结构考察，2020 年 1 月末，人民币贷款余额为 155. 06 万亿元；外币贷款余额为 2. 13 万亿元；委托贷款余额为 11. 45 万亿元；信托贷款余额为 7. 49 万亿元；未贴现的银行承兑汇票余额为 3. 47 万亿元；企业债券余额为 23. 93 万亿元；政府债券余额为 38. 49 万亿元；非金融企业境内股票余额为 7. 42 万亿元。非金融企业境内股票融资是合伙人模式，说白了就是你买我的股票，你的钱交到我手上，企业经营得好你可以获得分红，经营差了你可能连本金都拿不回，所以这是一种风险共担的模式。在这样的社会融资结构当中，除了非金融企业境内股票融资之外，其他都可以理解为社会累计借入的资金，其资金总额为 248. 94 万亿元。目前非金融企业境内股票余额是 7. 42 万亿元。所以，我们能够看出：社会融资规模也是物质产品生产领域承担的一种负债，其规模越大，对社会的负债规模就越大。

在中国社会主义制度下，人民币主要是国家银行供给的。人民币是信用货币，信用货币是一种债务凭证，国家银行供给信用货币形成一种债权债务关系，也就是对社会的一种负债，即欠了持币人的债。欠持币人的是什么性质的债呢？在信用货币能兑换黄金的条件下，国家银行欠持币人的是黄金债，也就是说当持币人要兑换黄金时，国家银行要保证有足量黄金用于兑换。在信用货币能购买商品的条件下，国家银行欠持币人的是商品债，也就是说当持币人需要购买商品时，国家银行要保证有满足需要的商品能够购买。在中国现阶段，人民币不能直接兑换黄金，只能购买商品，但不可否认，黄金仍然是维护人民币币值的保证。尽管在一定条件下，国家银行供给的信用货币能够不还，也就是说债权人即持有人长期持有，不向债务人索取（兑换黄金或购买商品），但必须保证信用货币的权威性：价值稳定，正常兑换，有序流通，以此推动经济社会发展，防范金融风险，保障人民利益。

总之，结合现实，在中国现有的货币供给量基数已经相当于 GDP 的两倍多，且绝对数高于发达的市场经济国家、相对数快于发展中的市场经济国家的态势下，货币供给量是有限的，靠货币供给量着力于金融宏观调控的力量是有限的。人们必须在理论上深刻地认知这一点，也必须在实践中把握好这一点。

三、金融宏观调控的理论基础和行为哲理

政府干预宏观调控，大都认为始于凯恩斯经济学的诞生，那是 20 世纪 30 年代。20 世纪 30 年代西方发生了经济危机。凯恩斯认为产生这次危机的重要原因是需求不足，

必须实行政府干预，实行宽松的财政货币政策，增加货币供给以扩大需求，因而学术界大都认为，凯恩斯经济学是宏观调控的理论基础，而马歇尔经济学是市场经济的理论基础。这样的认定可以讨论。但必须承认，经济社会的发展既要靠政府推动，也要靠市场推动。还必须指出，在马歇尔、凯恩斯以前已经存在着两大思潮：无政府主义的经济思想包含着经济社会发展排斥政府干预的成分；而马克思则早就预见到资本主义自由竞争发展到一定程度，会引起供求之间、不同群体之间矛盾的激化，会产生经济危机，解决经济危机的途径是需要社会权威机构去协调。而社会权威机构自然包括政府。这表明：崇尚市场行为，或崇尚政府行为，两种思想将长期存在。

在这里，还必须指出的是：凯恩斯经济学中的政府干预，是指调控“总需求与总供给”特别是总需求的调控，并且主要通过财政政策而非货币政策调控总需求。后凯恩斯学派对政府宏观调控的理论虽有丰富和发展，但先前的这一核心观点没有动摇。现在的问题是：随着时代的进步、科学技术的发展、经济社会的发展，新的矛盾出现，人们的认识不断深化，使政府干预的基点有了转移，宏观调控的内容更加丰富。比如有人主张政府干预主要在于制定游戏规则，维护市场秩序；要制定产业政策，指导经济社会发展；不仅要调控总量，而且要调控经济结构等。特别是强调政府不能一般性干预，而要切实地掌握资源，特别是重要的资源，要由政府集中合理配置。

政府干预宏观调控是政府的行为。从制定、颁布、实施货币政策来说，就是通过增减货币供给量，通过调整利率、汇率升降货币资金的价格，通过信息的传递导向，影响被调控者的行为。总的来说，就是通过货币数量、货币价格和信息传递这三方面对经济社会发生作用。增减货币数量，在于发挥货币媒介、投资功能；升降货币资金价格，在于发挥利益机制功能；而信息的传递在于影响人们的知识结构和信心。所以货币政策在金融宏观调控中能起多大作用，通过什么途径起作用，完全在于理性的认知和感性的实践。

结合中国的实际，在制定、颁布、实施货币政策时，必须在理论上明确：①货币政策不等于信贷政策。货币政策是中央银行的行为，信贷政策是商业性金融机构的行为。但在中国，贯彻实施货币政策又不能不纳入信贷政策。有人还指出信贷政策是货币政策的组成部分，或广义的货币政策。②有效需求不足不等于各经济主体支付能力不足。因为有效需求指能够提供货币购买力的需求，它是货币供给量中的一部分，而各经济主体的支付能力，取决于它们的信用状况及持有的资产的流动性（现金流）。③物价下跌不等于通货紧缩。因为引起物价下跌的因素很多：技术进步、劳动生产率的提高、人们的预期心理、供给过多、涉外因素的影响、政策的干预等，而通货紧缩是个特定的概念和有多种解释的概念。学术界公认的概念是在一定时期经济状况的下降或萎缩，它不一定表现为流通中货币的紧张和物价的下跌。划清这些概念的界限，明确所处的经济环境和态势，可以为制定、实施货币政策提供理论指导。

总结国内外经验，吸取已有的教训，在制定、颁布、实施货币政策的过程中，应掌握基本理念和方法。本章将其基本理论和方法称为“中央银行行为的哲理”，内容包括：

（1）坚持持续稳定，一以贯之。因为实现稳定币值、稳定金融始终是货币政策追求的首要目标。稳定币值、稳定金融不仅关系着经济社会的发展而且关系着广大群众的切身利益。要实现这两个目标，有一个长期的过程。实施稳健的货币政策，我国必须长期坚持下去。一些国家中央银行的行长长期连任，也是“中央银行行为的哲理”的表现。在追求和实现长期目标中，有时货币政策也要“相机抉择”，那是针对经济社会发展的短期行为，是局部的调节。局部的调节，不能违背总体调控的最终目标。

（2）调控心理预期，推动经济社会均衡发展。一般来说，在一定时期内，由于人们的价值观念不同、预期不同。行为的效果不同，货币政策正面效应的发挥，会产生阻滞，甚至发生负面作用。还需要指出的是，货币政策与其他宏观经济政策的调控必须配合，而影响配合不到位、不保质、不达标的因素较多，在这种状况下，就要着实调控人们的心理预期，推动经济社会的均衡发展。通常说政策要“熨平波动”，经济要平稳运行，形象地说，就是经济过热时就要压一压，不要火上浇油；经济下行时就要守住底线，要雪中送炭。这用专业的语言表达，叫逆周期调整、逆风而动。

（3）进退有度，防患于未然。比如中央银行现在的加息，是为了以后的降息，这是给以后的相机选择调控预先留下可运作的空间。这是中央银行调控的基本功，可叫作“多退少补，拾遗补阙”。

（4）手段丰富，可供选择。有的人曾批评美联储为了无限地实施量化宽松（QE），特意绕开商业银行，直接下场购买企业短期无担保的商业票据，抛弃了美联储的原则，损伤了美元的信誉。其实，这样做是有条件的，那就是财政部的担保，因而第三次 7 000 亿美元的 QE 购买的仍然是国债和有抵押的贷款证券。只不过绕开商业银行下场直接购买，更有针对性和有效性，它在增强市场的流动性的同时，更有利于货币资金进入实体经济，扶持中小企业。

（5）“既要又要”，表述严密，彰显公平。在短期政策的调整中，比如中央银行实施精准的扶贫政策和扶持中小微经济体的政策，往往会带来整体利益与局部利益的矛盾。在这种情况下，就要有辩证的思维，它具体化为“既要又要”这样兼顾多方面的表述。这样的表述在一些人看来概念模糊，不知所措。其实，在这样的表述中，既有不确定性又有倾向性。因为当代实施货币政策，既要调控总量又要调整结构，既要调控需求又要调控供给，既要作用于静态又要作用于动态，而且作用的过程具有不确定性。政策具体化为“既要又要”表达，似乎不太集中、透明。要说是个模糊的概念，也是一个不太集中透明的概念。如果政策过度集中透明，会导致市场各经济主体行为“一边倒”，而“一边倒”将带来较大的市场震动。要知道，中央银行货币政策的预期功能是相互的：政府预期经济社会发展走势和怎样与国际经济政策相适应和接轨，而社会公众预期货币政策给自己带来的利弊。相互预期，消除不确定性，减轻震动，可以实现均衡。

“中央银行行为的哲理”是金融宏观调控的艺术。建立和发展这门艺术，就会有展示身手的平台。有了展示身手的平台，就能取得预期的效果。这是金融宏观调控的必修课。

四、“货币多，物价涨”的理论脉络与中国的现实

一般来说，金融宏观调控的目标是控制通货膨胀和实现充分就业。这二者相辅相成，而物价上涨直接影响到人们的生产生活和社会稳定，因而从政府的角度观察，总是把控制通货膨胀置于优先。控制通货膨胀，学界、业界往往将其与“货币多”联系起来。笔者认为，讨论这二者的关系，需要首先梳理理论脉络。

进入21世纪后，不少国家物价在相当长一段时期呈上涨趋势，当地政府为控制物价上涨采取了种种措施，但大多数从控制货币供给量着手去平抑物价。其中，有的卓有成效，有的成效甚微，甚至没有效。特别是中国，2006年以来中央银行15次提高商业性金融机构存款准备金率，使存款准备金率高达17.5%，但控制通货膨胀的任务仍然很严峻。这是为什么？笔者认为，需要讨论“货币多，物价涨”的理论脉络。

（一）新经济自由主义是“货币多，物价涨”的理论渊源

经济自由主义原来是资本主义自由竞争时代的经济思潮，其代表人物首推亚当·斯密和大卫·李嘉图，他们在如何发展经济问题上对内主张自由放任，对外主张自由贸易，反对国家干预。这种思潮在18~19世纪，具有反封建

主义的性质，但作为一个理论体系影响资本主义社会经济的发展，则是在20世纪30年代。其标志性的里程碑是1938年在巴黎召开的“李普曼学术讨论会”（李普曼是美国政治评论家，1889—1974年在世），参会的有李普曼、哈耶克、米塞斯等26位新自由主义者，他们以1936年李普曼为自由主义辩护的著作《良好社会原则的探究》为纲领，在反对国家干预的同时，较少地强调“自由放任”，较多地强调维护“竞争性秩序”，以适应垄断的资本主义时代的需要。有人说在这次会上确立了“新自由主义经济纲领”，人们称其为新型的自由经营思潮，所以概括为新经济自由主义。

新经济自由主义的理论内容很多，形成了各种学派，如伦敦学派、货币学派、供给学派、理性预期学派、弗赖堡学派、公共选择学派等。不同学派在学术观点上尽管有差异，但有两点是共同的，即崇尚个人主义和反对国家干预。伦敦学派的代表人物哈耶克（奥地利经济学家、诺贝尔经济学奖获得者）在《通往奴役的道路》一书中，回答了他为什么主张自由化。他核心的观点是崇尚“个人主义”。其含义是：要尊重人的天赋和爱好，相信人能够发展自己；人获得自由就能发展，就能得到活力，就能进步，就能推动科学发展。货币学派的代表人物弗里德曼认为社会的发展和进步有两种推动方式：一是按指挥的原则推动；二是按自愿合作的原则推动。他认为，按指挥的原则推动很艰难，按自愿合作的原则推动较容易。在他与夫人共同写的《自由选择》一书中，他提出：一切社会秩序的形成，包括语言、文化、社会习俗的产生，都是通过人们自愿交换与合作发展起来的。从这两位代表人物的立论中可以看出：他们在看待社会经济发展中崇尚个人主义，也就是相信每一个人自身的潜力，这是他们基于人的本性的哲学观。这样的哲学观需要评析，笔者仅指出一点：与我们当代“以人为本”的理念是有差别的。

无论是哈耶克还是弗里德曼，都反对国家干预社会经济的发展。哈耶克认为，失业、经济萧条是国家干预造成的，经济危机的产生也是国家干预造成的，其主要原因是政府不让私人企业自由活动，自由提供货币，“企业良好的货币权被政府剥夺了”。弗里德曼认为，资本主义经济是一种“自我调节”的制度，它处于有节奏的、均衡增长的自然状态中，有自我增长的潜力，不会产生危机。而之所以产生许多弊端（如通货膨胀、衰退、周期性失业和收支平衡危机），都是政府干预的结果，其中包括实施不正确的货币政策。所以，新经济自由主义的崇尚个人主义和反对国家干预成了“货币多，物价涨”的理论渊源。

（二）“通货膨胀纯粹是一种货币现象”，是“货币多，物价涨”的理论基础

“通货膨胀纯粹是一种货币现象”，是现代货币主义大师弗里德曼在1963年出版的《通货膨胀：原因与结果》一书中提出来的，核心思想是强调：通货膨胀只能是由货币数量急剧增加引发的，并非由产出增长所致。但要理解这一论断，还得从这位大师的货币学术思想说起。大家知道，弗里德曼本来不是学经济的，他大学本科学文学，获拉特格斯大学文学学士，研究生阶段先获文学硕士，后获哲学博士。早先，他在纽约国家经济研究所工作，研究一般经济问题，如财富、收入、消费等，而开始研究货币问题是

在1941年太平洋战争爆发以后。由于太平洋战争爆发，美国军事开支大幅增加，人们担心未来会发生通货膨胀，于是他与同事在哥伦比亚大学承担了一项关于通货膨胀与税收政策的研究。这项研究成果，1943年以专著《防止通货膨胀的税收》的形式出版。在这项研究成果中，他们提出：扩大政府支出就要增加对实际资源的需求，在私人企业和消费者对实际资源的需求没有减少的情况下，就会导致资源的短缺。为了使资源供求平衡，势必提高资源的价格，以减少私人企业和消费者对资源的需求。但提高价格抑制需求会发生通货膨胀。为了防止通货膨胀，最好的办法是增加税收、抑制需求。可见，弗里德曼等人的政策主张是税制改革——增加税收，特别是对收入征税以适应财政支出的增加，而不是主张多发货币。弗里德曼提出“通货膨胀纯粹是一种货币现象”这一论断的时间是在1963年。当时他除了出版自己的著述《通货膨胀：原因与结果》外，还与安娜·施瓦茨共同完成了课题并于同年以专著《美国货币史：1867—1960》的形式出版。课题收集、整理了100多年来美国货币供应的一系列统计数据。通过对这些数据的分析，弗里德曼发现，货币数量的增长与名义收入的增长与价格的上涨有同向的相关关系，且这种相关关系存在着“时滞”，即从自变量到因变量，存在着相当长的时间间隔。时间间隔有长有短，但从长期来看，货币供应量是稳定的。如果货币供应量不稳定就会引起物价波动。所以，他说的“通货膨胀纯粹是一种货币现象”，内含着货币供给对物价的传导过程。

1991年，弗里德曼在他的新著《货币的祸害——货币史片段》中，对为什么“通货膨胀纯粹是一种货币现象”又做出了明确的回答。他说：“政府官员总是能够为通货膨胀找出种种理由——贪得无厌的企业家，得寸进尺的工会，挥霍无度的消费者，阿拉伯国家提高了石油价格，恶劣的天气，或是任何貌似有理的事情……但所有这些因素可以造成个别商品的价格上涨，不会造成价格的普遍上涨。这些因素也可能造成通货膨胀率的一时涨落，但不能造成持续的通货膨胀。这里的原因很简单：所有这些被指控的罪犯，没有哪一个拥有印钞机。”这就是说，在他看来，通货膨胀完全是政府行为的结果，而非企业家、工会、消费者等行为的结果，因为只有政府才拥有印钞机，而后者没有哪个拥有印钞机。他强调“在今天的世界里，通货膨胀就是一种印钞机现象”。可见，他所谓的“纯粹是一种货币现象”也可理解为纯粹是政府行为。

值得注意的是，在这一本书中，弗里德曼又提出“通货膨胀无论何时何地都是一种货币现象”①。在该书中，弗里德曼研究了美国、英国近100年即1891—1990年货币供给与价格变动的关系，研究了日本、德国近30年即1961—1990年货币供给与价格变动的关系，研究了巴西近25年即1965—1989年货币供给与价格变动的关系。他得出的结论是：“在美国，1990年的价格水平是1891年的初始水平的15倍；在英国，1990年的价格水平是1891年的初始水平的50倍。但是值得注意的是，在20世纪上半叶（1891—1940年），美国的通货膨胀率平均每年都在1%以下，英国在

① 弗里德曼. 货币的祸害——货币史片段［M］. 安佳，译. 北京：商务印书馆，2007：185.

1.6%左右。20世纪下半叶，两个国家的通货膨胀率都上涨了4倍，美国每年平均为4%，英国每年平均为6.4%。”弗里德曼认为这样的差距主要是两个因素在起重要作用：一是战争；二是金本位制的废除。至于日本和德国，弗里德曼认为，在这30年中（即1961—1990年）两国货币的增加比价格上涨更快：“在德国，货币每年增加4.8%，价格每年上涨2.7%；在日本，货币每年增加7%，价格每年上涨5.7%。”为什么会出现这种状况？弗里德曼的解释是由于经济的发展、金融活动的增长，引发了人们对真实货币余额的更大需求，从而促使货币流通速度减慢。但这种状况并不否定价格的上涨是由于货币供给的增加。巴西在25年中平均每年通货膨胀率上涨86.5%，期末是期初的约600万倍，则是货币改革的恶果，其政府行为因素更加显而易见。

弗里德曼的这番研究试图说明：通货膨胀是一种世界范围的现象，它同时发生在许多国家，正如高额的政府开支和巨额政府赤字是世界范围的现象一样。弗里德曼说，“我对货币现象潜心研究了将近半个世纪，我们的研究过程涵盖了一个极为广阔的空间与时间”，因为货币是经济中的一个非常重要的因素，甚至“货币结构中出现的一个微不足道的变化，也会对经济产生深远而预料不到的后果，但在很大程度上，货币又是一个看不见的因素”①。在弗里德曼看来，货币在人类社会经济生活中，既重要又神秘。他曾借用第一次世界大战结束时，《凡尔赛条约》的设计者之一的法国总理乔治·克里孟梭的话说：“战争不能拿来开玩

① 弗里德曼. 货币的祸害——货币史片段［M］. 安佳，译. 北京：商务印书馆，2007：261.

笑，所以要委托给军队。货币也不能拿来开玩笑，所以要交给中央银行。”值得注意的是：从历史的角度和世界范围去看待通货膨胀，它与金本位制的废除联系在一起，与政府的高额赤字相关。

（三）执行什么样的货币政策是“货币多，物价涨”的理论焦点

新经济自由主义者崇尚个人主义，反对国家干预，其中的重要内容之一是反对国家掌握货币供给大权。哈耶克主张货币非国家化。在《货币经济周期理论》一书中，他认为消费过度、投资过度都是货币供给过多造成的，而信贷投放过度是因为国家掌握了货币供给大权。他竭力主张货币非国家化，专门写了一本书，名为《货币的非国家化》。弗里德曼认为，货币供给的变化是经济波动的原因，要减少经济周期波动就要控制货币供给量。他还认为，货币政策的目标不应当是充分就业而应当是防止经济波动即稳定币值。他主张货币供给的“单一规则”，即随着经济的发展，货币供给每年增加3%~5%，不要使货币供给大幅波动，但实际中货币供给总是过多。早先，弗里德曼认为货币供给过多的原因有三：政府开支庞大；为了实现充分就业，增加支出减少税收；错误的货币政策目标，把政策目标放在控制利率上。后来，他甚至认为增加货币供给是政府“以货币贬值的方式来为自己的项目骗取钱财”。在《货币的祸害——货币史片段》中，他分析了政府如何从通货膨胀中获益。他说自第二次世界大战结束以来，政府在国民收入中所占比重不断增加，“这种情况并不只是发生在美国，也不只是近几十年才有的事情。自远古以来，当权者——

无论是国王、皇帝，还是议会——都试图用增加货币数量的办法作为战争所需经济手段，或是作为建立不朽功绩或达到其他目的的手段。他们经常受到这种诱惑，但每当他们真的这样做时，通货膨胀就会接踵而至”。所以，他们的结论是“就今天的纸币来说，只有政府，只有政府自身，才能制造过度的货币增长，从而制造通货膨胀”。

综述“货币多，物价涨”的理论脉络，我们能够发现弗里德曼所谓的通货膨胀“纯粹是”“无论何时何地都是”一种货币现象，并不像有人解释的“太多的货币追逐太少的商品”那样“明白”和“轻松”，而暗含着深刻的意义，其主要的一点是：政府的政策错误。由此，我们能够说弗里德曼用这样的论断要表达的是：通货膨胀“纯粹是”“无论何时何地都是”政府自身的行为。弗里德曼说：通货膨胀“纯粹是”“无论何时何地都是”一种货币现象讲了多少遍了，已经被某些学者和实业界人士熟悉了，“但这样也无法阻止政府当局经受不住用货币贬值的方式来为自己的项目骗取钱财的诱惑”①，可见他强调这一论断的初衷。

厘清了“货币多，物价涨”的理论脉络，结合中国的现实，有以下问题需要探讨：

（1）“货币多，物价涨”“物价涨，货币多”的关系。“货币多，物价涨”是建立在这样的假设基础上的：①商品的价格特别是消费品的价格由供求关系决定；②供给的货币都成为购买力，用于购买商品特别是消费品；③货币的流通速度不变，流通中的货币量没有退出流通。弗里德曼

① 弗里德曼. 货币的祸害——货币史片段［M］. 安佳，译. 北京：商务印书馆，2007：197、201、250.

所谓的“通货膨胀纯粹是一种货币现象”也是建立在这样三个假设的基础上的。应当承认，自改革开放以后，我国商品的价格绝大部分由供求关系决定，但又不完全由供求关系决定，因为：①在某些行业的一些商品中，还存在着垄断价格；②任意提价或任意降价的现象仍然存在；③批零差价、地区差价、季节差价等都有一定限制；④政府对某些商品还在进行价格管制。由于这些因素的存在，可以说商品的市场价格主要是由供给方调节的，需求方在价格调节中的能量较小。银行供给的货币不可能都用于购买商品特别是购买消费品，因为购买是为了消费，消费之外还有储蓄与投资。这些年人们的货币收入在增加，消费也在增加，但储蓄比消费增加得更多，储蓄边际递增的局面没有改变。再说，应当看到，流通中的货币量有进有出，货币与准货币此消彼长。在这种情况下，货币流通速度即使从较长时期来考察是稳定的，但从短期来考察也会有变动。所以，货币多物价是否就一定接着上涨需要研究。

西方经济学解释通货膨胀的理论有：需求拉动型通货膨胀、成本推动型通货膨胀和结构型通货膨胀。①需求拉动型通货膨胀理论认为，通货膨胀的产生是由于总需求的增长超过了总供给的增长。总需求是由货币供给而产生的需求，总供给是按现行价格计算的可能提供的产品（商品和劳务），因而进一步来说，这种类型的通货膨胀是由于货币供给超过了按现行价格计算的商品和劳务的价格。②成本推动型通货膨胀理论认为，通货膨胀的产生，不是由于总需求超过了总供给，而是由于企业产品的成本增加了，而企业产品成本增加的原因，主要是工人工资的增长超过了劳动生产率的增长。③结构性通货膨胀理论认为，通货膨胀的产生，既不是由于总需求超过了总供给，也不是因为工资的增长超过了劳动生产率的增长，而是由于一些部门需求过旺或者成本上升、价格上涨，使得另一些部门向它看齐，从而导致整个物价水平上涨。这种理论实际上是综合了需求拉动型通货膨胀和成本推动型通货膨胀的分析，认为物价上涨的原因，既有需求拉动，又有成本推动。

以上三种理论是用三种不同的方法分析同一个命题，有三种不同的核心思想和三个不同的行为目标。①以总需求拉动去解释通货膨胀是一种宏观分析法，其核心思想是货币供给过多，没有闲置的资源可以利用，因而物价上涨，行为的目标是要求实现总供给与总需求的平衡。②以成本推动去解释通货膨胀是一种微观分析法，核心思想是成本增加，厂商为了保持原有利润不下降，因而物价上涨，行为的目标是要求实现成本与利润的平衡。③以结构性去解释通货膨胀是一种中观分析法，核心思想是某一部门率先涨价，另一些部门攀比，所以整个物价水平上涨，行为的目标是要求实现部门之间的利益平衡。如果我们要借用西方经济学的理论来解释我国的现实，则既有需求拉动型通货膨胀，也有成本推动型通货膨胀和结构型通货膨胀。如果前者是“货币多，物价涨”，那么后者则是“物价涨，货币多”。

（2）物价上涨的理性和非理性因素。近年来，我国物价连续上涨，从 2007 年下半年开始，CPI（社会商品零售物价指数，也称消费者价格指数）节节攀升，从 2007 年 6 月到 2008 年 5 月的 12 个月中平均每月上升 6.9%。从 2007

年10月开始，PPI（工业品出厂价格指数）节节攀升，从2007年10月到2008年5月的9个月中平均每月上升5.57%。从涨价的源头来说，CPI的上升，缘于食品价格特别是猪肉价格的上涨。猪肉价格上涨的原因，除一些地区发生猪瘟疫以外，主要是农民养猪赚不到钱，不愿意养猪，供给市场的猪经过较多的流通环节，增加了运输费用。PPI的上升缘于工业品成本的增加。这源于原材料价格上涨和人工成本的增加。前者与国际市场相关，后者与2008年开始实施的《中华人民共和国劳动合同法》相关。这表明：2007年以来，我国CPI和PPI上升，都是成本推动造成的。

现在的问题是我国农产品和工业品的成本为什么增加。《经济参考报》2008年4月1日刊登了《粮农不愿再种水稻——黑龙江东部水稻主产区调查之一》。该报道说："由于生产资料价格上涨，去年（2007年）每亩水稻的种植成本在400元左右，如果加上土地承包费，每亩水稻成本800元左右。按照目前水稻最低收购价卖粮，承包土地种稻的农民就要赔钱。即使水稻最低收购价每斤上调几分钱，按照今年（2008年）的生产资料涨价幅度计算，农民仍无利可图。"可见问题又集中到工业品包括生产资料（含农业生产资料）的价格应不应当上涨上来。我国工业品含生产资料的出厂价格是由成本决定的，特别是人工成本在工业产品中有着举足轻重的作用。过去人工成本未增加，所以出厂价未上涨；现在人工成本增加，所以工业品出厂价上涨。问题是我国工业产品中人工成本应不应当增加？多少年来，理论和实际部门讲我国发展经济的优势之一是劳动力成本低，现在看来对这个问题要重新认识。讲劳动力成本低，主要是两个指标：一个是单位小时工资，另一个是人工费支出占产品成本的比重。我国一个标准劳动力每小时工资在20世纪末不到1美元（0.756美元，相当于6元人民币），如一天以8小时计算，等于48元；一个月劳动22天，等于1 056元。进入21世纪以后有所增加，如果一个月拿1 200元，每月劳动176小时（22×8），平均每小时6.8元，增加了8角钱，其相对数增加13%，增幅确实很小。在发达国家如德国，工人每小时工资26美元，在美国、日本，工人每小时工资20美元，而我国工人每小时工资仅相当于他们的3%~4%，再相对于中国台湾和中国香港、东南亚这些地区而言，我国工人每小时工资也只有他们的5%~6%。经过这样一比较，人们就会有疑问，同样是人的劳动，为什么中国人的劳动如此不值钱？所以劳动力成本低并不合理。至于人工费支出占产品成本比重，不同行业有不同的度量。以制造业为例，我国制造业人工费支出占产品成本的数额，国家统计局资料说约1 200美元，而四个发达国家（日本、德国、美国、英国）是4万美元以上，即不及这些国家的3%（占日本的2.1%，占美国的2.2%，占英国的2.9%）。中国香港和中国台湾地区、韩国和新加坡是2万~2.3万美元，中国大陆制造业人工费支出相当于这些地区和国家的5%~6%。这样的差距合不合理，需要结合劳动力成本低去解释。劳动力小时工资是劳动成果的初次分配，按初次分配既要讲效率也要讲公平的原则，也应提高小时工资。从劳动力再生产的角度说，劳动力成本只是再生产劳动力的费用。劳动力成本低表明我国没有保障再生产劳动力的费用，这违背了科学发展、建设和谐社会、提高人们生活质量的要求。所以，随着改革开放的推进，提高劳动力的成本和人工费支出在产品中的比重是必然的趋势。由此，增加产品成本从而使工业品涨价也是必然的趋势。这表明：在国内，一些商品涨价有其必然性和合理性。成本增加、价格上涨符合绝大多数人的利益，因而是理性的。如果因垄断、投机操纵、“搭车”“攀比”等涨价，则只能对少数人有利，因而是非理性的。

（3）**货币供给增长与物价上涨的关系。**多少年来，我国货币供给增长的速度一直大大超过 GDP 增长的速度，广义货币 M2 每年以 15%~22%的幅度增长，而 GDP 却以 6%~8%的幅度增长，货币供给增长超过 GDP 增长一倍多甚至两倍。这种状况，按弗里德曼的理论逻辑：“通货膨胀是在货币数量明显增加，而且增加的速度超过产量的增加的时候发生的，每单位产量的货币数量增加得越快，通货膨胀率越高”，则我国每一年都存在着通货膨胀，因为每一年货币供给增加的速度都超过产出增加的速度。可是，事实与这样的逻辑产生背离：在某些年份我国存在通货膨胀，而在另外某些年份我国却不存在通货膨胀。怎样解释这种现象？学术界曾有“经济金融深化论”“货币流通速度放慢论”“市场容量扩张论”“商品范围扩大论”等，各种理论的视角虽有不同，但归结起来不外是想说明：随着改革开放的深入，市场经济的发展，社会能容纳更多的货币供给量从而与 GDP 的增长不同步。弗里德曼却强调这二者是同步的。他说：“历史上还没有这样的先例：一场严重而持久的通货膨胀，不伴随着大致相等的货币增长速度；也没有这样的例子，货币数量的急速增加，不伴随着大致相等的通货膨胀率”①，并以美国、英国、日本、巴西的历史数据来证明。这些国家历史数据的证明，固然有一定的说服力，但要知道，它们已经是成熟的市场经济国家，而我国正在建设社会主义市场经济，以成熟的市场经济国家的历史数据为基础研究得出的结论怎么能套用于正在建设中的社会主义市场经济国家呢？再说，弗里德曼强调通货膨胀“纯粹是”“无论何时何地都是”一种货币现象，实质上是要突出政府行为，突出政府在制造通货膨胀。他的这一理论体系与他主张自由经济、反对国家干预是分不开的。如果我们认同这一理论体系，也就认同了他的主张。但当代，对经济自由主义不仅在理论认识中有分歧，而且与实际情况的发展也不完全一致。所以，货币供给增长与价格上涨的关系，不能简单地套用什么经典理论，而要结合现实做深入的分析。

对中国通货膨胀的解释，在学界和业界，不少人提出了“输入型通货膨胀论”，其核心的观点有二：①外资的引进，热钱的流入，中央银行收购外汇增加，投放基础货币增加，货币供应量增加；②国际石油、粮食、钢材等初级产品的商品价格上涨，进口原材料价格上涨，企业产品成本增加。按照这样的逻辑，抑制通货膨胀的对策就应该是：①改变外汇储备政策，即改变由中央银行收购外汇储备为由财政拿出真金白银来收购外汇储备，以减少基础货币投放。②提高以原油为首的初级产品价格，以抑制经济的快速增长。

---

① 弗里德曼. 货币的祸害——货币史片段［M］. 安佳，译. 北京：商务印书馆，2007：186-187.

但实施这样的对策，需要分析：中央银行收购外汇，增加了多少基础货币，从而扩大了多大的货币供给量；进口了多少初级产品，影响了多高的企业成本，从而影响经济发展。据统计，由于收购外汇，2006 年中央银行增加投放了 22 220.85 亿元基础货币，使基础货币投放年末比年初增加了 20.9%；2007 年中央银行增加投放了 30 807.9 亿元基础货币，使基础货币的投放年末比年初增加了 30.5%。但要知道，2006 年和 2007 年中央银行分别发行了 3.65 万亿元和 4.07 万亿元中央银行票据，以收回基础货币。中央银行发行中央银行票据的数额大于收购外汇投放基础货币的数额（2006 年，3.65 万亿元>2.22 万亿元；2007 年 4.07 万亿元>3.08 万亿元）。这表明，仅仅以中央银行收购外汇增加基础货币投放从而增加货币供给量引发通货膨胀的论断是片面的，因为由此增加投放的基础货币已被中央银行票据回收了。问题在于中央银行通过其他渠道也增加了基础货币投放。

近两年，中国进口原油和大豆有所增加，价格也大大上涨。2006 年、2007 年分别净进口原油 13 884 万吨和 15 928 万吨，但其价格 2007 年比 2006 年上涨了 1.06 倍。2006 年、2007 年分别净进口大豆 27 890 万吨和 30 360 万吨，但其价格 2007 年比 2006 年上涨了 1.41 倍。而钢材和稻谷是净出口。在这种状况下，要分析进口初级产品对我国通货膨胀的影响，就需要立足于原油和大豆。原油作为机械动力的能源，它的价格上涨增加运作成本是肯定的，但在大力发展私人小汽车的中国，原油价格的上涨很大程度上会影响有产阶层对小汽车的消费和人们的出行费用，而不主要是企业能源的运用，因为一般企业的能源是烧煤和用电。大豆作为食用油的原料，它的价格上涨，增加食用油的成本是肯定的，但在中国，城市居民更多地食用植物油，食用油价格的上涨，很大程度上是增加城市居民的消费成本，而不主要是农村居民的消费成本。如果这样的分析成立，则进口的初级产品价格上涨，从而引致国内通货膨胀，只能是局部的、有限度的，不能用来解释普遍的物价上涨的现象。所以，“输入型通货膨胀论”是有道理的，但不是全部成立的。

还必须指出：在中国，存在着人民币对内贬值与对外升值的状况。对这种状况怎么解释呢？《上海证券报》（2007年7月下旬）上有一篇文章，说：对内贬值是人民币的购买力降低了，而人民币购买力降低是物价上涨造成的；对外升值是外汇市场上严重供过于求，而外汇严重供过于求的原因是出口增加，外资流入。这样的分析，自然能够成立。问题是这篇文章得出的一个结论没有说清楚：“显然，一国货币的对内价值会直接影响其对外价值。”怎么会直接？为什么？通过什么？没有讲。按货币银行学的原理，货币的对内价值与对外价值，是相互关联的。比如，货币对内贬值会导致对外贬值，或者货币对内升值会导致对外升值。说“会导致”，自然隐含有“不会导致”的意思。为什么“会导致”呢？就是要看具不具备必要的或充分的条件。

本币对内贬值导致对外贬值的必要条件是：外贸进出口，进一步说是经济对外的依存度。依存度大，必然性就大。本币对内贬值导致对外贬值的必然性在于“出口”，本币对内贬值，增加了出口商品的成本，出口商品在国际市场上出卖商品得到的外币，客观上要求换回更多的本币，这样才能保本盈利。所以，只有本币对外贬值，才能做到。

本币对内升值又为什么会导致对外升值呢？这种必然性在于进口。本币对内升值，意味着国内物价降低，购买力提高。在这种情况下，如果本币对外不升值，意味着进口产品的成本高，这样，在国内市场上同类产品中，进口的部分就要卖高价才能盈利。这样就不利于进口产品的销售。在这种情况下，客观上要求本币对外升值，以降低进口产品成本。

所以，从道理上说，本币对内价值与对外价值一般是正向函数关系，即本币对内贬值转化为对外贬值，或者相反。但转化是有条件的，不是直接的，是有中介作用的。这种中介作用，就是进出口，即经济对外的依存度。

现阶段，我国人民币的价值，对内价值与对外价值不是正向函数关系，而是反向函数关系，即对内贬值对外升值。这种状况当然也是有条件的，是有中介作用的。在我看来，这种条件和中介，并不是进出口。第一，中国进口产品与公众的生活消费品关系并不密切；第二，中国金融资产的价格与公众生活消费品的价格没有替代关系；第三，中国外汇储备的增长与社会公众对生活消费品的需求增加没有直接的联系；第四，中国人民币与外币不能自由兑换。在这四个条件下，人民币的对内购买力与对外购买力受制于两种不同的机制：对内购买力受制于消费品价格，对外购买力受制于汇率制度。有人说：人民币对内购买力受制于国内人民币供大于求；人民币对外购买力受制于国外人民币求大于供。这样的认同，符合经济学原理，即用供求原理解释价值。但在我看来并不完全对。

货币的价值问题，主要是个购买力问题：对内购买力以所买到的商品去衡量；对外购买力以所兑换到的外币去衡量。在一国内，本币有对内购买力、对外购买力，但货币的价值不完全是个购买力问题，还要包括增值能力。货币作为资产有增值能力。货币作为资产，其价格是利率。怎样衡量它的增值能力？通常利率与汇率同时作用于货币价值。货币进行借贷有利率，货币购买有价证券有利率。因为利率提高，人民币有升值的趋势，外资流入变为人民币，既能享有利率提高的好处，又能享有汇率升值的好处。

笔者在主编的《货币银行学》（1993 年西南财经大学出版社出版）中提出研究人民币的购买力，要研究它的名义购买力与实际购买力；不同商品的购买力与同一商品的不同购买力（同一商品的双重价格体制）；不同地区的购买力。在《传统的金融经济理论需要再认识》（《金融研究》2004 年第 7 期）一文中我提出以“CPI 作为衡量通货膨胀的指标需要修正”，“货币的价值必须是一种综合指数”，其中包括：生产资料价格指数、消费品价格指数、劳动力价格指数、证券金融资产价格指数、货币金融资产价格指数。

现在看来，还要研究不同领域人民币的购买力、人民币的绝对购买力和相对购买力，也就是要认识货币购买力的差别性和相关性。现在有的领域的价格上涨与其他领域的价格上涨相关或不相关。比如消费品的价格上涨与生产资料价格上涨曾经呈现出“断裂”即不相关或弱相关。值得研究的是股市上涨与房市上涨相关或不相关。

（4）**治理通货膨胀要找准源头和多方配合。**以 CPI 作为尺度衡量我国是否存在通货膨胀，我们认为近年来发生的通货膨胀是从 2007 年 6 月开始的。6 月以前即 2007 年上半年，CPI 每月同比都在 100.8~103.4 之间摆动。应当说在这样的状况下，物价是稳定的或基本稳定的。而 2007 年 6 月以后，CPI 同比以 4%以上的速度增长。在 CPI 的增长中，6 月份以后食品类的增长达到两位数以上，最低 111.3，最高 123.3，而其他类基本上持平，有的还略有下降，这表明：物价上涨的源头在食品类，所以治理通货膨胀必须要“省长抓米袋子，市长抓菜篮子”。工业品涨价的源头需要分析经济是什么过热、什么需要抑制。我国的实践证明：我国经济过热主要是房地产，而房地产与钢材、水泥有关。应当认为：国内钢材、水泥价格上涨是工业品涨价的源头，治理通货膨胀需要抑制钢材、水泥的价格。

从国际社会来讲，引起粮食、原油价格上涨的因素较多，但从主要方面来说，粮食价格的上涨主要源于原油价格的上涨，原油价格的上涨则主要源于美元对人民币、对日元、对欧元的持续贬值。有人揭示美元贬值 1 个百分点，原油价格上涨 4 美元。因此，治理国际上的通货膨胀首先要抑制美元贬值。美元是美国的本币，美国在抑制美元贬值中，应当承担大国的责任和义务，同时有关国际组织和国家也要共同对付美元贬值，这也是强调治理通货膨胀要抓源头。

在中国现阶段，治理通货膨胀只抓抑制需求是不行的，必须扩大供给，而且应当把扩大供给放在第一位，因为我国相当长的时期以来内需不足，再说有些抑制需求的措施，不仅没有达到初衷，反而导致资金和收入分配更加畸形，损害了弱势群体。所以，治理通货膨胀，货币政策要与财政政策配合，经济手段要与行政手段配合，整顿市场秩序要与政治思想教育配合，政府管制要与行业自律配合。

五、金融宏观调控的关注基点

基于经济社会的重大变化，结合国内外的实际，金融宏观调控值得关注的基点是：

（一）要关注国民实际收入的变化

国民收入来自经济的发展和绩效，因为经济的发展和绩效创造着社会财富，这通常表现为一个国家权威部门（如国家统计局）在一定时期公示的 GDP（国内生产总值）或 GNP（国民生产总值）。但不能认为一定时期公示的 GDP 或 GNP，都对等地创造着社会财富，因为 GDP 或 GNP 有多种统计方法，统计的方法不同，其经济含义不同。中国现阶段统计 GDP 的方法是“支出法”，支出法的经济含义就是要把一定时期的“投入”视为这一时期的“增加值”，算作 GDP 或 GNP。如 2019 年我国国内生产总值（GDP）为 990 865 亿元，它的计算就是各部门的“净投入”，包括货币形态的资金和实物形态的资产，其来源或者是本部门自身的积累，或者是借入的负债。从负债来说，自身的积累越多越好，借入的负债越少越好。但实际情况是在推动 GDP 或 GNP 增长中，借入的负债投入也不少。所以，要把握好在借入的负债投入到 GDP 或 GNP 中的比重。学术界的共识是：在 GDP 和 GNP 中，只有能体现“最终产品”的部分才创造社会财富。所谓“最终产品”，是指在一定时期内生产的可供人们直接消费或使用的物品和服务。要能直接消费和使用，必须通过交换，只有通过交换实现其价值从而实现其使用价值的物品和服务，才能成为财富，这是马克思主义经济学的基本原理。不符合这个原理，将“中间产品”统计在 GDP 或 GNP 中，只能是虚增社会财富或不能直接消费的财富。2019 年，中国实现了人均万美元的 GDP 后，有人著文肯定“人均 GDP 代表人均创造财富的能力”。在这之前，全球人均 GDP 达 1 万美元的国家人口近 15 亿，中国加入后，全球人均达 1 万美元的国家人口就达 30 亿人，中国的经济总量就与日本、德国、英国、法国四个主要发达国家的经济总量相当。其实这样的肯定是不准确的，是值得商榷的。再说这样的比较意义何在，也需要斟酌。还要指出的是：一个国家一定时期人均国民总收入（GNI）不等于居民人均可支配收入。人均国民收入等于国内生产总值加上来自国外的初次分配收入净额，它反映初次分配的收入；而居民人均可支配收入是指居民可用于最终消费和储蓄的总和，是衡量居民收入水平的主要指标。也就是说，这二者有“初次分配”和最终消费与储蓄的区别。据国家统计局统计，2018 年中国人均国民总收入为 9 732 美元，而人均可支配收入为人民币 28 228 元，仅相当于 4 151 美元（按 1∶6.8 汇率计算），只相当于人均国民总收入的 42.65%，这就表明：人均国民总收入并非人均个人收入，人均个人收入只是人均国民总收入的少部分。但世界银行是以人均国民总收入来衡量一个国家的富裕程度的，2018 年中国人均总收入达到了 9 732 美元，就把中国确定为“中等偏上收入国家”。这样的确定与大多数老百姓的切身感受是有差距的。它表明大多数中国老百姓还不富裕。

这里要讨论的是要“关注国民实际收入的变化”，除要关注大多数老百姓货币收入的变化之外，还要考察通货膨胀的因素。只有扣除通货膨胀的影响，才是老百姓的实际收入。

关注国民实际收入变化的初衷，是考察中国中等收入阶层的形成程度，因为中等收入阶层是社会的基础，也是金融制度建设和展业的基础。要知道，提高中等收入比重，事关国家的长治久安，有助于真正扩大内需，有助于建立起一道抵御外来风险冲击、维护国内经济安全的防火墙。

（二）要关注区域经济的建设和发展

中国人口众多，经济发展不平衡，在推动经济社会建设和发展中，必须实施区域发展的战略。进入 21 世纪以来，在实施区域发展战略中，已经确立了：珠江三角洲及建设粤港澳大湾区的战略、长江三角洲及长江经济带的发展战略、京津冀联合发展的战略、黄河生态经济带及成渝经济带发展战略等。划分不同的区域发展经济社会，有利于充分利用该区域的各种资源，协调发展，更有利于该区域民众实际收入的提高。对金融领域来说，这有利于促进人口老龄化→社会保障增加→储蓄减少与投资增加之间的矛盾平衡。

中国现阶段，既要狠抓经济发展，更要着力推动社会进步。经济发展与社会进步，相关相连，互为因果，但二者仍有区别：经济发展的价值体现主要是收入增加，人们生活水平提高；社会进步的价值体现主要是人的素质提高，传承文明。把二者结合起来，才是中国经济社会发展。

中国经济社会发展，长期以来，以大中城市为中心，疏于发展县级区域（县级区域指县级及县级以下城镇的广大农村地区）经济。这样的状况必须得到高度重视，因为：一是城市，特别是大中城市的资源有限，承受力有限；二是生活成本高，不利于人的素质提高；三是造成县级特别是农村资源的巨大浪费。基于以上认知，我们主张中国社会经济的发展应着力以县级区域为基础，以广大农村作为前沿基地。这当中，值得重视的因素有：第一，中国14亿多人口，绝大部分常年生活在县级区域中。除少数有条件的人跨区域旅游外，多数人一辈子都生活在县级区域中。习近平总书记说："小康不小康，关键看老乡。"这样的老乡就是常年生活在县级区域范围内的居民。中国社会经济的发展着力以县级区域为基础，以广大农村作为前沿基地，归根到底就要让这部分人早点富起来，过上全面小康生活。第二，人们生活水平的提高、生活质量的提升，总要反映到"吃、穿、住、行、乐"中。而这五个要素中，都要依托于广大土地，优化土地资源配置。农村是土地的源泉。实践证明：人们生活在县级区域，其"含金量"是大中城市不可比的。要知道，当代人们对生活目标的追求，不一定都是"高、大、上"，也有较多人追求绿色，追求健康，追求长寿。这不仅有利于提高人们的生活水平，而且有利于提高人的素质。第三，经济社会发展的初衷，必须使拥有劳动力而又愿意劳动的人口充分就业。就业问题始终是社会经济发展的中心问题。现阶段的就业状况是：数以百万计的大中专院校毕业生，就业的选择都集中在大中城市，很少愿意回县级以下城镇和农村。这种状况需要改变，必须改变。乡村振兴已经作为战略目标，纳入党的十九大报告。我们曾在调研的基础上提出：乡村振兴的切入点在于树人，乡村振兴的压舱石在于产业导向，乡村振兴的推进地在于打造小镇。尽管是一家之言，但符合区域经济发展的实际。

（三）要把社会就业始终作为金融宏观调控的首要目标

中国人民银行行长易纲在《求是》杂志上发文指出："在推动经济高质量发展中牢牢把握我国发展的重要战略机遇期，都要求我们坚守币值稳定目标，实施稳健货币政策"，因为"货币政策与每一家企业、每一个家庭息息相关，关乎大家手中的票子，关乎广大人民群众的切身利益"。这自然是完全正确的，具有深远的意义。但先得有了货币，才能谈得上管住货币，所以把社会就业始终作为金融宏观调控的首要目标，是必须的，符合中国人口众多的实际。当代经济社会的发展，有的西方发达的市场经济国家，改变了货币政策几大最终目标之间的关系，把追求国际收支平衡当成货币政策的首要目标，而放弃了充分就业的目标，比如美国。但在中国，还不能放弃充分就业的目标，因为经济社会的发展，必须有人力资源。"金融活，经济活；金融稳，经济稳。"就业关系着社会的稳定，这是习近平总书记指出的金融在经济发展和社会生活中的重要地位和作用。道理就是这样的简明、充分。

（四）要密切关注财政信贷收支的综合平衡

中国是中国共产党领导的具有中国特色的社会主义国

家，财政金融体制高度集中统一，实现财政信贷收支的综合平衡，是中国金融宏观调控的特色。这方面的表现是：财政收支作用于信贷收支，或者信贷收支作用于财政收支，比如财政发生赤字所发行的国债主要由国家银行购买等。此外，地方政府的债务状况，也需要中央银行关注，因为财政风险与金融风险不仅能交叉，而且能转移。求得二者的综合平衡是防范和化解金融风险的重要条件。

（五）要关注经济周期和金融周期

中国人民银行行长易纲撰文指出：要把坚守币值的稳定作为货币政策的根本目标，同时中央银行也要强化金融稳定的目标。币值稳定不等于金融稳定，这二者的含义不同，衡量的方式方法不同，产生的时机也不同。强化金融稳定，就是要防范系统性金融风险，而系统性金融风险与经济周期、金融周期密切相关，它集中地表现在股市和楼市等金融资产价格的波动上。学术界的研究把股市和楼市价格的谷底值和高峰值作为系统性金融风险的临界线和转折点。在这种状况下，金融宏观调控就要密切关注经济周期和金融周期。一国国内的这两个周期与国际上的这两个周期相互关联、相互渗透、相互作用，因而一国的关注不能离开国际。历史上，一国系统性金融危机的爆发，发生金融危机，往往涉及若干国家，这是我们要密切关注这两个周期的初衷。

站在新时代的高度，坚持和完善中国特色社会主义制度，推进国家治理体系和治理能力现代化，是中国乃至中华民族的担当。在市场经济体制国家，建设现代中央银行制度就是要提高对金融市场变迁的敏感度和适应能力。在这方面，就要完善基础货币投放机制和健全基准利率和市场化利率体系。为此，就要①增强中央银行的独立性，让中央银行真正成为一个社会的银行；②理顺基准利率与市场利率的传导机制，让货币的价格灵活地、精准地、有效地作用于货币的数量，从而服务于实体经济。此外，上述阐明的五个方面既是现阶段金融宏观调控的关注点，也是建设现代中央银行的诉求。当然，建设现代中央银行制度，还有更多的学问。

第十章 论货币锚及人民币锚定物的选择

导读：

讨论“货币锚”，必须明确“货币锚”这一基本理论问题是在什么条件下提出来的；货币锚进入与退出的基本条件；在信用货币的条件下考察货币锚时，要把货币购买力、货币保障力和货币的偿债能力区别开来；把 GDP 作为人民币的偿债能力是不妥当的，把 GDP 作为人民币的锚定物是不妥当的；把土地作为人民币锚定物也是不妥当的。我国人民币的锚定物曾经是黄金、美元、货币供应量目标制和通货膨胀目标制。但现阶段，应坚持汇率为人民币的锚定物。对此，要准确把握习近平总书记关于金融的本质和规律的思想；要确认当代金融的本质和功能在起着变化；要确立货币的锚定物不能只着眼于国内，而要着眼于国际；要发挥人民币锚定物的效应。

近年“货币锚”成为国内学术热点，核心的问题是怎样保障人民币的币值稳定。有人认为在过去相当长的时期中，人民币的锚定物主要是黄金、美元和国债（其中包括外国债券），而现阶段，人民币的锚定物主要是国有资产，其中包括土地（把土地视为国有资产）和 GDP，有人甚至认为作为数字货币的人民币，没有锚。

我们认为，对这一问题很有讨论的必要，因为它是货币学的基本理论问题，必须讨论。

一、必须明确，货币锚这一基本理论问题是在什么条件下提出来的

据详细的文献梳理，“货币锚”这一概念，首先是由美国著名经济学家麦金农在 1997 年亚洲金融危机以后提出来的。他为什么要提出“货币锚”这个问题，在他后来出版的图书《东亚的汇率两难和世界美元本位》中明确地做出了回答。在这一著作中，麦金农分析了东亚国家与美国的经贸状况。总的来说，东亚国家对美国的出口多而进口少。这样在货币收支上，美国形成逆差，东亚国家形成顺差，由于顺差国收入的美元多，以美元为基础的外汇储备不断增长，规模扩大；而逆差国，支出的美元多，美联储供给美元的压力增大。以美元为基础的外汇储备不断增长，规模扩大，会导致本币供给增大，通货膨胀压力增加。为了减轻通货膨胀压力，从市场经济交换出发，东亚国家必须提高本币汇率即本币升值，以降低出口大于进口的比例，减少顺差。但这样做，要给两国经济贸易带来负面影响。

为了减少和消除负面影响，所以麦金农主张：东亚国家本币对美元的汇率必须钉住美元，也就是以美元为基础建立汇率制度。他进一步将其分为高频率钉住美元与低频率钉住美元，前者以每日或每周为基础，后者以每月为基础或每季为基础。低频率钉住美元，在时间上有较多的弹性，有利于东亚各国建立共同的货币锚。所以，麦金农提出东亚各国本币汇率以美元为基础，即“货币锚”的问题，不仅能消除和减少国内短期支付的风险，而且能为本国的货币政策和货币供给提供一个“参照物”。他紧密结合20世纪末21世纪初的经济实践，观察汇率发展的趋势，认为这种变化趋势具有很大的风险性，东亚地区面临越来越大的汇率困境。一方面，东亚地区普遍面临货币升值压力，保持本国货币稳定的成本越来越高，而且给经济长期发展带来扭曲；另一方面，在美元资产占有很大比例的情况下，东亚地区的外汇储备积累越来越多，美元贬值压力下储备资产的缩水损失就越来越大，东亚国家不愿见到美元长期持续贬值，特别是崩溃性贬值。进一步说，麦金农提出“东亚货币锚定美元”，也就是要把美元作为东亚货币的“本位”，也就是减少东亚各国货币对美元的汇率波动，维持金融稳定。应当说，其初衷是明确的，其手段也是不难理解的。

还必须关注的是在此之前，世界著名经济学家、诺贝尔经济学奖获得者米尔顿·弗里德曼，写了《货币稳定方案》一书。该书1960年第一版问世后，在美国共出版了10个版次。在中国共出版3次，即1969年由台湾银行出版、1991年由上海人民出版社出版、2015年由中国人民大学出版社出版。可见，该书影响面之广，对各国货币政策影响之深，是不言而喻的。

该书论述的内容与本章主题密切相关的是：

（1）在金银作为货币已消失的条件下，社会上存在的货币都是信用货币。信用货币是“商品和信用因素混合在一起构成的货币”，它的存在（形成）通常是银行发行的信用纸币。信用纸币发行所耗费的成本，可以忽略不计。这样，信用纸币就能不被限量增加发行，于是为了维持信用纸币的价值，就有必要设置外部限制。

（2）货币作为一种资产，不存在“货币”与“准货币”的划分。要把货币划分为“货币”与“准货币”，只有为了不同的目的，按照不同时间在资产序列上的不同点来划分，才有意义。他在《货币稳定方案（第十版）》中指出：“在我们自己所做的研究中，我们发现，最实用的概念是，货币应包括公众持有的通货，加上商业银行中经过调整的活期存款，加上商业银行中的定期存款，减去互助储蓄银行中的定期存款、储蓄和信贷会中的股款等等。联邦储备体系一直以来都是在更为狭窄的意义上使用‘货币’这一术语，它只包括通货和活期存款，而许多经济学家则在更为宽泛的意义上使用‘货币’这一术语，即除了通货和活期存款以外，它还包括在互助储蓄银行中的定期存款。我自己则倾向于赞成我们在这里使用的概念，因为从经验上来看，这一概念与收入及其他经济量值之间的关联比其他概念更为密切一些，同时也因为它不需要将各独立机构的存款负债按记账类型进行分类，而不同的分类方法会导致不同的计算结果。但这一概念赖以建立的依据当然是完全不具备说服力的。更为重要的是，我并不相信挑选哪一个特定的概念会至关重要，只要：第一，至少这一概念能够包括通货加上经过调整的活期存款；第二，做出确定和明显的选择；第三，选定的货币存量的增长率适应于这一概念。”

弗里德曼强调：“我没有把货币存量的匀速增长当作永远都是最重要的、终结性的货币政策。以我们当前所掌握的知识状况来看，货币存量的匀速增长就是一种使我们有很多理由加以推荐的规则。它可以避免那些有损于我国过去历史记录的严重错误。它可以确保美元购买力的长期稳定。而我则希望，由于我们能在简明规则下进行操作，所以我们能够积累更多的证据，进而学会更充分地理解货币机制的运作原理。由于我们这样做，我们或许还能为控制货币存量设计出更好的规则，而且这样的规则能够博得广大专家的支持和广大公众的理解。”

（3）供给社会的货币，必须进行集中管理，金融体系需要改革。改革的措施，既要流动自由，又要有利息回报。弗里德曼提出改革建议：①公众持有的通货和商业银行经过调整后的活期存款，每年只能以4%的速度增长。联邦储备体系应该被命令保持该增长率逐周、逐月的恒定，并且不能在货币存量中引入季节性波动。②取消当前财政部对国债的管理。要求财政部从联邦储备体系那里获取其所需要的资金，并将盈余存入联邦储备体系。这将把国债管理集中于一家机构。③无论活期存款或定期存款以库存现金的形式或以存入联邦储备体系的含息存款形式，都要求银行揽收存款的时间受制于见索，即付货币或支票转账，并且要对它们的存款负债100%保有等额的准备金，完全允许自由进入存款银行业。弗里德曼认为这样，能够起到如下效应：第一，对防止严重货币动荡产生有效保障；第二，短期货币不确定性和不稳定性显著降低；第三，为私人在资本配置方面的动机和事业心提供更广阔的空间。就第一点来说，即使不能提供有效的保障，也会有助于避免那些时常威胁社会组织趋于瓦解的严重经济动荡。第二点会使经济活动的短期波动具有更大程度的稳定性，并且因此有助于实现国家经济政策的某一个主要目标。第三点会扩展自由经济的范围，并且促进对资源更加有效的利用，无论是对当前消费来说还是对提高经济增长率来说，情况都是如此。

（4）货币的调控集中于联邦储备体系。弗里德曼认为，联邦储备体系有三类金融管制权：

第一类，联邦储备体系决定或变更现存货币总量的权力——这类权力我们可以称之为货币政策工具。在这类权力中，最重要的是再贴现业务和再贴现率、对准备金要求进行变更的权力以及在公开市场上买卖债券的权力。

第二类，联邦储备体系影响贷款或储蓄的分配的权力，或者说是影响利率结构的权力——这种权力我们可以称之为特种信贷政策工具。这类权力包括：确定票据再贴现的资格的权力（这种权力起初极为重要，但目前只有较小意义）、对特种用途信贷的管制权（这种管制权目前被限定在证券信贷的保证金要求上，但一度被运用于消费者分期付款信贷和房地产信贷）以及对成员银行所支付的活期存款利率和定期存款利率的管制权。货币政策工具也可以进入特种信贷政策，因为货币政策工具会影响银行的竞争地位，并且会影响银行和其他金融机构对不同资产的相对持有意愿，从而也就会改变利率结构。然而，这些效应大多是次要的。

第三类，联邦储备体系监督或者管理成员银行业务的权力。这类权力包括：对个别成员银行提供贴现或者拒绝提供贴现的权力、强制要求成员银行的资产与负债结构遵从法定限额的权力、对成员银行账簿进行相关调查的权力。

另外，联邦储备体系当然有权赋予其自身种种服务性职能，例如支票清算、兑换通货以及对财政部负有财务方面的工作义务。

基于麦金农研究这一问题的初衷（东亚各国货币的汇率要以美元为基础）和弗里德曼在《货币稳定方案（第十版）》中的分析，我们认为学术界把“货币锚”解释为“一个国家要获得稳定的货币环境，必须要有一个调整国内货币发行的参照基准”是能够被学术界普遍接受的。它的含义：①它作用的主体是货币管理当局，即中央银行；②它作用的范围主要是“国内货币发行”；③它作用的对象是货币供给，特别是中央银行基础货币供给机制中必须要有“参照基准”；④它作用的工具主要是对货币存量的管理及货币政策。由此我们认为：要稳定货币价值，让其任意波动是不可取的。

二、对货币锚进入与退出，各国在不同的时期有不同的选择

第二次世界大战以后一直到 1973 年布雷顿森林体系解

体以前，美元逐渐成为国际货币的锚，其次是英镑和德国马克。

在第二次世界大战后期，美、英两国政府出于本国利益考虑，构思和设计战后国际货币体系，分别提出了“怀特计划”和“凯恩斯计划”。但美国凭借强大的经济实力、军事实力和充足的黄金储备，最终促使“怀特计划”成为“布雷顿森林体系”的蓝本。“布雷顿森林体系”的要点包括：美元与黄金挂钩，其他国家货币与美元挂钩，可调整的固定汇率，货币兑换性与国际支付结算原则，国际储备资产，国际收支调节机制等，构成西方发达的市场经济国家的核心内容。

布雷顿森林体系的建立，结束了战前货币金融领域的混乱局面，极大地促进了战后资本主义世界经济的恢复和发展。但也要知道：由于资本主义发展的不平衡性，主要资本主义国家经济实力对比一再发生变化，以美元为中心的国际货币制度本身固有的矛盾和缺陷也日益暴露出来。主要弊病包括金汇兑制本身和国际收支调节机制存在缺陷，储备制度不稳定，内外平衡难统一等。20 世纪 70 年代初期，美元停止兑换黄金、欧洲主要国家取消固定汇率制度等事件“宣告”了布雷顿森林体系的解体。

布雷顿森林体系解体之后，美元作为国际货币的锚在西方明显下降，进而转向德国马克。转向德国马克的主要原因与欧洲货币一体化（使用欧元）密切相关，但不可否认的是德国中央银行坚定地执行反通货膨胀的政策。

布雷顿森林体系解体以后，前一时期发展中国家的国际货币大都是美元，如东亚新兴市场经济体（如中国、中国香港、新加坡、中国台湾、韩国以及马来西亚等国家或地区）在1980—1996年期间，都将本国（地区）货币与美元挂钩，钉住美元，以购买力平价为标准，直接或间接以美元为锚。这就是说在这十多年里，这些国家或地区的价格水平与美国大致看齐，从而维持美元汇率长期稳定。但在后一时期，特别是跨入21世纪以后，IMF（国际货币基金组织）设立了一种国际储备资产即“特别提款权”（SDR）或称“补充性国际储备资产”，可取代美元，满足国际清算的需要。这样，有关国家的货币又与SDR挂钩，使得SDR被这些国家视同为本币的“锚定物”。

综上所述，一国货币以什么货币为锚，需要的基本条件是：①在国际清算中被广泛地作为清算手段和支付手段；②能够成为国际货币的主要储币货币；③在金融市场上广泛流通，且币值稳定；④各国货币管理当局，一直执行稳定的货币政策，从而稳定币值。如果这4个基本条件不具备或丧失、被削弱，就不能构成一国以这种货币作为锚的条件。

基于货币锚的进入与退出的条件的理性认识，我们认为“货币锚”（currency anchor）的产生，是想减缓“锚货币”（anchor currency）退出的影响。后者是因，前者是果，这样的因果关系不能颠倒。

三、在信用货币或纸币的条件下考察货币锚时，要把货币的购买力、货币的保障能力、货币的偿债能力区别开来

货币的购买力体现为货币价值，通常说货币贬值了，

即购买力降低了。货币的购买力在不同的时空条件下是不同的，而且可能的购买力与现实的购买力需要有转化的过程。如果说考察货币锚的目标在于稳定币值，而币值又体现在购买力上，则币值稳不稳定就直接反映为从可能性到现实性的转化过程中，这一过程是个体的也是群体的，是微观的也是宏观的。

货币保障能力则反映在群体中和宏观面上。通常说，人民币的发行及内在价值，是“由国家掌握的，以稳定价值投入流通的大量商品物资”为保障的，也就是表明这种保障能力，是由国家即政府提供的，而且是有条件的。其条件就是要能进入流通，可供购买，使商品物资进入消费领域，否则货币的保障能力就要落空。这样的立论，虽然也存在从可能性到现实性的转化过程，但它是预期的，是需要奋斗的，是要争取达到的。所以货币的购买力与货币的保障能力是两个不同的概念。有人把 GDP 作为人民币的锚，把这两种能力等同起来。这样的混淆，不利于学术研究，不利于认知事物。

货币的偿债能力，是就资产负债的关系而言的。货币供给，对供给方而言是负债，即对持有方的负债。如中央银行供给的基础货币是对持有基础货币方的负债，相对而言，也是持有方的资产。货币关系的资产负债是要进行清算的，而清算必须要有现实的货币，而现实的能够作为清算的货币，必须具有流动性。在中国现阶段，人民币的供给既有中央银行提供的基础货币，又有商业性金融机构提供的派生存款。大体来说，这二者都是国家即政府对持有者的负债，相对而言，即都会成为持有者的资产。对持有者的负债必须偿还。偿还的方式有多种形式；依法通过向持有者征缴税收，是一种偿还的方式，只不过这种偿还的方式具有“强制性”“常规性”；通过出售金融产品，将持有者持有的货币收回，也是一种偿还的方式，只不过这种偿还的方式，需要金融创新，购买者接受；此外，银行收回借款，将持有者的货币收回，也是一种偿还，只不过这种方式在一定时期和一定范围内，要减少流通中的货币量，降低货币的流动性。有人说，国家拥有其量以亿万计的厚实的国有资产，能够成为货币供给的保障，问题是这些资产能不能变现？怎样变现？因为只有变现才能成为货币的支付能力。如果购买国有资产的货币，也是银行借款，则向银行的借款，就是新增的向社会供给的货币。这从形式上说，虽然国有资产“变现了”，但只不过是新增货币供给，让这些国有资产“交换循环”，至于“交换循环”的效应是否不利于经济的发展，应当别论。

从一定的意义上说（反映为货币关系的资产负债需要清算）不仅把 GDP 作为人民币的锚是不妥当的，而且把 GDP 作为人民币的偿债能力更是不妥当的。因为 GDP 对应的不是货币的存量，而是货币的增量。需要清算的货币负债是货币的存量，而不仅仅是货币的增量。

同理，把土地作为人民币的锚，不仅是不妥当的，而且是违规的。绝对不能说“土地是国有资产”，《中华人民共和国宪法》中明确规定，农村和城市郊区的土地，除由法律规定属于国家所有的以外，属于集体所有。作为集体所有制的农村土地，有特定的经营管理体制；城市的土地归国家所有，应用于国家建设用地和城镇居民住房用地。

现阶段的情况是：修建的住房过剩，不少人趁机“炒房”，违背了房子是用来住的，不是用来炒的，导致房价高涨，或有行无市。有人说：人民币锚以土地为起点，土地（及辅助的房地产）“货币存储”的属性发挥到淋漓尽致。截至2015年底，人民币发行量（M2）为139万亿元，是10年前的10倍，而核心城市房地产价格正好上涨了10倍，从这个意义上说，我国没有出现严重的通货膨胀。

对这样的论述，我们不敢苟同：①人民币发行量（M2）增长10倍，核心城市房地产价格提升了10倍，这二者有因果关系吗？②人民币的“货币存储”，与“人民币锚以土地为起点”，这二者又是什么逻辑关系？③说这些年没有出现严重的通货膨胀，需要讨论，即使成立，然而在房地产领域出现了严重的经济泡沫，这是业内人士和领导层的共识，这又怎么解释？④说人民币的锚是“中国的国民财富”，那些用来“炒”而不能用来住的房地产，能够算是“中国的国民财富”吗？如果不能把这些问题讨论清楚，说人民币的锚是土地就不能顺理成章。

四、人民币的锚定物是“汇率”

近年对人民币锚定物的讨论已经偏离了弗里德曼在《货币稳定方案（第十版）》中的论述和麦金农所提出要把东亚汇率定位在美元本位上的初衷。之所以呈现为这一局面，如上所述，是因为学界、业界对稳定货币价值的理解，随心所欲，离题发挥。但在我们看来，人民币是有“锚定物”的，这一“锚定物”就是汇率。汇率，简单地说，就是一种货币与另一种货币之间的比价。它表示的方法有两种，即本币汇率和外币汇率。

在讨论人民币的锚定物时，需要回顾历史：在实行金本位制的时期人民币的锚定物，在相当长的时间里，曾经是黄金，铸币的价值由含金量决定，非铸币（如纸质信用货币）的价值，也参考铸币的含金量决定。总体来说流通中货币的价值大致是稳定的。

金本位制崩溃以后，人民币的锚定物曾经与美元挂钩，即美元与黄金挂钩，其他货币与美元挂钩，对此业界、学术界称为金汇兑本位。这实际上是以美元作为人民币的锚定物，但时间不长。1971 年 8 月 15 日，美国宣布其他各国持有的美元不能兑换黄金，这实际上，人民币不能再以美元和黄金为锚定物稳定币值。为保持币值的稳定，相继采用货币供应量目标制和通货膨胀目标制，即在一定时期规定一个货币供应量增长和通货膨胀上涨的百分比，以稳定货币的价值（购买力）。这样，人民币的锚定物，实际上随规定的货币供应量增长的百分比变动而变动，和规定的通货膨胀率上涨的百分比变动而变动。

以货币供应量目标制为人民币的锚定物，它的特点是：第一，随经济的增长而增长，通常与 GDP 挂起钩来；第二，人为的，而且常有相当大的主观判断的成分；第三，货币供应量的层次，怎么划分，怎么判断它的效应也是问题，其中包括量的不确定性和效应的时滞性。究其原因，影响的因素很多。

除了评析上述在实践中，管理层曾经确立的人民币的锚定物外，在学术界曾经讨论过能不能以国债或石油作为人民币的锚定物。对此，我们在这里，也做简要评析，核心的内容是如果以国债或石油作为人民币的锚定物，能不能稳定币值，实现当代金融应当实现的目标。

第一，以债为锚定物：货币供给与就业和通货膨胀。以什么为锚发行货币，其含义就是：以什么为载体，作为货币的信用基础。以债为锚，发行货币，就是以国债作为货币的信用基础。进一步说，就是以政府信用作为基础。发行货币，是政府欠了持币人的债。政府欠债，找政府负责偿还。

从运作机制看，政府发债，社会成员购买，发生的是：政府增加对货币的需求，进而增加对社会成员的货币需求。由于社会成员对货币的需求，是金融机构（主要是银行）供给的，所以国债的发行在增加对货币需求的同时，也增加了货币供给。增加货币供给，能不能有效推动生产要素的结合，要考察增加货币供给，形成的资金的流向。如果增加货币供给，造成货币资金流动泛滥，则不可取。增加货币供给还会带来通货膨胀。所以以什么为锚定物必须研究通货膨胀与失业的关系。

如果通货膨胀，失业增加，中央银行应提高利率，抑制通货膨胀。抑制通货膨胀，如减少货币供给，则不利于增加就业。要增加就业，就要放松银根，促使生产要素结合，发展经济。所以，从金融宏观调控的角度说，在权衡调控目标时，就要分析，把哪一个放在首位。

第二，以石油为锚定物：石油交易非美元化与推动人民币国际化。历史上的主要国际货币英镑、美元均与煤炭、石油等能源紧密联系在一起，货币发行国享受较多能源定价、国际金融等红利。

近些年，中国已成为全球第二大石油消费国，人民币币值持续坚挺，且多元化国际资产有助于分散风险，一些石油输出国开始寻求用人民币兑换石油。在这种背景下，国内外的一些学者主张人民币的锚定物应当是石油，以推动石油交易非美元化和人民币国际化。

我们主张坚持以汇率为人民币的锚定物，主要是基于：

（1）经济与金融共生共荣。习近平总书记指出：金融活，经济活；金融稳，经济稳。经济兴，金融兴；经济强，金融强。由此，他强调：金融是国家重要的核心竞争力，金融安全是国家安全的重要组成部分，金融制度是经济社会发展中的重要的基础性制度。

（2）当代金融的本质和功能在起着变化。对当代金融不能简单地理解为以金融中介机构为载体的货币资金的融通。当代金融的典型特征是：风险规避、经济调节、区域协调、信息传递、公司治理、财富分配、公平正义、引导消费。如果仅仅把金融看成是以金融中介机构为载体的货币资金融通，有失偏颇，并且违背了习近平总书记指出的金融本质起着变化的权威论断。

（3）一种货币锚定物的确立，不能只着眼于国内，而要着眼于国际。因为经济全球化，我国致力全方位的改革开放，正在向着人类“命运共同体”迈进。

（4）以什么为人民币的锚定物，必须发挥锚定物的效应。货币的“锚”实际上是为货币的价值寻找一个参照基准以稳定货币环境。货币锚的确定同货币本位相关。2005年7月21日之前，我国即以美元为“名义锚”，“汇改”之后改为“参考一篮子货币进行调节”。2008 年全球金融危机使各国再次考虑改革以美元为中心的国际货币体系，人民币换“锚”以及人民币国际化的发展推动其他经济体寻求在货币篮子中加入人民币。我们需要在人民币国际化的大背景下考察人民币的锚和人民币的锚效应，为人民币价值提供一个稳定的锚。这是人民币国际化的基础条件。只有人民币币值保持稳定，其他国家以人民币为锚或主要参考货币才有经济意义。但如果人民币只单一锚定美元，那么其他国家也就没有必要用人民币来定值本国货币，直接以美元为锚更为简单，不仅降低交易成本，还可以保持与中国在共同出口市场的竞争力，稳定与中国的双边汇率。因此，单一以美元为锚不利于人民币的国际化。要想成为一种真正的国际货币，人民币必须摆脱“美元锚”。

（5）我国对外经济实行“有管理的浮动汇率制度”，这个制度不再钉住单一的美元，而是参考一篮子货币进行调节，在调节中主要以商品和服务贸易为基础，适当地考察外债来源、币种结构以及外商的直接投资和经常转移。这表明以“汇率”作为人民币的锚定物，除了立足于维护自身利益外，充分地考虑到了各方利益，是完全遵循市场经济的原则在运作。

第十一章　论中国金融体系模式

导读：

直接融资或间接融资都必须着力于实体经济。在着力于实体经济的同时，有增大虚拟金融的必然性。直接融资与间接融资的运作相互交叉、相互渗透、相互支撑、相互之间做出区分的意义在于防范风险，但同时必须认知正面效应和负面效应。建立什么样的金融体系，首先要考察金融资源的形成和配置。社会主义基本经济制度决定了中国的金融体系只能是银行导向型的金融体系，而非市场导向型的金融体系。关于中国金融体系的建议：①以内源性融资为基础，外源性融资为主导；②在外源性融资中，以银行融资为主体，证券融资配合；③在银行融资中，商业性融资为先，政策性融资跟进；④在证券融资中，股票融资为先，债券融资配合。

在《大国金融及其特色——为中国金融立论》一文中，笔者主要从横切面叙述了中国金融是“大国金融、社会主义金融、发展中的金融”的方方面面。本章试图主要从考察基本经济制度着手，从对金融资源、产业结构、法制基础以及金融体制等各种因素的分析中去探讨中国金融是什么样的金融体系。

一、直接融资与间接融资

较长时期以来，中国学术界和实际部门都在讨论直接融资与间接融资，而且把提高直接融资的比重作为金融发展的战略决策。人们把直接融资理解为买卖股票、债券以及商业票据，而把间接融资理解为银行存贷款。还有人把直接融资与间接融资理解为有没有金融中介参与其中分散风险：把没有金融中介参与其中分散风险的融资定义为直接融资，把有金融中介参与其中分散风险的融资定义为间接融资。这样的区分容易明白并让人接受，但是欠缺学理分析。从学理上考察，融资是双方的，既有融出方，也有融入方。在一级市场上买卖股权，购买者买进股权，形成作用于实体经济的货币资金，这是买卖双方的直接融资。如果在二级市场上买卖股票，则这种交易就不是买卖双方的直接融资，而是买卖以股票为依托的货币商品，这样的金融行为不仅不能形成作用于实体经济的货币资金，而且有增大虚拟金融（通俗地讲“以钱炒钱”）的必然性。把提高直接融资的比重作为战略决策，在一定条件下，能分散银行的风险，但必须看到这种增加虚拟金融的必然性。

随着经济的发展，人们的货币收入增加。金融市场发展是居民货币资金增值保值需求的必然结果，是投资渠道的一种选择。社会公众必须懂得它的正面效应，同时也要看到它的负面效应。

随着金融业的发展，货币资金融通的需要，在国内金融领域同一个金融机构中，可能既存在着直接融资，也存在着间接融资。如在商业银行中，不仅银行能够代客发行股票、债券，而且也能够发行直接融资产品让顾客购买，这一般是商业银行的表外业务，不涉及商业银行的资产负债。此外，商业银行替顾客理财，按规定商业银行不得承诺保本保收益，理财收益既不封顶又不保底，属于商业银行所开展的典型的直接融资业务。所以，随着经济社会的发展，金融业的变迁，在金融领域，直接融资与间接融资的运作相互交叉、相互渗透、相互支撑、相互之间做出区分，其意义在于风险管理。在中国社会主义市场经济制度中，把提高直接融资的比重作为一种金融发展的战略决策，未必是最优选择，应当看到它的正面效应和负面效应。

二、融资模式与金融体系形态

直接融资与间接融资概念的提出，起源于1955年《美国经济评论》上发表的题为《从金融角度看经济增长》的论文。1996年，在朱镕基兼任中国人民银行行长时，提出“扩大直接融资规模”，首次以官方的身份将此概念引入中国。其实，在1987年5月上海辞书出版社出版的由刘鸿儒教授主编、众多金融学者参与编写的《经济大辞典·金融卷》中，就纳入了“直接金融与间接金融”的词条，并做了诠释。尽管如此，区分直接融资与间接融资的必要性，以及这样的区分对经济和金融业发展的影响，不被国际上大多数国家接受和认同。被国际上大多数国家接受和认同的是“市场主导型金融体系”与“银行主导型金融体系”。

关于市场主导型金融体系与银行主导型金融体系对经济、金融业发展的影响，国际货币基金组织（IMF）有人撰文进行了评述。该文提出的假设是“经济体的金融结构会影响危机后的经济复苏能力”。该文从 IMF 于 2009 年建立的数据库中，选取 17 个发达经济体[①]在 1960—2007 年间发生的 84 次经济危机前后的表现作为研究样本，将这些经济体分为银行主导型和市场主导型，比较它们危机后的复苏情况是否显著不同。研究的结果如下：①市场主导型经济体比银行主导型经济体复苏速度更快。数据表明，在控制相关变量后，两组经济体在危机后两年内经济增长的差距在 0.8 到 1.4 个百分点之间。②危机后两年内，高市场主导型经济体与高银行主导型经济体的复苏差距加大，经济增长的差距高达 2.7%。③两组经济体之间增长速度的差距随着时间的推移而增大，开始复苏后八个季度增长速度的差距显著高于前四个季度。④此外，金融结构并非经济体强劲复苏的唯一原因，经济体本身的弹性也是重要因素。将就业和产品市场的灵活性等因素剔除，市场主导型经济体

---

① 这 17 个经济体分别是澳大利亚、加拿大、丹麦、芬兰、法国、英国、美国七个国家被列为市场导向型。奥地利、比利时、德国、意大利、日本、荷兰、挪威、葡萄牙、西班牙和瑞典十个国家是银行导向型。其中美国、澳大利亚、加拿大、英国具有很强的市场导向性，而比利时、葡萄牙、西班牙和奥地利具有很强的银行导向性。

复苏效果的比较优势就被削弱了。⑤最后，危机的性质也很重要。与经济危机相比，金融危机会对市场主导型经济体造成更为严重的负面影响，这可能是由于这些经济体对金融业的依赖度更大。

这些发现对于经济复苏的影响是发人深省的。第一，发达经济体复苏的速度很大程度上取决于其金融结构的差异，加拿大、澳大利亚、美国这三个市场主导程度最高的经济体与西班牙、葡萄牙、比利时这三个银行主导程度最高的经济体相比，复苏的速度更快。第二，对于由金融危机引发的全球范围的危机，即使是市场导向型的经济体，复苏的速度也很慢。而那些银行主导型的金融体系（比如欧洲），情况可能更加糟糕，值得关注。

受 IMF2011 年这篇工作论文的影响，中国部分学者主张大力发展直接融资，提高直接融资在融资结构中的比重。他们的思考是：

20 世纪 70 年代末期，我国经济走上改革开放的道路，金融资源也从通过高度集中的计划方式分配逐步走向了以分散的方式进行分配，五大商业银行和股份制银行在经济活动中起到主导作用。资本市场在 20 世纪 90 年代初期萌芽并逐步发展起来，如今，我国金融体系高度依赖商业银行的格局未能改变，资本市场发展水平仍不够。这一方面与我国经济发展水平相对欠发达和产业形态相对简单有关；另一方面也受制于法治、诚信等多方面的环境因素，并和我国资本市场的发展历史较短有关。各国的实践表明，资本市场的发展和金融结构的调整都需要经过一个发展的阶段。在很多国家的历史发展阶段，如日本的 20 世纪 50 年代到80年代、韩国的20世纪60年代到90年代等，银行都起到了主导作用。

从长远发展来看，推动更多金融资源通过资本市场进行配置，提高直接融资比重，是全球金融体系发展的趋势，也是经济社会发展的必然要求。特别是当经济处于结构调整和转型升级的阶段时，直接融资体系的风险共担、利益共享、定价市场化和服务多层次的特性，使其更有利于推动中小企业和创新型企业成长壮大，从而有效地促进经济转型。美国的纳斯达克市场和韩国的柯斯达克市场在本国经济转型中的巨大作用都是较好的例证。同时，国际货币基金组织的两位经济学家曾经观察过1960—2007年间17个OECD经济体在84次危机后经济恢复的情况。结果显示，美国、加拿大和澳大利亚等以直接金融为主导的经济体，复苏速度和质量远高于比利时、意大利、西班牙和葡萄牙等以银行为主导的经济体。2008年全球金融危机后，尽管美国是危机的发源地，但其经济复苏速度再次超过欧洲和日本等国，这些都从一个侧面反映出直接融资比重更高的金融体系对经济的弹性和可持续发展具有更好的支持作用。

中国正处在转变经济增长方式、促进经济转型升级的关键时期，特别是高科技产业和战略性新兴产业的发展，对金融结构的调整和资本市场的发展提出了非常迫切的现实要求，提高直接融资比重的任务也愈加紧迫。同时，社会财富管理和养老等民生问题也必须通过丰富资本市场品种和发展机构投资力量加以解决。近年来，尽管我国在发展直接融资方面做出了很多努力，但金融结构依然存在较明显的失衡现象。

IMF2011 年这篇工作论文的作者提出，大力发展直接融资比例的途径主要是：①营造有利于直接融资的法治和诚信等外部环境；②积极推进金融体制市场化改革，发展多方力量共同促进直接融资发展；③探索互联网金融等新金融模式对推动直接融资的积极作用。

三、金融体系形态的决定因素

我们的认知是：这不是简单地提高直接融资比重的问题，而是关系到在中国社会主义市场经济制度下建立什么样的金融体系的问题。经济基础决定上层建筑，经济制度决定金融体系。中国社会主义基本经济制度包含经济成分、分配模式、运行机制三大要素。在党的十九届四中全会的决议中，规范的表述如下：

（1）“毫不动摇巩固和发展公有制经济，毫不动摇鼓励、支持、引导非公有制经济发展。”既要坚定不移做强做大做优国有经济，又要坚定不移发展壮大民营经济。

（2）“坚持按劳分配为主体、多种分配方式并存。”所谓多种分配方式，也就是按生产要素分配。在决议中把生产要素概括为七种，即劳动、资本、土地、知识、技术、管理、数据。这七大生产要素在经济发展中的贡献，要由市场来评价。要按贡献决定薪酬机制。在现代经济中，知识、技术、管理等要素在经济增长中的贡献明显上升。

（3）“充分发挥市场在资源配置中的决定性作用，更好发挥政府作用。”要使市场在资源配置中发挥决定性作用，不仅关系到市场供求，而且关系到经济体制改革。而要进行经济体制改革，必然影响到政治、文化、社会、生态文明和党的建设等各个领域。

这样来理解中国特色的社会主义市场经济，则市场经济就不是一种制度，而是一种体制。机制的有序安排并得到权威机构法定和公众的认同就成为一种体制。完善市场经济体制，就是要排除约束市场经济主体的活动的干扰。衡量什么因素约束了市场经济主体的活动，要看主体的活力发挥出来没有，价值规律充分发挥作用没有。为此，要完善产权制度、要素市场化配置制度和公平竞争制度。所以，可以概括地表述为：坚持公有制为主体、多种所有制经济共同发展和按劳分配为主体、多种分配方式并存，把社会主义制度和市场经济有机结合起来，不断解放和发展社会生产力的显著优势。

社会主义制度的巨大优越性：既有利于解放和发展社会生产力，改善人民生活，又利于维护社会公平正义、实现共同富裕。

在这样的基本经济制度下，建立什么样的金融体系，首先要考察金融资源的形成和配置。

金融资源是金融体系中货币资金、金融产品、金融服务、金融工具、金融人才、金融机构、技术手段、信用状况的总和。金融资源的基础或实质是信用（含信誉、信实、信任、信心）。从学理上认知：

（1）信用是人类的财富。社会中的人都生活在权利与义务的关系体系中，信用是享有权利与应尽义务的社会学概括。“人无信不立”正表明人必须生活在这样的关系中。当代货币都是信用货币，信用货币是信用关系的主要载体。

信用货币不仅由社会权威的金融机构如中央银行和商业银行供给，而且随着科学技术的发展和制度的变迁，信用货币还能够由非金融机构供给，如数字货币。换句话说，货币是什么？货币是以相应的信用为基础和保障的价值符号。通俗地说，数字货币就是信用关系的量化。用它来进行收支结算，标识着人们权利与义务关系的建立和消除。权利与义务关系的建立和消除，是建立在财产所有权确立和明晰基础上的，没有这个前提条件，就无所谓权利与义务。而权利与义务是人们拥有、运用财产过程中的法理表述。财产是财富的重要构成或同义语，所以“信用是财富”是顺理成章的，是被普惠金融实践证明且更是被社会认同的。

（2）信用是人们的生存剂。按有的国家（如美国）的法律规定，符合规定条件，个人能够破产，个人破产后所欠债务一笔勾销。这是法律的规定，也是个人可能的选择。这样的好处是个人得到法律的保护一身轻松，但其弊端是增加了信用的不良记录。这一不良记录无论你去到哪里，就跟到哪里，可以说相伴终身。这样的不良记录，不仅给个人生活带来影响，而且威胁着你的生存。近年来，我国也加强了社会诚信环境建设。2015 年 7 月 6 日，最高人民法院审判委员会通过了《最高人民法院关于修改〈最高人民法院关于限制被执行人高消费的若干规定〉的决定》，对被执行人为自然人的，采取限制高消费的八条严厉措施。可以说，缺失信用，寸步难行。可见讲信用是人们的生存之道。

（3）信用是政府、企业和个人价值的体现和实现。当代社会，政府的信用状况是衡量一个国家“国家信用风险”

的重要条件之一；企业的信用状况是拓展业务的前提；个人的信用状况是有效地生存和生活的手段。因为信用能分配资源，能增强清偿能力，能筹集资金，能获得支付手段，所以信用对政府、企业和个人都非常重要。从社会学的角度说，必须提高人的信誉，增强人的信心，增进人的信任感。如果说信用是社会的支撑，则信誉是发展的成本，信任是关系的基础，信心是事业的保证。

从金融资源的生成、配置和运营的角度考察，在具有中国特色的社会主义基本经济制度下，公有制企业（包括国有企业）是生成、配置和运营金融资源的主体，因为它们是社会主义经济的基础，国家或政府掌握金融资源是理所当然的。此外，政府利用金融资源实现政府、企业和个人的价值，从而实现按劳分配为主，多种分配形式分配并存，也是社会经济生活中不可缺失的。至于在政府调控为主的条件下，利用金融资源进行宏观金融调控，则是市场经济运行的题中应有之义。银行特别是国有银行，是生成、配置和运营金融资源的主角，所以，在中国社会主义基本经济制度下，金融体系必须且只能是银行主导型的金融体系，而非市场主导型的金融体系。这种体制是对实际的理性反应，至少现阶段不能改变和难以改变。

四、金融体系建设面临的新形势

此外，金融体系的建立必须适应科技进步和金融发展的潮流。

当代金融领域面临着两大挑战：

一是数字货币的挑战。数字货币是建立在信用关系的基础上的。数字货币是信用关系的量化。货币问题是个信用问题。社会成员既是货币的需求者，也是货币的供给者。数字货币给货币政策调控带来了巨大的挑战。它的出现，拓展了金融服务的面，也存在潜在的金融风险。设想一下，如果数字货币就是信用关系的量化，货币流通就是权利与义务关系的建立和消除，则货币问题就是信用问题。在这种状况下，数字货币对金融业的挑战，就是社会信用状况对金融业的挑战。

决定人们信用状况的因素很多：经济的，思想的；现实的，历史的；主观的，客观的。在这种状况下，如何面对？笔者认为，基本思路是：抓基础（树立良好信用风气），抓网络（针对那些互联网金融公司进行监管，建立市场准入、退出制度和存款准备金制度），抓舆论（既要宣传互联网的正面效应，也要认知互联网的负面效应），抓队伍（要使监管部门的干部队伍熟业务、懂流程、辨是非、识利弊）。

二是金融科技的挑战。金融科技（fintech）的出现，推动了金融科技产品的创新，从正面效应考察，这些产品颠覆了传统的金融业务：①创造了机器人投顾平台；②节约了金融业的人工成本；③提高了金融业的服务质量和效率；④增强了金融机构的信用度；⑤扩大了金融机构与社会成员的联系。如果从负面效应考察：①改变了金融业运行的传统程序；②混淆了金融监管的权责界限；③模糊了金融资金的流向流量；④给稳金融稳经济带来挑战。

面对上述两大挑战，在一国金融体系的建设过程中，一要正视当代金融与经济的关系正在起变化。2017 年 5 月，在中国举行了首届“一带一路”高峰论坛，习近平总书记在开幕式的主旨演讲中指出：“金融是现代经济的血液。血脉通，增长才有力。我们要建立稳定、可持续、风险可控的金融保障体系，创新投资和融资模式，推广政府和社会资本合作，建设多元化融资体系和多层次资本市场，发展普惠金融，完善金融服务网络。”这一段论述包括的含义是：要建立稳定、可持续、风险可控的金融保障体系，普惠金融应当是这样的金融保障体系的组成部分；在这样的金融保障体系内，要创新投资和融资模式，要维护政府和社会资本合作，要建立多元化融资体系和多层次资本市场；要发展普惠金融，完善金融服务网络。结合习近平总书记在另外一些场合发表的关于金融的讲话，他所说的“金融保障体系”，也就是对经济增长的保障体系。“金融活，经济活；金融稳，经济稳”，把金融与经济发展的关系，定位为保障与被保障的关系，前者是因，后者是果。这不是简单的互换金融与经济因果关系，而是对金融发展状况的理论升华。二要有互联网思维。当今社会已进入互联网时代。互联网是信息技术，或者说是信息采集、处理、传播、开发和运用的平台，互联网思维的核心，就是要让信息取信于民。在金融体系建设中，要让金融信息有效地发挥“金融活，经济活；金融稳，经济稳”的保障作用。

五、完善中国金融体系建设的政策建议

借鉴国际金融业发展的经验，密切结合中国现阶段的

实际，我们主张加快推进中国金融体系建设：①以内源性融资为基础，外源性融资为主导；②在外源性融资中，以银行融资为主体，证券融资配合；③在银行融资中，商业性融资为先，政策性融资跟进；④在证券融资中，股票融资为先，债券融资配合。

内源性融资，简单地说，就是企业将自己的储蓄转化为投资，它具有自主性、成本低、重积累等优点。在相当长的时期，中国的企业缺少自有资本。缺少自有资本的主要原因，不是企业不赚钱、难赚钱，而是把所有赚的钱，按当时的政策，或者作为利润上缴，或者留给企业作为开发基金，或者弥补费用开支（应当获得的拨付而未获得）。概括地说，也就是企业，特别是国有企业，缺乏积累，不注重积累。这种状况的产生有其认知根源，重要的认知根源之一就是没有培育市场经济主体。而自 20 世纪以来，在西方发达的市场经济国家里，内源性融资始终占企业融资中的绝大部分，如美国企业在 1979—1999 年这 21 年中内源性融资占比一直在 70%~80%之间，日本则在 50%以上。外源性融资中，银行贷款是主要的，其次是债权融资和股权融资。有的国家（如美国）股权融资是负增长。其统计资料如表 11.1 所示。

表 11.1　1979—1999 年美国企业融资模式　　单位:%

年份	内源性融资	外源性融资	
		新增债权融资	新增股权融资
1979	79	18	3
1980	65	31	4
1981	66	37	-3

表11.1(续)

年份	内源性融资	外源性融资	
		新增债权融资	新增股权融资
1982	80	18	2
1983	74	20	6
1984	71	45	-16
1985	83	36	-19
1986	77	41	-18
1987	79	37	-16
1988	80	46	-26
1989	79	45	-24
1990	77	36	-13
1991	97	-1	4
1992	86	9	5
1993	84	12	4
1994	72	34	-6
1995	67	42	-9
1996	87	23	-10
1997	79	35	-14
1998	81	51	-32
1999	70	47	-17

数据来源：Board of Governors Federal Reserve System. Flow of Funds Accounts [EB/OL]. https://www.federalreserve.gov/.

我们的认知根源之一是国内多侧重于市场经济的宏观调控，而没有着力解决建立市场经济制度所必须首先要解决的核心问题，即怎样培育市场经济主体。关于这个问题，1984 年 10 月党的十二届三中全会通过的《中共中央关于经济体制改革的决定》中有一个纲领性的论述："要使企业真正成为相对独立的经济实体，成为自主经营、自负盈亏的社会主义商品生产者和经营者，具有自我改造和自我发展的能力，成为具有一定权利和义务的法人。”应当说，这一纲领性的论述是明确的、正确的。对此，1988 年 4 月，全国七届人大一次会议通过了《中华人民共和国企业法》，它是新中国成立以来我国国有企业的第一部基本大法，从法律上确立了现阶段中国的企业制度，为企业改革指明了方向。可是数年的实施成效并不能令人满意。于是，1992 年 7 月，国务院又颁布了《全国所有制工业企业转换经营机制条例》，该条例把国有企业改革的侧重点确立为“转变经营机制”，即把企业改革的重点由“确立市场经济主体”改变为“转变经营机制”。

市场经济主体在市场经济中具有排他性、自主性和公平性。排他性表明“你的东西”不能是“我的东西”，“有你没有我，有我没有你”。基于这一特性，企业作为市场经济的主体，首先要明晰产权，产权界限要清楚。自主性表明企业在追求自己的发展目标中必须拥有相应的权利和承担应尽的义务。基于这一特性，企业作为市场经济的主体，必须“自主经营，自负盈亏，自我约束，自求发展”。但必须指出，这“四有”的核心是“自负盈亏”，不能自负盈亏，自主经营缺乏动力，自我约束、自求发展也缺乏经济基础，而能承担自负盈亏的主要是企业的自有资本，企业缺乏自有资本就只能负盈不能负亏。公平性表明进入市场的主体不论规模大小，“出身”（国有、集体、民营、个体）如何，都没有高低贵贱之分，市场是天生的“平等派”。培育市场经济主体自然应当着力在强化上述“三性”方面下功夫，其中特别是不仅要明晰产权，而且要充实自有资本，而充实国有企业的自有资本，必须依靠自我积累和政府财力。而实际情况是企业缺乏自我积累，政府财力缺乏，国有企业自有资本不足，相当多的国有企业主要靠银行贷款起家，投资后有了利润，其中大部分又被收走，造成先天不足、后天营养不良。

我们认知的根源之二是，长期以来我们把银行与财政视同一家，银行的钱财政用。在生产建设上产生了一个观念：财政搞建设，银行管经营，“全额信贷”也就是这种观念下的产物。实际上，项目建成了，但无法经营，因为缺乏运营资金。

我们认识的根源之三是，违背“将本求利”积累拓展的商业轨道。外源性融资包括银行贷款、股权融资、债券融资、商业信用、租赁融资等，它的特点是要具备必需的条件（比如要有融资资格、融资担保等），要接受法规管理，要付出融资成本。总的来说，外源性融资实质上就是负债经营。在当代，随着经济社会的进步，科技的发展，人们思想观念的转变，企业负债经营方兴未艾。而负债经营，重要的是要“有借有还”，而“有借有还”取决于人的诚信和经济效益。

在外源性融资中，之所以要以银行融资为主体，证券融资配合，主要是因为在中国特色社会主义经济制度下，金融资源的绝大部分被集中在国有银行手中，国有银行在金融资源的生成、配置、传递、运作中起决定性的作用。此外，国民收入的分配（消费与储蓄）对外源性融资中这二者的有机结合也有举足轻重的影响。据国家统计局数据，近些年国民人均消费支出一般占人均可支配收入的60%以上（2019 年这一比例已达到 70%）。由于人口众多，人们在将收入用于消费以后，大部分人没有多少结余用于储蓄。在国民收入中用于投资的应当是政府储蓄和企业储蓄。这两项储蓄要占总储蓄的绝大部分。学界和业界对政府储蓄和企业储蓄的计量，由于概念含义的不同，计算口径方法的不同，因而其结果存在差异，但在国民收入储蓄总量中这二者占绝大部分是达成了共识的，也是人们普遍接受的。在这种状况下，以银行为主体的融资，其资金来源，或者吸收居民家庭、企业的储蓄，或者向中央银行争取借款，获得高能货币，而在股票、债券市场上投资的只能是储蓄中的小部分。当然，虽然是储蓄的小部分，但也是不可缺少的部分，因为这一部分储蓄也要转化为投资，其中相当大的部分也要作用于实体经济的发展。

在银行融资中，之所以商业性融资为先，政策性融资跟进，主要是因为中国已经是实行社会主义市场经济体制的国家。在这样的体制下，商业性金融机构，不仅要赚钱，而且它们始终处于竞争的环境中，要权衡成本、收益，要完成金融机构主体在经营管理中必须达到的目标。此外，商业性融资为先，还在于商业性融资的公平、公正、选择自由、信息透明。这些特点既区别于政策性融资，也是市场经济体制的约束和要求。

在评析政策性融资跟进时，需要规范政策性金融机构的概念。政策性金融机构通常是政策性银行，中国进出口银行、国家开发银行和中国农业发展银行，均是政策性银行。政策性金融机构的特征包括：组织方式的政府控制性、业务领域的专业性、行为目标的非营利性、融资准则的非商业性、信用创造的差别性。这五个特征中，组织方式的政府控制性和业务领域的专业性是独特的。也就是说，政策性融资必须有这二者，二者任缺其一就不是完整的政策性融资。由此，我们能够把政策性融资定义为：由政策性金融机构组织的贯彻政府政策和意图，不以商业性的目标和运行准则为原则推动经济社会发展的融资活动。这样的活动在中国现阶段体现在三家政策性银行的业务中。此外，在中国商业性金融机构的业务中，也有政策性融资。前者可谓政策性金融，后者可谓金融的政策性。比如商业性金融机构的业务中，着力支撑科技、农业、中小微企业的发展和开发，实际上带有政策性，也能够称之为金融的政策性。只不过后者通常在特定时期，在必须从政府政策层面上关注的状况下才发生。这里我们提出政策性融资跟进，也就是既要发挥政策性金融的作用，又要发挥金融的政策效应，以实现政府意图。

在证券融资中，相对于债券融资而言，股票融资具有长期性、不还本、成本低、可选择等特点。一个经济主体（如企业）是选择股票融资，还是选择债权融资，主要取决于三个条件：一是产业结构，二是市场环境和法制环境，三是投资意识。产业由企业构成，产业结构取决于企业的生命周期；市场环境取决于人们将储蓄转化为投资的渠道选择，而人们对投资渠道的选择，取决于人们持有金融资产的总量和流动性；法制环境取决于奉行的是哪一种法系；投资意识取决于人们对利率和汇率的敏感度。之所以提出股票融资为先，债券融资配合，除中国的各类企业需要通过股票融资充实自有资本之外，重要的是要适应科学技术的金融需求，让金融市场支撑科技企业的成长。

当代经济社会的发展，人们生活水平和质量的提高，主要靠科学技术推动，科技产业在一国产业结构中占有举足轻重的地位。企事业单位是科技创造发明的主体。由于科技的创造发明，需要经过研发、试验、形成产品、投产试用、推销占领市场等阶段，所以一般来说，科技企事业单位回报期相对较长。在较长的回报期中，不仅开发、试验主体需要占用较多的资金，而且投产、试用、推销、占领市场也需要相应的资金。科技企事业单位融资需求量大，且偿还周期长。在中国，从事科创的主体既有条条，也有块块，而且条条与块块不完全结合，一些研发成果在长时期中不能转化为产品投向市场。为了推动条块结合，不仅要靠融资，而且要靠体制、机制，股份制无疑是其中可选择的较好的机制之一。

随着经济的发展和人们收入的提高，相当一部分人持有了金融资产。在中国居民金融资产中，银行存款约占49.1%，银行理财产品约占14.3%。其他类型的金融资产占金融总资产的比例都偏低，其中资本市场投资（包括股票、债券、基金）占14.5%，其余占22.1%。这表明居民持有的金融资产中，资产的流动性较弱。这种情况有利于股权融资的发展，不利于债券融资的发展。

全球多个国家的法制体系，可分为海洋法系和大陆法系。海洋法系起源于英国，普及于美国，由于英国是岛国，周围均为海洋，故称为海洋法系或英美法系。大陆法系起源于欧洲大陆的法国和德国，故称为大陆法系。这两大法系的重要区别在于：海洋法系注重保护私有产权，着重程序流程，注重从判案中抽象出规则，所以又被称为判例法，而大陆法系则更强调政府权力，注重演绎推理，从抽象到具体，在判案中从成文规定中寻找依据，所以又被称为成文法。这两大法系各有哲理基础和历史渊源，并无优劣之分。但在推动各国金融体系生成和建设的进程中，特别是推动金融市场的建设和发展中，发挥着不同的作用。这反映在学术界的认知中，一部分学者认为：海洋法系有利于推动金融市场的建设和发展，因为在这一法系中法官具有造法功能，判案有案例可循，具有紧密结合实际的灵活性；司法独立性强，更有利于保护债权债务关系。而另一部分学者认为：大陆法系法官只能有限地解释法律，且常受到行政干预，司法的独立性不强，不利于推动金融市场的建设和发展。学者们的认知虽有不同，但有一点是能够达成共识的：金融市场的发展，债权债务双方有不同的利益诉求；法治的实践是因，金融市场的建设和发展是果。其因果关系对金融市场的建设和发展，要受到法治传统的影响，但不能说是决定性的因素。

中国的法治，在较长的时期中，较多地借鉴了苏联的法律制度，基本上从属于大陆法系。改革开放以后，也学习和借鉴了西方法治有益的经验和做法，在建设和发展金融市场中发挥了应有的作用，必须予以充分肯定。

在金融体系的建设和发展中，人们的金融意识至关重要。它主要反映在人们对利率和汇率变动的敏感度中。不同阶层的金融意识，由于不同因素的影响，存在着差别。从完善和健全金融体系的角度而言，应当是提高和加强，而不是降低和削弱。

第十二章 金融要成为社会稳定和发展的保障系统

导读：

金融要成为社会稳定和发展的保障系统，必须建立现代金融服务业，必须关注现代经济生活的变化。现阶段讨论中国金融业的建立和发展应当关注：适龄劳动力增加，就业压力增大；人们收入增加，中产阶层正在形成；贫富差距迅速扩大，两极分化需要防范；人口老龄化，社会保障需要建立和完善；追求公平正义成为社会和谐稳定的“定海神针”。同时，面对经济社会的变迁，当代金融领域面临着多方面的挑战：数字货币的挑战、金融科技的挑战、金融需求多元化与差别化的挑战。一个国家经济社会的进步和发展，必须建立两大系统：社会成员生活水平提高的保障系统、社会成员生命和财产安全的保障系统。社会是一张“资产负债表”，当代金融的运作涵盖整个社会，社会的进步和发展在于求得这张资产负债表的平衡。建立金融保障体系，要防止通货膨胀并遏制资产泡沫；要着力推动乡村振兴，巩固脱贫成果；要建立和完善新的市场主体——社区银行。

社会保障（social security）是一种经济社会运行的机制或制度，通常通过立法的形式公示实施。社会保障的主体是政府，或者是被赋予政府职能的权威组织；社会保障的客体是需要享有政府救助和补偿的个体或集体的经济体。社会保障的主体与客体之间具有义务与权利的关系。

要确立金融业是社会保障体系的组成部分，要按照建立社会保障的机制，建设金融制度：必须要研究金融业是现代的服务业；必须关注现代经济生活的变化；必须面对当代金融业面对的挑战；必须从普惠金融和扶贫金融两个方面下功夫。

一、金融服务的含义、特点及现代金融服务业的概念

金融服务是指金融机构运用货币交易手段融通有价物品，向金融活动参与者和顾客提供的共同受益、获得满足的活动。金融服务的提供者包括下列类型机构：保险及其相关服务机构，还包括所有银行和其他金融服务机构。

广义上的金融服务，是指整个金融业发挥其多种功能以促进经济与社会的发展。具体来说，金融服务是指金融机构通过开展业务活动为客户提供包括融资投资、储蓄、信贷、结算、证券买卖、商业保险和金融信息咨询等多方面的服务。增强金融服务意识，提高金融服务水平，对于加快推进我国的现代金融制度建设，改进金融机构经营管理，增强金融业竞争力，更好地促进经济和社会发展，具有十分重要的意义。

金融服务的特征是：

（1）投入少。金融服务的实物资本投入较少，难以找到一个合适的物理单位来度量金融服务的数量，这也就导致无法准确定义其价格，从而也无法编制准确的价格指数和数量指数，因此金融服务业的产出也就难以确定和计量。

（2）融资中介。传统金融服务的功能是资金融通的中介，而现代金融服务则具有越来越多的与信息生产、传递和使用相关的功能，特别是由于经济活动日益金融化，所以，金融信息越来越成为经济活动的重要资源之一。

（3）劳动密集型。金融服务传统上是劳动密集型产业，而随着金融活动的日趋复杂化和信息化，金融服务逐渐变成了知识密集和人力资本密集的产业，人力资本的密集度和信息资源的多寡在现代金融服务业中已经成为决定金融企业创造价值的能力以及金融企业生存和发展前景的重要因素。

金融服务的主体是现代金融业。现代金融服务是金融机构及其员工广泛运用现代科技和物质文明成果，全心全意为社会提供的金融产品服务、金融劳务服务和辅助服务。金融产品服务是指提供货币信用种类和劳务服务的项目；金融劳务服务是指通过金融机构员工的劳动，满足客户办理各种业务的需求，包括员工的服务意识、服务礼仪、服务纪律、服务质量和服务效率等；金融辅助服务是指实现金融服务的一些设备和设施如服务手段、环境和为客户提供办理业务的条件以及金融经济情报和信息等。

现代金融服务的特征包括：①现代金融服务以无形性项目为主；②金融机构与客户关系的契约性；③金融机构服务的无差异性；④金融机构服务领域的广泛性；⑤金融

机构服务对象的分散性；⑥金融机构经营多年目标平衡性。

二、现代经济生活的变化和社会发展新特征

在以习近平同志为核心的党中央的坚强领导下，中国经济社会的发展，总是以人民为中心，想群众之所想，急群众之所急，解群众之所困。“十三五”时期，我国在教育、社会保障和就业、卫生健康、节能环保等重点领域，推出更多举措、花更多气力，一件件抓落实。这五年，不断跳动的数字、持续刷新的排名，越来越多的获得感、幸福感、安全感，让老百姓感受到了生活的巨大变化。

（一）脱贫攻坚取得全面胜利

2012年年底，党的十八大召开后不久，党中央就突出强调，“小康不小康，关键看老乡，关键在贫困的老乡能不能脱贫”，承诺“决不能落下一个贫困地区、一个贫困群众”，拉开了新时代脱贫攻坚的序幕。2015年，党中央召开扶贫开发工作会议，提出实现脱贫攻坚目标的总体要求，实行扶持对象、项目安排、资金使用、措施到户、因村派人、脱贫成效“六个精准”，实行发展生产、易地搬迁、生态补偿、发展教育、社会保障兜底“五个一批”，发出打赢脱贫攻坚战的总攻令。2016年，全国共有832个贫困县，分布在22个省（自治区、直辖市）。2017年，党的十九大把精准脱贫作为三大攻坚战之一进行全面部署，锚定全面建成小康社会目标，聚力攻克深度贫困堡垒，决战决胜脱贫攻坚。截至2021年初，我国脱贫攻坚战取得了全面胜利，现行标准下9 899万农村贫困人口全部脱贫，832个贫困县

全部摘帽，12.8 万个贫困村全部出列，区域性整体贫困得到解决，完成了消除绝对贫困的艰巨任务。

（二）中国生态环境保护成效显著

“十三五”期间这五年，我国生态环境保护发生了历史性、转折性、全局性变化。2019 年全国规模以上企业单位工业增加值能耗比 2015 年累计下降超过 15%；2015—2019 年，全国 PM2.5 浓度呈逐渐下降趋势，337 个地级及以上城市空气质量优良天数比例为 82%；2019 年全国地表水质量达到或好于Ⅲ类水体比例达 74.9%。

“十三五”期间这五年，长江经济带建设稳步推进，黄河流域生态保护、高质量发展在沿黄九省区持续深化。

（三）中国累计实现新增就业超过 6 000 万人

“十三五”期间这五年，我国累计实现城镇新增就业超过 6 000 万人，创新创业大潮涌动，新职业不断出现。

（四）城乡协调发展新格局逐步形成

“十三五”期间这五年，我国城乡地区间差距不断缩小，城镇化率稳步提高，到 2020 年底，1 亿非户籍人口落户城镇的目标完全实现。

截至 2019 年末，我国常住人口城镇化率达到 60.60%，比 2016 年提高 3.25 个百分点。一个日益协调的城乡发展新格局，正在为中国经济社会发展注入源源动力。

（五）中国教育指标明显提升

“十三五”期间这五年，我国义务教育均衡度、学前和高中教育入学率等代表性指标明显提升。

全国九年义务教育巩固率达94.8%，辍学学生由60万人减少到2 419人。2019年，我国高等教育毛入学率达51.6%，实现了从大众化到普及化的新跨越。

（六）中国织起世界最大基本医疗保障网

“十三五”期间这五年，我国织起了世界上最大的基本医疗保障网，城乡医保全面并轨，异地就医即时报销，缓解2.36亿流动人口看病难。多轮药价谈判让老百姓用药费用大幅降低。健康扶贫让近1 000万户农村因病致贫、返贫户摆脱了贫困。

（七）基本养老保险制度已全面建立

“十三五”期间这五年，基本养老金连续增长，基本养老保险的参保人数从2016年的约8.9亿人增加到2019年底的近9.7亿人，覆盖城乡居民的基本养老保险制度已全面建立。

三、当代金融与经济社会发展的新变化与对策

2008年全球金融危机发生后，欧盟为了吸取那场危机的教训，在2012—2016年间由多所一流大学相关学科联合开展了一个大型研究项目——“金融化、经济、社会和可持续发展”（Financialization, Economy, Society and Sustainable Development, FESSD）。项目当中很重要的一个组成部分，是关于社会的金融化或者说“日常生活金融化”的研究。该项目与社会金融化相关研究的一条主线，是考察金融化对社会生活各个方面和社会福祉的影响。该项目指出：家

庭债务的兴起是2008年全球金融危机的重要原因，而不少家庭热衷于借债是因为感受到了收入差距、社会不公平；此外，该项目研究了金融化与养老金的关系，认为通过购买房屋，然后通过房屋“倒按揭”，即以房屋作为抵押，向银行分期借款作为养老金。但要实现“倒按揭”，必须让住房私有化、商品化。该项目以欧洲五个国家（德国、波兰、葡萄牙、瑞典、英国）为例，分析了金融与经济社会可持续发展的关系，得出的基本结论是：①经济较发达的国家，人们的可支配收入较高，家庭的金融资产总量较多、结构较合理、金融市场发达（项目研究佐证：英国、瑞典和德国人的家庭更加“金融化”）；②福利制度健全并普及的国家，人们的收入相对平等，养老金有保障，家庭负债相对较轻（项目研究证明：葡萄牙、瑞典和英国人的家庭更加金融化）[①]。

当代，人们更加基于功能观考察金融存在的社会价值，如融通货币资金、服务支付清算、买卖金融商品、优化资产配置组合、实现金融资源优化配置等。结合中国的实际，现阶段讨论中国金融业的建立和发展，应关注以下五大社会发展新特征：

（一）适龄劳动力增加，就业压力增大

从1980年9月开始，我国实行计划生育政策，该阶段同时迎来第三波“婴儿潮”，1980年新出生人口达到1 776万人，后逐年增加到1987年的2 508万人，随后每年新出生人口数虽有所减少，但直到1997年，我国年新出生人口

① 何健. 金融如何更好地为社会和社会福祉服务［J］. 国际社会科学杂志，2021（1）：6，10，72-94.

仍超过 2 000 万人，而 1998—2004 年人口数量继续下降，但维持在 1 500 万人以上。16 年后，当这些人成为适龄劳动力，将面临较大的就业压力。2016—2019 年，全国新增就业数在 1 300 万人左右，2020 年受疫情影响，新增就业人数下滑到 1 186 万人。

劳动力的形成与劳动力就业产生差距的原因，表现为供给需求的结构性失衡，背后离不开科学技术的发展、创造、引进和运用。当代，科学技术的发展、创造、引进和运用，使经济社会的发展，呈现出“新技术、新产业、新业态和新模式”的“四新”特点。其中，以大数据、物联网、云计算、人工智能和区块链等为代表的新技术不断重塑着、催生着新的产业领域、业态和商业模式，新产业、新业态和新模式“三新”经济占比快速增加。据国家统计局数据，2017—2020 年全国“三新”经济增加值占 GDP 的比重从 15.7%上升到 17.08%，年复合增速达到 9.7%，超过 GDP 增速近 3 个百分点，三年间“三新”经济增加值增加了近 4.2 万亿元。新技术驱动的数十万亿的“三新”经济对就业岗位提出了新的技能素质要求，对就业形成了较大挑战。

按照权威部门规定的就业与失业的政策界限：年满 16 周岁、有劳动能力、愿意就业而没有就业的人，就算失业。此外，有劳动能力没有就业而享受低保的人也算失业。所以，中国的失业问题既是经济问题，也是社会问题。就业人群中，高校毕业生、农民工及退役军人等重点群体的就业压力逐年加大。2016—2020 年，我国每年普通本专科和中等职业教育毕业生总数均在 1 200 万人以上，且呈逐年增加态势。

（二）人们收入增加，中产阶层正在形成

改革开放以来，随着经济的发展，人们的收入持续增加。以近些年人均可支配收入为例，据国家统计局数据，2013—2020年，城镇居民年人均可支配收入从26 467元增加到43 834元，年均实际增长8.2%；农村居民纯收入从9 430元增加到17 131元，年均实际增长10.2%。

随着收入的增加，在中国，相当一部分人已经进入了中产阶层收入的行列。怎样才算进入中产阶层收入的行列，应当有一个量的概念，这个量的概念能够用家庭年收入来表示，也能够用家庭所拥有的资产来表示。一般而言，中产阶层应当具有购买住房和汽车的能力。假设住房面积100平方米，每平方米价格7 892元（2017年全国商品房平均销售价格），就要78.9万元；假设购买一部汽车需15.5万元，两项加总共94.4万元。如住房和汽车均采用按揭贷款形式，住房首付比例为30%，贷款30年，贷款利率按5.39%算（2017年基准利率上浮10%），则每月需支付3 098元；汽车首付比例为30%，贷款5年，贷款利率按5.39%算（2017年基准利率上浮10%），则每月需支付2 067元，上述两项每月共支出5 165元。如果家庭月收入8 000元左右，就有承受能力，也就是说年收入要10万元左右。考虑到我国地区间收入差距较大，将中产阶层家庭年收入标准的量的概念确定为具有一定的弹性，是必要的。据胡润研究院《2018中国新中产圈层白皮书》，“新”中产人群的年收入标准为：一线城市家庭年收入30万元，新一线及其他城市家庭年收入在20万元以上，且家庭净资产在300万元以上。

按照年收入 20 万元以上的标准，那么中国有多少中产阶层家庭呢？

现阶段，我国中产阶层主要集中在东南沿海的珠江三角洲、长江三角洲、首都经济圈等发达地区，以及大中城市。根据 2017 年西南财经大学发布的《中国工薪阶层信贷发展报告》，国内工薪阶层年收入低于 1 万元的人占 4%，年收入 1 万～3 万元的占 22.9%，年收入 3 万～6 万元的占 43.8%，年收入 6 万～10 万元的占 18.8%，年收入 10 万元以上的占 10.5%。

保守测算，如果要求一个家庭两个人的年收入都在 10 万元以上，那么国内年收入 20 万元的家庭只占 5.25%。以上数据是 4 万多个家庭中抽查调查的结果。如以每个家庭 4 人计，则 14 亿人口组成 35 000 万个家庭，其中 5.25%为中产阶层家庭，则有 1 800 多万个家庭，约 7 350 万人进入了中产阶层，尚未超过 1 亿人。这种状况表明：我国中产阶层的占比还是偏低的，离“中间大、两头小”的橄榄型分配结构仍有较大差距。

“中产”是继“温饱”和“小康”之后，又一个衡量人们生活水平的经济标准。中产阶层的兴起，能改变社会的消费模式。中产阶层这个群体在社会消费中起着推动作用和示范作用：他们的购买力强劲，消费住房、汽车、旅游、教育等；他们的消费具有时尚性和持续性，因为收入刚性，边际消费倾向不减；他们消费的观念不再局限于经济实惠，而更看重舒适、时尚、档次、品味和个性化。中产阶层是社会稳定的重要因素。美联储前主席格林斯潘最关注消费者信心指数，因为只有消费才能促进经济发展。

按格林斯潘确立的消费者信心指数，世界上有27个国家被认为迈向了“心时代、心经济”，它们总人口逾8亿，包括人均年收入达11 000美元的高收入国家。这些国家人民的价值观和行为选择受心理因素影响较大。

根据发达国家的发展案例，人们进入中产阶层后将出现以下三点变化：①价值观出现变化。虚胜于实——如炒股票，股票价格上涨，他认为更富了，其实，钱并没有到手；内在胜于外在——如审美，人的气质；无形胜于有形——声誉、无形资产；意味胜于感触——如看电影，看一幅画，在于感受到没有，感受到了就享受到了，没有感受到就谈不上享受。②人们的需求出现变化。人需要情感、安全、归属，需要实现自我价值，需要被人尊重，被社会尊重。③人们的选择出现变化。当年，人们为了解决温饱而离开自然，如今，人们因为富足而回归自然；高官不如高薪，高薪不如高寿，高寿不如高兴，追求开心。

中产阶层是一个国家或一个地区稳定和发展的基石，因而也是金融业建立和发展的基础。从道理上说，社会的稳定和发展，起决定性的因素是：民主法治、公平正义、诚信友爱，充满活力，安定有序，人与自然和谐相处。进一步说：要有好的制度安排。从经济发展的角度说，要明晰产权，中性竞争，降低交易成本，保持经济可持续发展，增强社会坚实的物质基础，尽可能地把“蛋糕”做大，满足人们日益增长的物质需求，增加就业岗位。要知道，就业不仅是社会成员谋生的手段，也是人们在社会中取得尊严的主要途径。此外，社会要实现稳定和发展、社会成员要树立公平正义的价值观，都需要建立和完善社会保障体系。上述因素对促进中产阶层的形成将起到重要的作用。因为这些因素的建立和完善都要靠具有政治远见、相当高的文化程度、有一定经济基础的人去完成。而金融在这些方面是不可缺少的推动力量。

（三）贫富差距迅速扩大，两极分化需要防范

这些年来伴随着居民收入增长，收入差距拉大。收入差距拉大反映在居民间、城乡间、区域间和行业间，其中，城乡收入差距尤为突出。2013 年，城镇居民人均可支配收入为 26 467 元，农村居民人均可支配收入为 9 430 元，二者比例为 2.8∶1。近些年，随着脱贫攻坚、乡村振兴等国家战略的深入实施，城乡收入差距逐步缩小，农村居民人均收入年复合增速超过城镇居民 1.4 个百分点，2020 年，城镇居民与农村居民人均可支配收入比例已下降到 2.6∶1。

从收入结构看，2013—2020 年，城镇居民工资性收入、经营净收入、财产净收入及转移净收入等四项收入年复合增速分别为 6.8%、6.8%、8.9%及 9.4%；农村居民这四项收入年复合增速分别为 9.7%、6.4%、11.5%和 12.1%。从四项收入的年复合增速看，农村居民工资性收入、财产净收入及转移净收入增速均高于城镇居民；但从四项收入占比看，2020 年农村居民财产净收入占比相对较小，仅占 2.4%，而城镇居民的财产净收入占比 10.6%。因此，近些年转移净收入、工资性收入成为城乡居民人均收入差距缩小的主要推动因素，而经营净收入和财产净收入成为城乡居民人均收入差距拉大的主要影响因素。具体如表 12.1 所示。

表 12.1 全国城镇居民与农村居民人均可支配收入情况（2013—2020 年）

单位：%

	工资性收入		经营净收入		财产净收入		转移净收入	
	2020 年占比	2013—2020年年复合增速	2020 年占比	2013—2020年年复合增速	2020 年占比	2013—2020年年复合增速	2020 年占比	2013—2020年年复合增速
城镇居民	60.2	6.8	10.7	6.8	10.6	8.9	18.5	9.4
农村居民	40.7	9.7	35.5	6.4	2.4	11.5	21.4	12.1

注：数据源自国家统计局。

如果说收入是从增量的维度反映社会贫富状况，那么财产差距就是从存量的维度反映社会贫富状况，体现一定时点的财富分配的结果。严格意义上的财产是指财产净值或净财产，即财产总额减去负债总额，主要包括居民持有的实物资产、金融资产；流动资产、不动产；营利资产、非营利资产等。财产存量是收入从流量转化而来的，财产差距是年复一年的收入差距累积而成的结果，但又反过来影响收入差距，尤其是财产性收入的差距。**财产差距同时影响消费差距。从长期来看，财产差距对收入差距、消费差距具有决定性的影响。**

现阶段，中国国民的贫富差距主要体现为资产差距，主要是房地产资产和金融资产。据《中国家庭财富调查报告 2019》，2018 年我国的人均家庭财富为 20.88 万元；城镇居民家庭房产净值占家庭人均财富的 71%左右，农村家庭财产房产净值占比 52%左右，93%左右的居民家庭有自己的住房；而中国居民的金融资产主要是现金、活期存款和定期存款，占比近九成。这类金融资产，收益较稳定，但增值潜力有限，从持有资产的价格增长看，现阶段影响贫富差距的主要因素是房地产，而非金融资产。

城乡居民贫富差距巨大，且房地产成为主要影响因素。

因此，现阶段为缩小贫富差距，应着力改革城乡二元经济结构，改善和提高社会保障水平。尽管农村居民同样拥有房产，但市场化水平低，难以流动，享受社会保障的水平也很低。我们认为，要真正缩小我国的贫富差距，必须要缩小城乡差别。而要做到这一点，关键在于两条：一是把农民也纳入社会保障体系，建立"全民低保"，包括对农村贫困者的社会救济，对农民子女的免费义务教育和水平适当的农村医疗保障；二是把农村土地的所有权真正交还给农民，使他们能够享受在市场化过程中土地增值所带来的财富。没有这两条，推动收入分配制度改革的成效会大打折扣。

（四）人口老龄化，社会保障需要建立和完善

衡量人口老龄化社会有两个指标：一是60岁及以上老年人口占总人口的10%以上；二是65岁及以上老年人口占总人口的7%以上。第七次全国人口普查结果显示，截至2020年底，我国60岁及以上人口26 402万人，占总人口的18.7%，65岁及以上人口19 064万人，占总人口的13.50%。这表明，我国已进入老龄化社会。

一个社会的人口老龄化，养老金的支付会增加，这是常识。问题是我国人口老龄化速度快、覆盖面广，现阶段经济发展不平衡不充分，且九成老年人居家养老，各个家庭承受力存在着差别。怎样建立和完善我国社会保障体系是一个既基础又前沿的课题。为中国金融立论，对这一方面问题不仅不能回避，而且必须将其纳入课题研究。

建立一个完善的社会保障体系，其意义不仅在于改善民生、维护公正、保持稳定等社会意义，对于促进经济增

长的意义同样重大。一是完善的社会保障体系有利于释放消费潜力。20 世纪 30 年代西方大萧条时，凯恩斯就提出通过国家干预来挣脱衰退的泥潭，除了加大国家投资外，建立完善的社会保障机制是其中的重要思想。1935 年美国出台《社会保障法案》，对美国摆脱大萧条起到了重要作用，随后凯恩斯的福利国家思想和稍晚的《贝弗里奇报告》逐渐成为西方社会保障制度的重要基石。而对中国经济而言，社会保障制度最直接的影响在于：社会保障给了人们足够的安全预期之后，老百姓不再需要用高储蓄来应对生、老、病、死等不时之需，可以将更多收入用于当下的消费。二是完善的社会保障体系也有助于产业转型升级，促进服务业发展。没有后顾之忧的老百姓会增加一些非生活必需品的支出，增加对各种服务的需求，这会在客观上带动服务业的发展。与此同时，社会保障体系包含的养老、医疗、残疾人救助等，也都蕴含了很多服务业的发展机会，有利于缓解现阶段就业压力，促进经济结构转型。

近年来，我国初步构建起社会保障体系框架，社会保障体系所覆盖的人群迅速扩大。2019 年，养老、医疗、工伤、失业、生育五项社会保险参保人数分别为 9. 67 亿人、13. 54 亿人、2. 55 亿人、2. 05 亿人和 2. 14 亿人，每一项都是当今世界各国同类计划中最大的。尤其是全民医保基本实现，养老保险覆盖城乡 85%以上的法定群体，这个十亿人量级的超大计划在短短十几年时间建成，是世界社会保障史上独一无二的。但同时，我国养老保险和医疗保险存在两方面问题。一是基本养老保险结构失衡。现阶段基本养老保险第一支柱过重，第二支柱偏轻，第三支柱[①]几乎空白，难以充分动员各种社会资源应对日渐迫近的人口老龄化高峰期的严峻挑战。二是基本养老保险和医疗保险地区政策存在明显差异。现行基本养老保险、基本医疗保险制度框架虽然全国统一，但具体政策在地区之间有不小的差异，还处于地区分割、人群分割的状态，既不公平，也有损效率。

一个完善社会保障体系的建立绝非一朝一夕之功，而且面对这场疫情危机也许并不会起到立竿见影的效果，但是对于中国经济从投资型、外向型向内需型转型，却是一条必经之路。如果能够在危机之时夯实好社会保障体系的平台，等到中国经济走出困境之时，将迎来一个更健康的发展模式。

此外，一个社会进入老龄化，老龄人的经济基础（储蓄）、理财观念都有变化，因而对金融就有与一般常人不同的需求。这方面的需求包括：知识结构、机构、产权、产品、服务态度以及债权债务关系的确立等。在这种状态下，金融资源发生了变动，怎么在一定范围内重新配置金融资源，是金融业面临的新形势和新课题。

（五）追求公平正义成为社会和谐稳定的“定海神针”

经济的发展、社会的进步，促使人们追求公平正义。一般来说，社会公平分为起点公平、过程公平和结果公平。起点不公首先是先天的，不同人群由于出身不同、禀赋不

---

① 基本养老保险的三根支柱：第一支柱，政府统一的基本养老保险，这是基础；第二支柱，企业年金、职业年金，这是补充；第三支柱，个人储蓄和商业养老保险，是前二者的提升。

同、所处的自然条件不同，所以客观上就存在着差别。但先天的差别是能够通过后天的努力改变的，比如人们的受教育程度、健康的状况、生活的环境是能改变的。当然这种改变除了个人、家庭的奋斗外，还要社会特别是政府政策的倾斜和帮助。

结合我国现阶段的实际，人们在追求公平正义中，认为问题主要是过程的不公，进一步说，主要是发展机会的不公和拥有财产权的不公。具体体现为我国城乡之间，比如农村的居民没有更多的可选择的发展机会，农村的土地属于集体所有，没有独立的支配权，不能进入市场进行流动。在农村土地划分为耕种用地、建设用地和居住用地的政策界限约束下，其土地缺乏家庭自主性和流动性，即使按照政策转让出去，也不能遵循价值规律，获得应有的回报和补偿。这是过程不公的结点，也是需要从理论上认知的。

在我国经济社会的发展中，曾经倡导“效率优先，兼顾公平”。这是指结果公平，这主要体现在收入分配中。党的十五大强调要把按劳分配与按生产要素分配结合起来。而相关部门编制基尼系数，反映收入差距，体现的是分配结果的公平程度。

从收入分配来说，在我国一直存在着“屁股决定腰包”的现象，这是指地位不同、职位不同，收入差距不同。相当一部分人所得到的高收入，不是靠自己的聪明才智和勤奋劳动，而是他们占据的位置不同。不能笼统地说“屁股决定腰包”的分配都是非正义的，但能够说由于一些人占据的位置不同，容易发生非正义的收入和报酬。

为什么要追求公平正义？总的来说，就是要使人们和谐共处。**不消除人生差异，人们就不会或很难和谐共处！这是因为人生差异会带来人们相互之间的不信任和对政府或其他社会团体、群众组织、企事业单位的不信任。**按社会学的概括：信任是社会的黏合剂，信任是社会资本，社会资本能使参与者更有效地共同行动，参与共同的目标。

近年来，国外的学者关注并研究了不平等与不信任的因果关系。研究结论认为，欧美广泛存在的不平等显著降低了人们相互之间的信任和对执政者的信任。研究者指出，如果人们看到年龄、受教育程度和工作类型类似的人与人之间的收入差距越来越大，那么信任就会下降，而如果收入差距是由于人们受教育程度和职业选择不同所引起的，那么信任就不会受影响。研究者对这种状况的解释是，由人力资本决策和投资不同引起的不平等比较容易理解，也显得比较公平，而如果运气或不明因素导致收入差距增大，人们就会对他人和政府失去信任。研究者还指出，美国和欧洲的不平等损害了人与人之间的信任，带来了社会的分裂，抑制了经济增长。他们用大数据和综合社会调查的方式证明了自20世纪70年代以来，在美国信任他人的人口比例持续下降，从50%左右下降到了今天的33%。这表明：差距与信任之间存在着密切的因果关系。其根本原因在于：差距的存在人们理不理解？如差距的存在是由于“人力资本决策的投资不同引起的”，则人们比较容易理解，人们就认为比较公平，就不会失去信任；而如果差距的存在是由于“运气与不明因素所导致”，则人们就不容易理解，就认为不公平，就失去信任。

这样的分析表明：人们的信任是建立在对公平理解的基础上的，而公平对人们来说有主观因素，也有客观因素。由主观因素引起不公平，人们容易理解；由客观因素引起的不公平，人们不容易理解。实行普惠，就是要消除客观因素引起的不公平，使人们容易理解不公平，从而实现和谐共处。

从反向说，为了不使弱势群体成为社会不稳定的因素，必须实行普惠。如果人们对引起不公平的因素不理解，形成对他人、对政府的不信任，则会发生群体事件，造成社会的不稳定，进而影响经济发展和社会进步。这种状态在现实中也是存在的。所以，它是我们从反向回答为什么需要普惠存在的重要理论基础之一。

近些年金融业一系列改革，一是要打破金融机构的垄断局面，二是要建立健全民营银行和社区银行，三是要给城市商业银行、农村商业银行、农村信用合作联社定位，有的文件上称之为“回归本源”。这些改革的初衷是要建立和发展普惠金融。普惠金融的真正含义：使社会金融资源的分配和享有实现公平正义。普惠金融的作用对象是弱势群体，现阶段在农村要保护“三农”，在城镇要保护小微企业及个体工商业者。保护就是要他们公平正义地享有金融资源的分配。在市场经济和金融资源分配市场化的条件下，金融资源的分配更多地体现为商业行为，但不能不要政策行为。从这个角度说，普惠金融制度的建立和安排，既要体现在商业性金融中，也要体现在政策性金融中。

四、金融发展面临新挑战

随着经济社会的变迁，当代金融领域面临着多方面的挑战。

（一）数字货币的挑战

“数字货币”是建立在信用关系的基础上的，是信用关系的量化。信用关系包含着权利与义务的关系。货币数字的流通也就是权利与义务关系的建立与消除。数字货币取代法定货币来完成交易，具有明显的优越性，既节约成本，又能提高效率，更重要的是增强了社会成员的信用观念，提高了社会成员的信用素质。

同时，数字货币的出现，改变了对真实货币的供求，强化了货币供求的不确定性，给货币政策调控带来了巨大的挑战。货币问题是个信用问题，社会成员既是货币的需求者，也是货币的供给者。数字货币的出现，拓展了金融服务的面，但也存在潜在的金融风险。设想一下，如果数字货币就是信用关系的量化，货币流通就是权利与义务关系的建立和消除，则表明货币问题是信用问题。在这种状况下，数字货币对金融业的挑战，就是社会信用状况对金融业的挑战。

决定人们信用状况的因素很多：经济的、思想的；现实的、历史的；主观的、客观的。在这种状况下，如何应对？我们认为，一要抓社会基础，树立良好的信用风气。二要抓市场监督，对那些互联网金融公司进行监管，建立市场准入、退出制度和存款准备金制度。三要抓社会舆论，既要宣传互联网的正面效应，也要认知互联网的负面效应。

四要抓队伍建设，监管部门的干部队伍，要熟业务、懂流程、辨是非、识利弊。

（二）金融科技的挑战

金融科技（fintech）的出现，推动了金融科技产品的创新。从正面效应考察，这些产品颠覆了传统的金融业务，如创造了机器人投顾平台，这些创新节约了金融业的人工成本，提高了金融业的服务质量和效率，增强了金融机构的信用度，还扩大了金融机构与社会成员的联系。如果从负面效应考察，金融科技改变了金融业运行的传统程序，混淆了金融监管的权责界限，模糊了金融资金的流向流量，给稳金融稳经济带来了挑战。

（三）金融需求多元化与差别化的挑战

无论是发达的市场经济国家还是发展中的市场经济国家，小企业总是占绝对多数的。这向人们揭示了一个真谛：在市场经济条件下，“小”辐射着社会经济生活的广阔面；大需要小的支撑。所以，各国高度重视发展小企业，维护小企业的地位和利益绝不是权宜之计，而是适应社会发展、时代潮流、人们需要的长远方针。

就金融机构而论，现在挂牌准入的金融机构有 5 000 多家，还有数以万计的非挂牌的金融机构。现阶段的状况是同类金融机构业务雷同、种类雷同，且产品种类不丰富、布局不合理、特色不鲜明、过度竞争与服务空白并存。金融服务的渗透率，金融保障、保险的深度和密度与发达的市场经济国家相比，仍有不小的距离。但在新的金融科技形势下，行业形态、盈利模式和运作途径都不能简单地重复其他国家的展业模式，而要走有中国特色的，能提高金融服务质量和资金融通质量的道路。

2020年5月18日，中共中央、国务院印发《关于新时代加快完善社会主义市场经济体制的意见》。该意见指出，要构建与实体经济结构和融资需求相适应、多层次、广覆盖、有差异的银行体系，加快建立规范、透明、开放、有活力、有韧性的资本市场。我们认为，上述银行体系和资本市场体系的建立是金融业应对多元化与差别化的挑战的重要举措。

五、金融业要成为社会稳定和发展的保障系统

金融业的社会地位，体现在金融业的功能上。金融业功能的变迁，与社会对金融的需求相关，社会公众通过对金融功能的需求，推动经济社会的进步和发展。

一个国家经济社会的进步和发展，必须建立两大系统：一是社会成员生活水平提高的保障系统，二是社会成员生命和财产安全的保障系统。从社会管理的角度来说，这两大系统主要由政府建立、实施。

对于前者，概括地说，在西方市场经济国家，主要有福利国家与非福利国家之分。福利国家（如欧洲诸国）即已安排福利制度的国家，其功能为：缩小贫富差距，维护社会稳定；调节社会需求，推动经济发展；促进社会服务，缓解就业压力；扩大公民自由，体现团结互助。但必须看到，西方市场经济国家在建立、实施福利制度的同时，也面临着各种危机：在劳动力不断增加的同时，存在失业危

机；在福利成本不断增大的同时，存在财政危机；在人口老龄化的同时，存在老龄化危机；在贫富差距不断扩大的同时，存在社会危机；在过分依赖社会和国家救助的同时，存在思想危机。这种状况表明福利制度的建立和实施是一个国家经济社会的进步和发展所必需的，但矛盾是始终存在的。经济社会进步和发展的矛盾，也存在于非福利国家中。美国是发达的市场经济国家，但它不是实施福利制度的国家。在美国，没有实行全民医保。医疗保险应当是各州政府管辖的范围，但各州政府甚少参与，其主要理念是：政府不该接管医保，不应当把政府的职能“做大”。在自由主义价值观念的支配下，人们普遍认为，如果政府参与医疗保险，就干预了公民的自由。

我国20世纪80年代开始改革开放以后，在开放促改革的形势下，在一定程度上和一定范围内，借鉴和学习美国经验。不可否认，也就是说在一定范围内和一定程度上仿照美国进行了改革。近年来国内外的金融体系和金融功能正在起变化。从金融的社会地位剖析，应聚焦的问题是：是着力于作为宏观调控体系的建设和发展，还是着力于作为国民经济的一个服务体系的建设和发展。**现阶段我国金融呈现出多功能的趋势，概括地说，金融的功能有：媒介服务的功能、信息服务的功能、代理服务的功能、保证服务的功能、保险服务的功能、商品载体的功能。聚焦的问题是：优先建立和完善什么功能。**

这样来讨论问题，需要强调的是：现代金融要推动社会发展。社会发展包括经济发展，但不完全是经济发展。换句话说，经济发展不等于社会发展。社会发展包括其他内容，反映人类社会的进步和人们的生活质量。当代金融运作涵盖了整个社会，社会是一张资产负债表，社会的进步和发展在于求得这张资产负债表的平衡，社会的进步和发展也在于求得权利与义务的制衡。面对这些挑战，在一国金融体系建设和发展过程中，要正视当代金融与经济的关系正在发生的变化。

2017 年 5 月，中国举办了首届“一带一路”高峰论坛，习近平总书记在开幕式的主旨演讲中，再次指出了“**金融是现代经济的血液，血脉通，增长才有力。我们要建立稳定、可持续、风险可控的金融保障体系、创新投资和融资模式，推广政府和社会资本合作，建设多元化融资体系和多层次资本市场，发展普惠金融，完善金融服务网络**”。这一段论述包括的含义是：要建立稳定、可持续、风险可控的金融保障体系，普惠金融应当是这样的金融保障体系的组成部分；在这样的金融保障体系内，要创新投资和融资模式，要维护政府和社会资本合作，要建立多元化融资体系和多层次的资本市场；要发展普惠金融，完善金融服务网络。结合习近平总书记其他有关金融的讲话，他所说的“金融保障体系”，也就是对经济增长的保障体系，“金融活，经济活；金融稳，经济稳”，把金融与经济发展的关系，定位为保障与被保障的关系，前者是因，后者是果。这不是随便地颠倒金融与经济因果的关系，而是对金融发展状况的理论升华。此外，**建设金融保障体系要有互联网思维**，互联网思维的核心，就是要让信息取信于民，在金融体系建设中，让金融信息有效地发挥“金融活，经济活；金融稳，经济稳”的保障作用。

建立和发展金融保障体系，必须从普惠和扶贫两个方面下功夫。对此，宏观方面，要防止通货膨胀和遏制资产泡沫；中观方面，要着力推动乡村振兴，巩固脱贫成果；微观方面，要建立和完善新的市场主体——社区银行。

（一）防止通货膨胀和遏制资产泡沫

从货币流通的角度来说，银行供给货币，是对社会再生产过程所需货币的垫付，如果形成不良债权，则垫付的货币不能回流。不能回流，将使国民经济中的货币过多。货币过多导致贬值，即通货膨胀，所以这部分过多的货币最终靠贬值去抵消，而靠贬值抵消意味着由广大社会公众承担损失。这种状况，是人们不愿意看到的。当然，这不是化解银行不良资产的优先途径。但要看到，在市场经济条件下，物价上涨从而产生通货膨胀也是不可避免的趋势。这种趋势之所以不可避免，是因为它不仅受国内因素影响，而且很大程度上受国际因素影响。在有些发展中国家，为了动员和优化资源配置，不得不利用价格杠杆（包括适时适度地涨价）。所以，在市场经济条件下，在改革开放的过程中，通货膨胀与通货紧缩总会存在，问题在于公开面对、科学处理。通货膨胀的实质是货币贬值，货币贬值会产生收入的再分配和资产价格的变化。在一定的情况下，会使得一些人更富而另一些人更穷，从而使贫富差距拉大。所以，公开面对、科学处理的重要内容应当是缩小贫富差距。在这方面，银行应当有所作为。笔者早已提出建立“扶贫金融”的主张，期望“扶贫金融”能够成为银行化解不良资产的有效工具。

再说，银行是风险企业，总有不良资产存在，化解其中的不良资产是运营中的常态。每家银行从利润中计提的备付金，是化解不良资产的物质准备。这即是所谓的“抽肥补瘦”“以盈补亏”。这是经济学的常识，也是市场经济中经济规律的客观作用。

遏制资产泡沫，主要是指遏制股票资产和房地产资产的泡沫。它们都属于金融资产（用来“炒”的房地产资产，也是金融资产）。

金融资产价格受金融产品需求无限的影响，金融资产价格调节机制与实体经济也不同。实物产品的供求可以由生产和消费来调节，对于一种产品而言，即使没有什么吸引力，消费也会有一个最低的标准。吸引力无论多大，人们对它的消费也是有限的，并能通过刺激生产调节供给，存货机制使它的价格变动受到限制。而金融产品没有类似的约束。从一种金融产品的供给来看，它的存量是有限的，从需求来看是无限的，只要在人们想象中有上涨的空间，它的价格就会不断攀升，人们就对它趋之若鹜。当它没有吸引力时，就会被迅速地抛售，它的价格就会一泻千里。所以金融资产价格变动直接关系着财富的增减。金融资产的价格是由已交易的同类金融产品的交易价格标示的，金融资产作为财富的象征，它的交易价格变化都会使持有者对自己财富感到缩水或增值，产生买进或卖出的动机。而一般的产品，它们价格的变化只会对潜在购买者产生影响，对已经持有该商品的所有者没有什么影响。金融资产价格的变化会迅速影响交易的规模，反过来，交易规模也带动着交易价格的变动，二者相互作用也就引起了金融态势的转变。

不可否认，有很长一段时间，经济决定金融，金融反作用于经济。但在当代，要认识金融与经济的分离。认识它们的分离，就要承认金融的相对独立性，分析金融的相对独立性，是为了更深层次地理解金融领域中的特殊现象和把握金融领域中供求变动的运行规律，认识它在社会经济生活中特有的地位和作用，认识它为什么、怎么样形成虚拟经济。

实体金融，融通货币资金，调剂企业货币资金余缺，促进实体经济的发展是必需的。虚拟金融，买卖金融商品（以货币和有价证券为载体），“以钱炒钱”，从中牟取利益，尽管有弊端，但也是不可避免的。

防止通货膨胀，遏制金融资产泡沫，有两个经专家研究达成共识的观察指标：**一个是房地产的市场价格占家庭年收入的比重**。一般来说一家人（以三代五口之家为例）适用的住房相当于家庭年收入的4~6倍，在这个区间的房产（包括地产）价格是比较合理的，不存在泡沫。超过了这个区间的价格则存在着泡沫，是不合理的。**另一个是一只股票的市净率**（price-to-book ratio，PB）。市净率表明在每元股价中包含有多少净资产。不同行业上市公司的PB在不同的时期不尽相同。美国专家根据若干年研究的历史经验数据，认为银行业上市公司的股票价格相当于市净率的1.85倍是合理的，不存在泡沫。超过了这一区间的价格则存在着泡沫，是不合理的。

用这两个指标来观察房市、股市是否存在泡沫，有一定的价值。当然，时期不同、区域不同、形势不同，用这两个指标来观察，应当有一定的弹性。此外，在西方还有一个用“股神”巴菲特命名的“巴菲特指标”，即股市市值与 GDP 的比例关系：当指标小于 75%时，市场处于低估水平；当指标处于于 75%至 100%之间时，市场处于合理估值范围；当指标大于 100%时，则投资者需要警惕市场调整，意即要警惕市场泡沫。这一指标合不合理、适不适用，也是值得研究的。

必须指出：尽管作用于通货膨胀和资产泡沫的因素有多种，其主要的或决定性的因素仍是货币供给数量。前些年，在财政政策和货币政策的推动下，对国内的资金投入呈现惊人的增长，但这样的投入相当大部分没有进入物质产品生产领域，没有形成资本，成为真正的生产力，而是增大了社会资金流动性，成为市场投机的手段。

（二）着力推动乡村振兴，巩固脱贫成果

我国已实现全面脱贫。全面脱贫的标准是“一达标、两不愁、三保障”，即农村农民有稳定的收入来源，不愁吃、不愁穿，义务教育、基本医疗、住房安全有保障。这样的“一二三”标准，在我们看来是有区域性和时间性的，即在不同的区域、不同的时期，有其具体的质量和数量的规定性。由此，我们能够说，它是一个随机的量。特别是在当前的条件下，农村农民脱贫受到疫情、水情和旱情的影响，即要经受天灾人祸的考验，由此，我们说它是一个不确定量。在这种状况下，怎样巩固农村农民的脱贫成果，是重要的课题，也可以说是当务之急。

2020 年 3 月 6 日，习近平总书记在京出席决战决胜脱贫攻坚座谈会时指出，“脱贫摘帽不是终点，而是新生活、新奋斗的起点”，脱贫以后，“要针对主要矛盾的变化、理

清工作思路，推动减贫战略和工作体系平衡转型，统筹纳入乡村振兴战略”。在我们看来，这是一项战略决策。它有利于实现局部性与全局性标准的体制结合和绝对贫困与相对贫困的长短机制结合。乡村振兴战略是巩固脱贫成果的基础和保障。

为推动乡村振兴，必须注意把握三个方面：

第一，乡村振兴的首要之义：引进乡村企业家。乡村振兴仅仅靠农民工返乡创业是不够的，必须引进振兴乡村的企业家、特别具有爱心的民营企业家，他们具有造福一方的朴素情怀，紧跟国家战略部署的宽阔眼光，长远谋划、踏实做事的创业精神。

第二，乡村振兴的压舱石：产业振兴。压舱石也是稳定器，稳定必须打基础，乡村振兴的基础是产业振兴，而要铸就乡村振兴的“压舱石”，必须优化生产要素配置、培育发展新型的农业产业经营主体、建立线上线下为农业服务的产业体系、明确乡村振兴是一项久久为功的系统工程。

第三，实施乡村振兴的助推地：打造小镇。全国小镇建设兴起热潮，各种小镇各具特色，在这样的小镇，不仅各种生活服务设施完备，而且服务周到，交易成本较低。特别是在这样的小镇，非常注重生态保护和文化传承。我们认为除了上述宜居、宜业、宜文、宜游的功能外，还应当有“宜成，宜养”。所谓“宜成”，也就是在这样的环境中生活，有利于人的成长、成才。所谓“宜养”，也就是在这样的环境中活动，有利于人的健康、长寿。

实践出真知，经过几年的检验，以上的认知，我们认为仍然是有指导意义的。乡村振兴既然是巩固农村农民脱贫成果的基础和保障，则实施乡村战略就要安置好农民、发展农业、建设农村，需要稳定地增加农民的收入。为此，要着力使农民就业，有事做。通常人们把就业依托在发展小微工商企业上，但要指出的是，小微工商企业是有生命周期的，一般4~5年，所以仅以此安置好农民是有局限性的。我们认为，重要的是要发展服务业，即第三产业，提高服务业的品牌和服务质量，这是安置好农民的最优选择，也是把乡村振兴战略与维护农村农民脱贫结合起来的最佳途径。

（三）建立和完善新的市场主体——社区银行

社区银行（Community Bank）是来自美国等西方经济发达国家的概念，严格来说其含义不是指一个区域，而是指展业的对象。在特定的区域内，凡资产规模较小、主要为区内中小企业和居民家庭服务的地方性的小型商业银行，都可称为社区银行。在美国，社区银行，其边界也不是很清楚，一般将资产总额小于10亿美元的小商业银行称为社区银行。社区银行有几个特点：①不仅资产的规模小，而且是一个独立的商业银行，分支机构少，一般为两个；②在区域内吸收货币资金，并把货币资金用于区域内，其业务活动范围，不能跨区域；③一般不发放没有抵押物的贷款，同时为了保障竞争力，存款利率高于大银行，贷款利率低于大银行，服务收费低廉；④在本系统内比如在美国，有独立的社区银行协会（ICBA），在协会系统内成立存款保险制度。这4个特点中，②④是特别重要的。因为有这两个特点，它明显地区别于其他商业银行。

中国需不需要类似社区银行的小型地方性金融机构，

主要向小微企业和居民提供服务，值得讨论，也必须讨论。

作为学者，我们长期以来的认知是：①中国是个大国，社会经济的发展，需要分层次。既需要全国性大银行，更加需要地方性的小银行。地方政府要参与、扶持、监管，要增强实力，要承担风险。地方政府不能把风险都集中转移到中央，绑架中央政府。②经过改革开放几十年的发展，国内形成了不同的利益格局，不同利益格局的载体是利益群体。不同利益群体要靠金融支持。利益格局差距，要靠金融去缩小。这种利益格局难以打破、消除，需要协调、维护，这样的协调、维护需要地方金融机构发挥一定的作用。③地方这个区域概念，服从于行政管理。行政管理以政府为单位，政府也是社会成员。作为社会成员，它也应有资产和负债。地方政府的经济实力，取决于它是净资产，还是净负债。一届政府的资产和负债是这届政府社会经济发展的基础，反映一个地区的风险承受力和人们的生活质量。通常说“执政一届，致富一方”，还应当加上“执政一届，是给后人留下了一笔优质资产，还是给后人增加了负债，是否增强了偿债能力”。政府官员离任为什么要审计？审计什么？就是要审计本届政府的资产和负债。不能造成不合理的“烂账”，不能让负债任意形成，不能“前人贷款，后人还债”。地方银行的资产负债状况，也是地方政府的资产负债状况的重要组成部分。这表明地方政府也是个法人，它要对所辖地区的社会公众负责。④可以从让老百姓享有金融服务的角度来分析我国金融业的布局：大中城市集中，小城镇和农村薄弱。

基于这样的认识：银行业不能过度集中，需要适当分散，我们认为相当一部分城市商业银行的定位应当是区域性的地方银行。

实际情况是，我国已经建立起了若干家类似“社区银行”的小型银行。截至 2016 年 6 月末，民生银行持有牌照的社区支行达 1 605 家；截至 2016 年 10 月末，兴业银行社区银行网点已达 1 080 家；截至 2015 年末，持牌开业的平安银行社区银行 304 家，其中 119 家管理客户资产过亿人民币，占比近 40%。

从发展模式上看，社区银行主要有三种模式：一是民生银行的广布局、内容引入模式，社区银行被定位为投资咨询和客户服务，主要满足客户的线下咨询需要，并提供相对应的产品销售和电子化操作指引。二是兴业银行的微型网点模式，突出了布局的社区性，主要开在社区里面。三是平安银行的渠道、交叉营销模式，把社区银行发展成为多种金融产品的销售渠道和展示场所，提供线下的方便、快捷的用户购买体验。

社区银行有定位、信息和地区三大优势。其中定位优势是指，社区银行的目标客户群是中小型企业（特别是小企业）和社区居民这些中小客户，社区银行能够在准入、占领和保持巨大的中小企业和社区居民客户市场方面赢得独特优势。信息优势是指，社区银行的员工通常十分熟悉本地市场，风险识别能力较强，这使社区银行在对中小企业贷款中能获得比大银行更大的安全盈利空间。地区优势是指，社区银行主要将一个地区吸收的存款继续投入到该地区，从而推动当地经济的发展，因此将比大银行更能获得当地政府和居民的支持。

由于社区银行有这三大优势，因而权威部门和学术界主张大力有序发展社区银行，并把社区银行定性为“县域商业银行”，意思是以县为单位，将县域金融机构（包括信用合作联社）调整为独立的“县域商业银行”，履行社区银行的职能。社区银行应当具有哪些职能？我们认为它一方面按现代银行职能变迁，具有以下功能：①提供货币收支的结算服务，以提高经济效益；②提供客户信用记录服务，保障良好的工作运行秩序；③提供客户收入信息服务，保证政府财政收入；④提供保密制度，保障财产安全。另一方面结合发展中国家的实际，应具有“缩差共富”的职能。

第十三章　论金融供给侧结构性改革

导读：

考察中国金融供给侧结构性改革，既要参照外国名家的思想、理论，更要结合中国现实。改革开放以来，中国金融结构呈现出值得关注的几个特点：中国金融体制的形成主要是由政府推动的，社会主义的中国始终没有摆脱以外源性融资为主、内源性融资为辅的状态；国内金融供给侧结构性改革的三大原则和货币供给的特点；金融机构供给侧结构性改革主要取决于交易成本和信息对称程度。中国金融产能是否过剩，要界定金融产能的含义和范围，要考察金融业发展的效率；中国需要地方银行，需要扩大民间资本进入金融业；中国需要建立和发展互助性金融平台；同时，中国需要防范和化解金融风险。

进行金融供给侧结构性改革，是为了推动中国金融业的发展。推动中国金融业的发展，需要考察金融结构及其发展规律。

一、考察中国金融供给侧结构性改革，怎样借鉴外国名家的思想和理论

美国经济学家、耶鲁大学教授雷蒙德·W. 戈德史密斯（Raymond W. Goldsmith）1969 年出版了他的代表作《金融结构与金融发展》，他在该著作中论述了一国的金融结构由金融工具和金融机构两部分组成。金融工具包括债权凭证（如债券）和所有权凭证（如股票），银行创造供给的信用货币也是一种债务凭证。对创造或供给信用货币的主体来说，信用货币是一种债务凭证；对持有信用货币的人来说，信用货币是一种债权凭证；债务凭证成为创造或供给者的负债，债权凭证成为持有者的资产。考察一国的金融状况，就要考察在特定的时间和空间范围内金融机构和金融工具的形式、性质和规范。按戈德史密斯的诠释，金融机构形式是指组织形式：银行还是其他金融公司；金融机构的性质是指所有制的不同：公有还是私有；金融机构的规模是指它的实力：多少、大小和承受力。

按戈德史密斯的诠释，金融工具的形式是指它的载体是实在的还是虚拟的；金融工具的性质是指它是债权凭证还是所有权凭证，金融工具的规模是指它的数量。戈德史密斯这样划分和诠释，是想要表明：金融工具的形式、性质和规模被什么形式、性质和规模的金融机构掌握，从而

说明金融业的发展状况和金融发展的道路，借以推动经济发展。

在戈德史密斯的《金融结构与金融发展》一书中，他明确指出：金融结构就是一国金融工具和金融机构的形式、性质及相对规模，而反映各国金融发展差异的主要指标即是金融结构指标。因此，他指出："各个国家之间在许多方面都存在着差异……但是对于经济分析来说，最重要的也许是金融工具的规模以及金融机构的资金与相应的经济变量（例如国民财富、国民收入、资本形式和储蓄等）之间的关系。"因为"从金融上层结构、金融交易以及国民财富、国民收入基础结构两方面在数量规模和质量特点的变化中，我们可以看出各国金融发展的差异"。因此，为了反映各国金融发展的差异，探悉金融发展的规律和方向，必须从一国的金融结构解析入手。因为，"金融发展是指金融结构的变化"。

为了进一步揭示金融发展是金融结构的变化，他设计了衡量一国金融结构的 8 个指标，这 8 个指标的主要内容是：①金融资产与实物资产在总量上的关系；②金融资产与负债总额在各种金融工具中的分布；③金融机构持有或发行的金融资产在金融机构和非金融机构中的分布，即所占的比例关系；④金融资产与负债在各经济部门的地位等。对于这四个方面的考察，戈德史密斯进行了定量分析。对于第①点，所谓"金融资产"包括金融机构拥有的金融资产和非金融机构拥有的金融资产。对银行来说，既包括存款又包括贷款。所谓"实物资产"就是"国民财富"。按亚当·斯密的定义，所谓国民财富，就是供给国民每年消费的一切生活必需品和便利品。这二者在总量上的比例关系表明“经济金融化的程度”。戈德史密斯提出“金融相关率”（financial interrelations ratio，FIR），以此反映金融资产与实物资产在总量上的关系。对于第②点，考察的是金融资产与负债由哪些金融工具构成。按戈氏的设计，金融工具主要是金融机构创造供给的货币，正如上述，它既成为金融机构的负债（如存款）又成为金融机构的资产（如贷款），对这方面存量总量的考察，旨在分析有多大规模的货币量，作用于经济社会的发展。对于第③点，是从结构（金融机构与非金融机构之间的分布）来分析，有多少金融资产被金融机构拥有，有多少金融资产不被金融机构拥有。被金融机构拥有的金融资产，金融机构有权利回收，但回收的状况要靠非金融机构的运作，也就是它们的资产与负债之间的相互转化，如果运作的途径不畅，则会带来金融风险。所以对第③点的结构分析，也是金融机构自身的风险分析。对于第④点，金融资产在各经济部门中的地位，主要考察各经济部门金融资产的来源，是内源性融资为主，还是外源性融资为主。若是内源性融资为主，表明该部门的金融资产，是自身收入→利润→积累的转化，在资产增加的同时，对外的负债没有相应增加；若是外源性融资为主，表明该部门的金融资产大部分是借来的，在资产增加的同时对外负债相应增加。通过这样的分析，戈氏试图揭示金融深化的路径和规律。他认为：“在这条道路上，金融相关比率、金融机构在金融资产总额中的比重、银行系统的地位等方面的变化都呈现出一定的规律性，只是在战争中和通货膨胀之时才会出现偏离现象。在这条道路上，不同国家的起点各不相同。在这里，起点不同有两重含义，一是指起始时间不同，二是指起始点所处的经济发展阶段不同。沿着这条道路，各国的发展速度也不一样，但是，它们却很少偏离这条道路。”这就说明，虽然各国金融发展水平不同，但金融发展的基本趋势是一致的，并不意味着金融发展的道路不同，而是意味着在这同一条道路上分成了两条不同的轨迹，“沿着第一条轨迹发展的国家中，实际上所有的金融机构都是由私人拥有和经营的，只是在其金融发展的后期出现了中央发行银行和社会保险组织”；而“沿着第二条轨迹发展的国家中，几种重要的金融机构往往由政府所有与经营，或者是全部所有，或者是部分所有，或者是始于成立之初，或者是始于发展之后”。因此，戈德史密斯认为，尽管各国的金融发展有着不同的起始点和发展速度，但发展趋势和道路都是相同的。

关于金融发展与经济增长的关系，戈氏很看重“金融相关率”（FIR），他设计的计算 FIR 的公式为 FIR = Ft/Wt（Ft 代表金融活动量，Wt 代表经济活动量）。

在此基础上，戈德史密斯研究了 1860—1960 年近百年的经济数据，算出了 16 个国家的 FIR 值，以此对各国的金融发展水平做出定量评价。研究结果表明，不同层次的国家具有不同的金融相关率：处于最高发展层次的是 FIR 超过 1 的几个发达国家，如英国、美国、日本等；处于较低层次的则是发展中国家，如印度、委内瑞拉、墨西哥。为了评估金融发展与经济发展的关系，戈德史密斯从社会分工理论出发，认为在一定的生产技术水平条件下，假设消费者的储蓄偏好和投资风险大小均为不变因素，那么金融机构与金融资产种类越丰富，金融活动对经济的渗透力越强，经济发展水平越高。如果没有金融机构与金融工具，储蓄与投资职能往往是混淆在一起的，每个“经济人”要想扩大投资必须进行储蓄；反之，如果他没有投资机会，储蓄只能是财富的贮藏。金融活动的出现使储蓄和投资成为两个相互独立的职能。金融活动克服了资金运动中收支不平衡产生的矛盾，一方面它使投资者可以超过本期收入进行支出，另一方面它又为储蓄者本期积累的收入带来增值。正因为如此，无论是储蓄者还是投资者，都非常乐于接受金融活动带来的社会分工。并且，通过金融机构与金融资产的多样化，金融活动为那些没有投资机会的储蓄者创造了新的投资机会，这不仅使他们也能分享投资带来的好处，而且推动了整个社会经济的发展。

在评介了戈德史密斯关于金融结构与金融发展和金融发展与经济增长的思想和理论后，再来结合中国实际考察戈氏的思想和理论中哪些对我们有用，哪些不能照搬即不适用。

改革开放以来，中国金融业有了长足的发展，在推动经济增长方面发挥着巨大的作用，也改变了我国的金融结构。学界和业界对此进行了深入分析，也试图建立起符合中国实际的金融理论。这应当是值得肯定的。改革开放以来，中国的金融结构有以下几点值得关注：①以银行为主体的融资占主导地位；②国有或准国有企业融资占主体地位；③国民收入中的储蓄绝大部分集中于中央财政，成为投资的重要渠道；④当中央财政因收入降低，而支出（包括转移支付）又不能减少时，银行吸收的存款（包括居民和企业的储蓄）便充当“第二财政”；⑤金融机构和非金融机构拥有的金融资产和负债的成本都较高，主要表现在利率市场化推动不畅，利息率总是降不下来，相当大的一部分金融机构和非金融机构“融资贵，融资难”问题难以消除。应当承认这种金融结构的状况，不仅不能用戈氏的思想和理论去诠释，反而是相悖的。要知道戈氏金融结构的思想和理论，主要以储蓄与投资为核心，不仅要使储蓄有效地转化为投资，而且要使投资有效率，必须以利益为导向。所以讨论金融供给侧结构性改革，必须密切结合中国实际，审视金融结构与其他发展中国家的差异。这种差异集中到以下几点：①由谁推动的，是市场还是政府。应当说社会主义的中国，在完善社会主义市场经济体制的过程中，在要更好发挥政府调节指导思想的指导下，我国金融体制的形成主要是由政府推动的。②是金融结构推动金融业的发展，还是金融业的发展推动金融结构的形成。在社会主义中国，在计划经济时期，金融业的发展受制于高度集中的经济体制，表现为金融机构包括银行，要为国家建设积累货币资金。在 1984 年以前，我国没有区分中央银行与商业银行，中国人民银行既是金融宏观调控机构，又是经营货币资金的机构。所以，在这个时期，是金融业的发展推动了金融结构的形成。改革开放以后，大一统的金融结构虽有变化，但在金融运作中，垄断与竞争并存。③是以内源性融资为主，还是以外源性融资为主。无论是计划经济时期，还是改革开放以来，社会主义的中国，始终没有摆脱以外源性融资为主、内源性融资为辅的状态。这一方面是体制上的倾向，比如在相当长的时期中实行财政资金包建设、银行资金管经营，实行流动资金的“金额信贷”制度；另一方面是企业不注重将盈利转化为积累，积累较少。在这种状况下，企业自有资本不足，多靠外部融资。以上三点差异是其他发展中国家没有的，也是值得关注和研讨的。

二、金融供给侧结构性改革的原则和货币供给

在讨论中国金融供给侧结构性改革时，首先要按习近平新时代中国特色社会主义思想确立几个原则：①经济与金融互动的原则。要把金融的职能回归到支持实体经济的增长上。②多元化差异化的原则。在银行体系建设方面，要“多层次、广覆盖、有差异”；在金融产品的设计方面，要个性化、差异化和定制化。③中性竞争的原则。也就是在中性竞争中发展、完善金融市场。

在这三大原则的指导下，推动中国金融供给侧结构性改革，首先要关注的是货币的供给。我国近 20 年来，货币供给量 M0、M1、M2 三者的增长速度，从总体上说不断加快。仅就 M2 而言，2000 年 M2 为 13.46 万亿元，2020 年 M2 为 218.68 万亿元，20 年中增长了 15.24 倍。中国的 M2/GDP 之比为 216%，换句话说，货币供给量是 GDP 的两倍多。与美国相比，2020 年美国的 M2 是 191 868 亿美元，若以美元兑换人民币的汇率 6.5（1 美元 = 6.5 元人民币）计算，那么美国的 M2 大约是 124.72 万亿人民币，而我国 2020 年是 218.68 万亿人民币，是美国 M2 的 1.75 倍，其总量接近美国与欧盟之和。从货币超发角度讲，能不能说人民币的购

买力只剩下 6.7%，贬值了 93%呢？这个问题有待研究。

在这里，笔者认为：货币供给量 M2 是一国内工商企业和个人所拥有的可供支付之用的货币总量，或可用于各种交易的货币总量。它包括流通中的银行券、硬通货、活期存款和定期存款，不包括流动性强的证券。货币供给量是货币主管当局经济宏观调控的手段之一，与主要经济变量关联度大，所以它是内生变量。在这里，本节考察货币的供给，不只是仅仅用于各种交易的货币总量，而是包括社会总体需要的货币量。它包括：①货币作为中介用于商品交换的货币量；②货币本身作为商品的货币量；③货币作为收入分配国民收入的货币量；④货币作为资金在金融系统内流转的货币量。

关于第①点，人们容易理解和接受，不容易理解和接受的是第②③④点。其实联系实际，货币本身作为商品在货币期货交易所中就存在，货币期货交易中的汇率，就是以某种货币作为商品的价格。所谓“炒美元”，也就是把美元确定为“商品”。货币作为收入，存在于社会成员如家庭（包括个人）、企业（包括其他单位）和各级政府手中，社会成员的收入和支出（如交纳税收、享受补贴等）都是分配与再分配国民收入的表现，这样的分配与再分配需要货币供给。再说，货币作为资金在金融系统内循环，也是公众能直接感受到的，因为金融系统除中央银行和货币监管当局外，都是企业，金融企业经营的对象就是货币资金。经营货币资金主要是获得利差收入，利差收入需要以货币为载体。要获得利差收入，就必须增加货币供给，否则就只能还本，不能付息，货币资金在金融系统内就不能正常运行。要知道，每年货币供给增量中，相当部分是为了满足金融系统内货币资金经营的需要。

在《研究我国货币超额增长要有创新思维》一文中，笔者曾指出："一些国家在特定阶段，用M2/GDP指标来表明经济货币化的程度，具有一定的合理性。但是随着客观经济环境的改变，M2/GDP和经济货币化程度的不匹配现象，也越来越明显。如果继续用M2/GDP指标来说明我国经济货币化程度，则会得到我国经济货币化程度高于西方成熟的市场经济国家和部分新兴市场经济国家的结论。这个结论既经不起理论上的推敲，也不符合中国的国情，因为在我国，M2/GDP的增大反映的是我国融资的市场化程度的推进。"

笔者在文中进一步指出，在一定条件下，货币供给继续扩大的可能性是存在的，问题在于：谁掌握货币供给权，向什么人供给货币？所供给的货币有利于谁掌握资源，对谁有利？这已经超出经济学、金融学所要讨论和研究的范围，而且难以用西方经济学中的思维逻辑和研究范式去考察。笔者认为，研究货币供给超额增长：①要把货币与准货币区别开来；②要着力研究储蓄与投资的关系；③要研究货币与货币替代品以及准货币与有价证券之间的替代关系。

在中国，掌握货币供给权的自然是中央银行，现阶段实行稳健、灵活、精准、合理、适度的货币政策。领导层对这一政策的解读是保持货币供应量和社会融资规模增速与反映潜在产品的名义国内生产总值增速基本匹配，在疫情期间继续保持对经济恢复必要的支持力度。这样的解读是必要的、正确的，它遵循了马克思主义经济学中的货币理论：货币的供给取决于货币的需求，货币的需求取决于商品流通，商品流通取决于预期经济增长。但在推进人民币国际化的过程中，还必须与国际上主要国家的货币政策相配合，货币供给需要考虑国际因素。

三、金融机构供给侧结构性改革主要取决于交易成本和信息对称程度

一般来说，金融机构是专门从事信用活动的中介组织，它大致可分为三类：货币管理当局、银行和非银行金融机构。银行是金融机构的典型代表和活动中心，它与非银行金融机构一样存在的理论基础是：降低交易成本，缓解信息不对称，分散风险和协调流动性偏好。

交易成本也就是进行金融交易所花费的时间和费用。交易之前可能发生的成本有搜寻成本、鉴别成本、谈判成本，交易之后可能发生的成本有监控成本、违约成本、诉讼成本。交易成本的存在，会妨碍资金融出者与资金融入者之间的对接，不利于发挥金融市场的作用。为了降低交易成本，银行通常采取“规模经济”和“专业化技术”的做法，通俗地说，前者就是扩大规模，后者就是开发技术，提高效率，便利服务。

信息不对称是指交易的一方对交易的另一方的信息了解不充分，双方处于信息不平等的地位。信息不对称带来的问题，通常是逆向选择和道德风险。

银行等金融机构有助于解决融资活动中信息不对称的

问题，是因为它有“规模经济”“专业化技术”的优势。

分散和承担风险，是因为它们的市场准入、退出有合规的要求，有经济实力和“防火墙”。而协调流动性偏好，是因为它们有“金融中介化”的过程，在金融中介化的过程中，在相当长的空间和时间范围内，能将负债转化为资产，或将资产转化为负债。

在评析了银行和非银行金融机构存在的理论基础后，从金融机构角度考察金融供给侧改革问题，结合中国实际需要分析四个问题：

（一）要分析中国金融产能是否过剩

这些年，学术界和实际部门都非常关注我国金融业的发展状况。有人提出我国金融业过度膨胀，金融业产能过剩，去产能也应当包括金融业；有人提出中国 90% 的银行将破产，担心银行网点还能存在多久。总之，他们认为，现阶段我国金融业的发展不正常，“自娱自乐，自我陶醉”，其实已危机四伏。

怎么看待这些问题？本节仅就金融业产能是否过剩，讲自己的一孔之见，而且着重从研究视角去讲。

1. 首先要界定金融产能的含义和范围

金融产能，顾名思义，通俗地说，指金融作为产业发挥出的能量。这里需要界定在什么范围内发挥出的能量，对谁发挥出的能量。金融产能通过金融活动发生，通过“一定的组织”推动。如果把这“一定的组织”称为金融机构，则金融机构活动的范围就是金融产能作用的范围。但什么是金融机构、什么不是金融机构，则也需要界定。

海外对金融机构的界定大都依法行事，或者由法律授权。英国有《2000 年金融服务与市场法》，美国有《联邦金融机构检查委员会工作条例》，德国有《银行法》，中国香港地区有《银行业条例》，中国台湾地区有所谓的“金融监督管理委员会组织法”。制定和颁布这些法规、条例，旨在规范有关部门行使职责的工作范围，而非从理论上确立什么是金融机构、什么不是金融机构。在制定和颁布的法规条例中，虽然也明确了什么是金融机构、什么是“信用机构”、这样的机构能够从事什么业务、不能从事什么业务，但这样的规定完全是为了监管的需要。

在我国，金融机构的活动，也是依法行事，由法律授权。通常认为：金融机构是指依法设立和经营金融业务的机构。这样的认定，其逻辑关系是：因为你经营金融业务所以是金融机构。按这样的逻辑，考察金融产能是否过剩，其焦点就集中到有多少机构在从事经营金融业务活动上来——无论是经过有关部门批准的机构，还是没有被批准的机构。

我国现阶段的现实是经营金融业务的不仅有机构，还有自然人。其中既有各种传统金融机构，也有非传统金融机构和主要由自然人组成的组织，如蚂蚁金融、京东白条、众筹、共享单车押金、借贷宝、各种基金［风险投资基金（VC）、股权投资基金（PE）、母基金（FOF）等］。可以说，不论是机构还是自然人，从事经营金融业务活动的形式，“五花八门”，不胜枚举。有人将这些业务活动美其名曰“金融创新”“金融业的新业态”，其对推动经济社会的发展有正面效应，也有负面效应。对此，在这里姑且存而不论。在这里要指出是：大势所趋，不可避免。

之所以是大势所趋，不可避免，重要的原因是：在当代，货币以信用为基础。信用关系包含着权利与义务的关系。货币数字的流通也就是权利与义务的关系的建立与消除。它的优越性是取代了法定货币，就完成了交易。既节约了成本，又提高了效率。更重要的是增进了社会成员的信用观念，提高了社会成员的信用素质。

数字货币的出现，改变了真实货币的供求，强化了货币供求的不确定性。

货币问题是个信用问题。社会成员既是货币需求者，也是货币的供给者，给货币政策调控带来巨大的挑战。数字货币的出现，拓展了金融服务的面，也存在潜在的金融风险。设想一下，如果数字货币就是信用关系的量化，货币流通就是权利与义务关系的建立和消除，在这种状况下，数字货币对金融业的挑战，就是社会信用状况对金融业的挑战。1976 年，美国经济学家哈耶克发表《货币的非国家化》一书，要求避免货币的国家垄断，以免阻碍市场的自由竞争。现代，哈耶克的预言逐步展现在人们面前：数字货币不是国家创造的，不存在垄断。但这种趋势却发人深思。

2. 要考察金融业发展的深度和广度

考察金融业发展的深度，要研究金融与经济的关系：是经济发展决定金融发展，还是金融发展决定经济发展。对这一问题，不同的国家应有不同的回答，同一国家在不同时期也应有不同的回答。

我国实行改革开放以后，在相当长的时期，经济呈两位数增长。经济增长要靠货币资金推动，货币资金也是货币，多年来靠增加货币供给推动经济增长也是不争的事实，所以要承认在这段时期是金融发展决定经济发展。如果这样的结论成立，就要承认，我国金融的发展已经有相当的深度。这种深度，是否导致金融产能过剩？这要确定，与谁比较。如果确定与实体经济发展比较，应当承认金融产能是过剩的。具体表现是，供给的货币相当大的一部分没有在实体经济领域形成货币资金作用于实体经济的生产流通。在现实中的表现是：银行贷款难找到好项目，中小微企业特别是民营经济，融资难、融资贵。

考察金融发展的广度，通常以货币供给的速度和金融机构的规模去衡量。对于金融机构的规模，通常以每一个金融机构服务于多少人去衡量。中国人多，且现在是网络时代，人均金融机构的数字已经没有多大意义了。但以货币供给的速度去衡量金融发展的广度仍具有意义。供给的货币，除了作为支付手段外，还要形成储蓄手段，作为储蓄手段的货币中的绝大部分作为货币资金发挥作用。实际经济需要的货币资金是有限的，按经典作家马克思的揭示，是取决于流通过程，进一步说作用于再生产过程的货币资金取决于流通过程的时间跨度和作为交易的商品流通总量。这个领域需要的货币量大体以 M1 表示。我国的实际是 M1 是逐步增长的且大体稳定的，而准货币 M2-M1，则增长得快。这样的货币并不闲置，而是作为货币资金在发挥作用。货币资金要保值增值。在没有好的途径求得保值增值的条件下，就不可避免地“以钱炒钱”。应当承认，“以钱炒钱”的盛行是货币供给过多，实体经济相对萎缩的集中体现。在这种状况下，“以钱炒钱”难以避免，也可以说是常态。

问题是“以钱炒钱”是否抬高了整个社会的融资成本。如抬高了整个社会的融资成本就是不正常的，因为这样会改变整个社会的收入分配结构，扩大社会收入差距，乃至贫富差距。本章之所以强调金融要支持实体经济的发展，要把银行的钱落实到支持实体经济的发展中，有几个重要原因：一是金融活动必须以实体经济为依托；二是资金的价格必须以实体经济的利润率为基础。离开了这两点，金融活动就缺乏承受力，就会带来经济、金融危机，其最终结果是国民收入的不合理再分配，拉大贫富差距，造成社会不稳定。所以，结合我国现状进行理论分析，应当承认金融发展的广度已经过剩。而当前这种状况还难说这种局面已经稳住。

3. 要考察金融业发展的效率

这是考察金融产能是否过剩的核心指标。对此，IMF 有关人士编制了一个“金融发展指数”。这样的指数是基于发达的市场经济国家的历史背景，因此它能用来说明什么问题、不能用来说明什么问题，有待研究。我国金融体系的状况是：高度集中垄断；无论是中央还是地方金融机构活动，都摆脱不了政府的控制；财政与金融的功能难以划分，相互替代。这也许是中国金融体系的特色。有了这样的特色，要编制什么样的金融发展指数才管用，必须从信息层面和技术层面上来讲究。

不过 IMF 专家编制金融发展指数的指导思想有可取之处，有值得借鉴的地方，在这方面的核心内容就是“要遏制金融发展给社会带来的负面影响”。其负面影响有：拖累实体经济发展和社会进步；排挤其他部门协调发展，造成资源浪费，环境污染，导致人们的生活质量下降；带来经济金融危机；加快两极分化；影响社会安定和稳定。

与金融负面影响相关的是：对金融支持资源的开发，是否绝对的好事？1993 年，Auty 在研究产矿国经济发展问题时，首次提出了“资源诅咒”（resource curse）这一概念，其含义大体是“丰富的自然资源可能是经济发展的诅咒而不是祝福”。提出这一概念的历史背景是 20 世纪 80 年代发生在荷兰的经济危机。20 世纪 50 年代，荷兰发现沿海岸线储藏着丰富的天然气，于是大肆开发扩大出口。这样，导致国内其他工业逐步萎缩，创新能力下降，削弱了自己在国际市场上的竞争力。结果至 20 世纪 80 年代初期，荷兰经历了一场前所未有的经济危机。经济学界称之为“荷兰病”（Dutch Disease），因为这场病是与矿产资源的大肆开发相关引起的经济社会问题，所以 Auty 称之为“资源诅咒”。资源诅咒是基于自然资源丰富，从而大肆开发带来的拖累经济发展的一种经济理论。经济学家们以此来警告：过分依赖某种资源来促进经济增长存在危险性。为了避免可能发生的危险，经济学家们强调资源的开发一定要产权清晰，法律制度完善，市场规则健全，要避免“机会主义”行为和设租、寻租活动，要避免掠夺性开采。这应当是学术界新近提出的有关金融效率的理性认知。针对这一点，经济学界提出了绿色金融概念，倡导实施绿色金融。从金融领域本身去考察金融效率，要关注：金融资源分配负担的成本；金融服务供给所付出的成本；金融机构的收益。从中国当前的实际来判断，总的来说，金融资源分配所负担的成本和金融服务供给所付出的成本增加，收益下降。从结构上说，这种状况在不同地区、行业、部门有所差别。总的来说，经济发展，从而业务发展，向好的地区、行业部门是从优的趋势，相反，是从劣的趋势。这也是经济效率决定金融效率的集中表现。用它来考察金融产能是否过剩，是值得重视的一个方面。

（二）中国需要地方银行

（1）中国是个大国，社会经济的发展，需要分层次。既需要全国性大行，更加需要地方性小银行。地方政府要参与、扶持、监管，要增强实力，要承担风险。

（2）不能把社会主义片面地理解为“大一统”，什么都由国家包下来。大有大的好处，大也有大的难处；大可以做好事，大也能导致失误。包下来，难以为继。财政要“分灶吃饭”，银行要分区设立。地方银行服务于地方经济、社会的发展。名称可以不同，服务的对象是明确的，大体是确定的。

（3）地方作为区域概念，服从于行政管理。行政管理以政府为单位。政府也是社会成员。作为社会成员，它也应有资产和负债。地方政府的经济实力，取决于它是净资产。一届政府的资产和负债是这届政府社会经济发展的基础，反映一个地区的风险承受力和人们的生活质量。政府官员的离任审计就是要审计本届政府的资产和负债，不能造成不合理的“烂账”，不能让负债任意形成，“前人借款，后人还债”。地方银行的资产负债状况，是地方政府的资产负债状况的重要组成部分。这表明地方政府是个法人，它要对所辖地区的社会公众负责。

（4）经过改革开放几十年的发展，形成了不同的利益格局，不同利益格局的载体是利益群体，不同利益群体靠金融支持形成。利益格局差距的缩小和消除，要靠金融。这当中，地方金融机构要发挥一定作用。

地方金融业的发展需要深入分析当地的金融需求、金融供给和金融环境。

①金融需求。经济发展：以什么产业或行业支撑；近几年的规划、投资。企业构成：大、中、小；国有、合资、合伙、个体；他们的资金余缺状况；资产与资本规模。各阶层收入：城镇居民收入；农村居民收入。货币资金的流出、流入状况：流出的渠道、数额；流入的渠道、数额。财政收支状况：近年来的收支状况；转移支付的状况。民间信用状况：采取的形式；数额的大小；利率的高低；运作的规范。购买保险的状况：人数、金额、种类。证券投资状况：人数、金额、盈亏。

总之，考察金融需求，主要回答这个地方有多大规模的流动性资产需要流动。

②金融供给。金融机构设置：商业银行、信用合作联社、保险、证券、信托。各家金融机构的运行状况：存贷款、结算、覆盖面、利率伸缩度。金融服务状况：结算、汇兑、数量、质量。

考察金融供给，主要回答这个地方金融中介功能发挥得怎样，存在的空缺怎样弥补。

③金融环境。各企事业单位的信用度，各阶层居民的信用度。法制建设状况，特别是财产、债权债务关系方面的法律建设。信息的汇集、交流、透明、传递。人们的金融意识：怎样寻求保值、增值（追求什么？盈利性、流动

性、安全性）。

考察金融环境，主要回答这个地方金融发展的相关条件是否具备和完善。

（三）民营企业怎么办银行

让民间资本进入金融领域是政府多年来的导向，而且这一导向逐步升级：允许→引导→鼓励→扩大。也就是说政策是逐步放开的，力度是逐步加强的。但值得注意的是，在前几年让民间资本进入金融领域主要是让民间资本参与各类银行，以入股的方式纳入各类银行的资本。据媒体报道，截至 2011 年底，在股份制商业银行中民间资本占 42%，城市商业银行中民间资本占 54%，在农村中小金融机构中民间资本占 92%，在村镇银行中民间资本占 82%。这种状况表明：在前几年让民间资本进入金融领域是为了改变商业银行的股权结构。近年，让民间资本进入金融领域有了变化，主要是允许设立小贷公司，让小贷公司扶持小微企业解决小微企业融资难的问题。

在 2013 年国务院办公厅颁布的《关于金融支持经济结构调整和转型升级的指导意见》（国办发〔2013〕67 号）中，提出要“扩大民间资本进入金融业”，对此，除了要鼓励民间资本入股金融机构和参与金融机构重组改造外，还提出“尝试由民间资本发起设立自担风险的民营银行、金融租赁公司和金融消费金融公司等金融机构”。为什么要这样导向？除了扶持小微企业解决小微企业融资难外，主要是为民间资本找出路，引导民间资本进入实体经济领域。应当说初衷是好的，但在执行中必须从理论和实践上解决好以下问题：

（1）为什么要“尝试”。尝试意味着“摸着石头过河”，意味着需要取得经验。要知道银行业，负债经营是常态，杠杆作用不可少。负债经营直接关系着债权人和债务人的利益，杠杆作用能够支持银行业务，随意扩大。而这两点都关系着怎样保护金融消费者的利益。

从法律上讲，银行应当是有限责任公司，而不是无限责任公司。所谓有限责任公司，就是说，只能对负债负有限责任，而不能负无限责任。负有限责任，也就是说当发生债务时，其承受力只能以公司资产为限而不能扩大到公司资产以外。这相对于无限责任公司来说，是一种约束，也是进步。因为无限责任，债权债务关系没有约束，就要扩大到自然人，而一旦扩大到自然人，就会造成家破人亡，引起社会不安定。西方国家不让私人办银行，从法理上说，私人既是社会人，也是自然人，私人不能负有限责任，只有法人才能负有限责任。从社会学上说，不让私人办银行，除了防范私人行为不当，把钱卷起来走路外，主要是维护社会安定。

（2）怎样理解“自担风险”。通常人们把“自担风险”理解为自有资金的承受力，认为自己自有资金的实力强便能“自担风险”。严格来说，这是不准确的，因而是片面的。首先必须明确银行作为一个“公司法人”在展业运作中要承担哪些风险。简单地说，银行的风险能够发生在信贷领域，也能发生在非信贷领域。由于负债经营是银行的常态，杠杆作用不可少，银行的风险能够潜伏、扩大、迂回。在这种情况下，如果发生风险就不是自有资金能够承受的。所以，“自担风险”，不只是能弥补部分投资者的损失问题，而且关系着弥补社会公众损失的问题。为什么要成立存款保险公司？成立存款保险公司，不仅是为了弥补部分存款人的损失，更重要的是维护金融秩序的稳定，维护社会信用不致丧失。

（3）怎样理解“民间资本”。在过去，曾经有人把民间资本理解为老百姓的家庭储蓄，而现在比较规范的说法是，民间资本主要是民营企业资本。按这样的立论，扩大民间资本进入金融业，就必须在理论和实践上，确立民营企业怎么办银行。对此，有关部门（如银保监会）正在制定法规。

（4）怎样选择资质良好的民营企业办银行。资质良好的民营企业概括地说应当具有以下条件：①公司治理结构完善；②社会声誉、诚信记录和纳税记录良好；③经营管理能力和资金实力强，财务状况、资产状况良好；④入股资金来源真实、合法。相反，资质不良的民营企业，可以概括为：①公司治理结构存在明显的缺陷；②关联关系复杂；③关联交易频繁且异常；④核心主业不突出；⑤现金流量受经济景气影响较大；⑥资产负债率、财务杠杆率高。

结合实际，值得关注的是相当一部分民营企业，不是规范的股份制企业。有的企业资本虽然按股份构成，但没有按股份制的章程运作。有相当一部分民营企业是独资企业、家庭企业、合伙或合资企业。在这种状况下，无所谓公司治理结构，怎样考察公司治理结构完善或不完善呢？公司治理结构是一种相互制约的机制，而且这种相互制约机制具有公开性、公正性和社会性。在那些独资、合伙或合资企业中，要考察治理结构的公开性、公正性和社会性是困难的。

（5）如果说民间资本主要指的是民营企业的资本，那么什么是民营企业？是否非公有制企业都是民营企业？是否民营企业就是私有制企业？

现在有的民营企业正在股份化，在股份中不完全是私人股份，还有集体股份。怎么看？一些原来是公务员，离职后和离退休后办起来企业的怎么看？有的企业资金不是艰苦创业，长期积累发展起来的，而是靠关系创业，短期暴发发展起来的，怎么看？现在还有官方、非官方支撑的民营企业。所以把民间资本定义为民营企业资本，而且让它进入银行业金融机构里面，要研究的问题很多，学问还大呢！

如果说民间资本主要是指民营企业的资本，在民营企业的资本中有多少资本能够进入金融领域，参与发起设立银行，参与商业银行的增资扩股？这需要研究。在这里强调进入银行业的金融机构的资本必须是真实的、合法的。这个真实和合法，应当是民营企业利润转化为资本中的货币资本，而不是借来的资本和非货币资本，也就是要“真金白银”，不能负债投资，不能实物投资。

（四）建立和发展互助性金融平台

建立和发展互助性金融平台的构想，总的来说按“三十二个字”的思路探索前进，即“从下到上，倡导创新；相互授信，自愿参与；政策到位，差别监管；利益共享，风险共担”。

所谓“从下到上，倡导创新”，主要指组织形式的多元化，要让下面发挥聪明才智，进行制度创新，不要上面先推出一个模式让下面去统一做。互相性金融应当既有正规的（经过市场准入的）互助性金融组织，如社会银行、信用合作联社，又有非正规的（不经过市场准入的）互助性金融组织，如民间合会、各单位的互助储金会。

所谓“相互授信，自愿参与”主要指：信得过的，参与；信不过的，不要动员参与；特别不要强制群众入股，特别是在农村不要强制要求农民入股加入信用合作联社。是否参与由其自愿，只有相互授信、自愿参与的互助金融才有生命力。

所谓“政策到位，差别监管”主要包括：民间借贷受法律保护，财政上实行优惠政策。如互助性金融组织，不纳营业税、所得税，社员存款不纳利息所得税等。监管上实行区别对待。如不提取存款准备金、备付金，不实行资产负债比例管理等。

所谓“利益共享，风险共担”主要包括两方面内容：一是为参与者提供金融服务，对参与者融资优先、优惠；二是参与者共同享有经营成果，有益共享，有损共担。特别是要做到：财务公开，分配公议，信息透明。

四、在建立和完善金融供给侧结构性改革制度方面，需注意防范和化解金融风险

按习近平总书记的构想，在这一方面，一要加快金融市场基础设施建设，稳步推进金融业关键信息基础设施国产化；二要做好金融综合统计，建立健全及时反映风险波动的信息系统，完善信息发布管理规则，建立健全信用惩

戒机制。金融业综合统计一直是习近平总书记所关注的事情，他曾多次对此发表重要讲话，如在第五次全国金融工作会议上强调，“要推进金融业综合统计和监管信息共享，建立统一的国家金融基础数据库，解决数据标准不统一、信息归集和使用难等问题”。目前该项目主要是中央银行在牵头推动。三是要管住金融机构、金融监管部门主要负责人和高中级管理人员，加强对他们的教育监督管理，加强金融领域反腐败力度。四是要做到“管住人、看住钱、扎牢制度防火墙”。

怎样“管住人、看住钱、扎牢制度防火墙”，应密切结合中国实际，必须指出靠人际关系和利益相关关系防范金融风险的弊端。

现阶段，名目繁多的微型金融兴起，如小贷公司、担保公司、投资咨询公司、理财公司、私募基金等如雨后春笋，在大中城市比比皆是。它们的生存靠什么？总的来说，它们靠我国当前的金融环境，依托于当前金融制度的安排。这种状况，不是简单地用“缺钱”二字能解释的。有人说小贷公司的存在，是因为银行与工商企业之间，在资金供求上“断了桥”，小贷公司就在“搭桥中”生存。这种说法有一定道理，但值得关注的是它的操作程序。它的具体的操作是：企业需要货币资金，必须得到银行授信。银行按权威文件（中央银行文件）规定授信时间，最长不得超过一年，取得了授信额度后，企业才有资格向银行借款。企业按授信额度取得银行借款后，必须在一年内偿还。偿还以后，如果缺资金，又必须先取得银行授信，再取得银行借款。由于得到的授信时间有限，这样一家企业的资金运转就在取得授信→借款→还款→再取得授信→再借款→再还款之间循环。这样的循环有时间间隔，特别是先要还清上期的借款后，才能获得下期借款，这就给小贷公司融资留下了一个空间。这个空间简单地说就是企业先要向小贷公司借款，以此偿还银行贷款后，才能重新获得贷款。

据说小贷公司的借款是按天计算利息的，利率 1 天 2‰，今天办手续，明天打钱，就算两天。利息按天计，1 天 2‰，10 天 2%，30 天 6%，100 天 20%，一年 360 天 72%。利息有多高？很清楚。有人说，我国金融制度的安排，为高利贷创造了条件！为什么对某家企业、某个行业一定要是先还款后借款呢？为什么授信的时期只限一年呢？

另外，值得深思的是，银行存款时段的考核也助长了高利贷。现在，有少数银行为了完成存款任务，取得业绩，也采取了借高利贷的办法。甚至，有的银行要员工出钱，以完成任务。

对小额贷款公司来说，利息这么高，怎么控制风险？经过调查，发现有两种情况：一是“拉与借款方关系密切的自然人入股”，我借 1 000 万元给企业，其中你出 100 万元，我出 900 万元，利息按比例分享。二是控制借款人银行账户印鉴，在还清借款前，银行账户印鉴由我保管，甚至派人上班操作，也就是你每用一笔钱，都要经过我审批。

综合以上情况，从局部考察能够说微型金融防范金融风险的途径，多采取人际关系和利益相关的做法，在一定时期一定范围内是能够生效的，对保证信贷资金的安全是起作用的。但如果超出了一定的时间范围，很难说能保险。因为防范局部的金融风险，难以抵制系统性金融风险。系统性金融风险的特点之一是在相当大的范围内资金链的断裂，如相当大范围资金链都断了，靠人际关系和利益相关防范金融风险，便无济于事。

同时，金融监管的思路值得研究，需要修正。近年，在顶层设计上，高层对金融监管的思路提出了两句话8个字的思路，即，“放松管制，加强监管”。对这两句话怎么理解？可以讨论。我的理解是，“放松管制”，主要是就市场准入和业务创新而言；“加强监管”，主要是就职能部门的工作、责任而言。

有关文件对“放松管制”做了进一步的诠释：从法规上讲，条文有多有少，但总的精神是放松对市场准入的管制，把市场准入由“核准制”转变为“注册制”，比如近年对第三方货币支付清算公司的市场准入、对证券公司分支机构的市场准入，就放得比较松。再如，近年对金融产品的创新也是层出不穷，至于不同产品的收益性、流动性和安全性则缺乏严格的论证和试运营。

有关文件对“加强监管”也做了进一步的诠释、在法规上条文也有多有少，但总的精神是注重事中和事后的监管、过程的监管。比如，加强现场检查、加强非现场检查（在网上进行信息统计分析）等。特别要指出的是，在“加强监管”中纳入了“严惩违法违规行为”，认为这样，就能以儆效尤，切实保障投资者的权益。这样的监管思路是基于建立和完善市场经济体制，是基于形成开放、包容和多元的金融体系，是基于培育理性的金融文化，因而从初衷上说是值得肯定的。但在我看来，结合现阶段中国的国情，这样的监管思路，值得研究，需要修正。①市场经济是法治经济。我国提出建立社会主义市场经济体制以后，虽然建立了法规，但不少法规仍然有计划经济的痕迹，即使建立起了符合市场经济体制的法规，也有一个是否认真贯彻执行的问题。不可否认，在现阶段，不仅必须认真贯彻执行已经出台的符合市场经济体制要求的法规，而且必须加以完善，应当出台更多符合市场经济体制要求的法规。②在现阶段，必须培育人们的法制观念。不可否认，在相当多的人中，法制观念淡薄，懂法、识法、守法的观念不强。③在金融领域中，专业知识有待普及提高，金融意识有待培育。不少人没有树立理性的投资选择，投机性太强。④在现阶段，国内贫富差距继续扩大，拥有千万、亿万资产的富人虽然占少数，但他们的思想和行为影响很大，对金融业发展的影响力不可低估。因为不同人群的金融意识不同，对风险的承受力不同，对金融资产的选择不同。由于不同人群的这些不同，就会带来有形的和无形的违规操作，就会带来对市场的冲击，就会扰乱金融秩序，就会危及社会公众的利益。所以，我认为“放松管制，加强监管”值得研究，需要修正。

怎么修正？我认为应当是“合规放松管制，合力加强监管”。所谓“合规放松管制”，不仅是指要建立健全法规，严格按法规条件市场准入，而且要深入研究在市场经济条件下，金融业发展和金融产品运行的规律。比如银行于资产证券化与资本市场层次的关系和关联，再如本币的自由兑换与货币资本自由流动的关系和关联等。只有合规准入和把握好关系及关联，才能建立有序竞争的金融市场，也才能防范系统性金融风险。所谓“合力加强监管”就是要调动上下左右各方的积极性，共同维护金融秩序，防范风险，维护投资者的利益。在这方面，特别要发挥行业协会的作用。行业协会既是一个协同发展的组织，也是一个自律管理的机构。“自律”是很重要的，自律是自知、自觉、自重的反映，是内向型的监管。有了“自律”，不仅能提高监管的效率，而且能降低监管的成本。至于严惩违法违规行为，则是必要的，但不一定是最优的。严惩在一定条件下，能以儆效尤，但毕竟是在造成了巨大损失的情况下进行严惩。严惩不能挽救已经造成的损失，而损失总会给当事人及广大公众带来伤害。

总之，我提出修正金融领域金融监管的思路，把它确立为“合规放松管制，合力加强监管”，是为了减少事件发生的概率，防患于未然，而不是扩大事件发生的概率，更不是让事件发生了然后再去“收拾烂摊子”。

第十四章　怎样评价“现代货币理论”

——基于货币供给与需求的视角

导读：

明斯基提出货币创造是市场机制的一部分。市场机制作用的发生和发挥，要通过银行业。商业性银行市场机制作用的发生和发挥，主要通过贷款和投资。兰德尔·雷的“现代货币理论”的核心思想“先支后收”，试图通过金融系统创造货币，推动经济社会发展，增加就业、人们收入和政府税收，实现货币供给与需求的良性循环。对此，学术界称之为“财政赤字货币化”。现代货币理论的体系有：先支后收论、主权货币供给不会使主权政府破产论、政府部门的财政赤字等于非政府部门的盈余论、财政赤字不会导致通货膨胀论、财政部门与中央银行协调运作论。对现代货币理论的争论不是侧重于学术见解，而是基于各自的政策主张。“先支后收”论从特定的意义上说是能成立的。

一、从明斯基“资本主义经济中银行业”理论说起

美国密苏里大学堪萨斯分校经济系教授 L. 兰德尔·雷（L. Randall Wray）2014 年著述的《现代货币理论》，2017 年 1 月经张慧玉、王佳楠、马爽翻译，由中信出版社公开出版发行。作者在华盛顿大学圣路易斯分校就读期间，师从海曼·P. 明斯基（Hyman P. Minsky），自此他开始关注货币理论和货币政策。作者说他对货币理论和货币政策的研究，进行了 20 年，参与研究人员除一起工作的教师外，还有许多学生。应当说《现代货币理论》是他们集体劳动的成果、集体智慧的结晶。与此同时，在西方市场经济发达的国家和一些发展中国家，逐步掀起了一股“现代货币理论”讨论热，并对一些国家的政府决策发生了影响，也给这些国家带来了正面或负面效应。

在评价“现代货币理论”以前，值得关注的是美国经济学家海曼·P. 明斯基教授提出的“资本主义经济中的银行业”的理论。该理论刊载于 2015 年 7 月由清华大学出版社出版的明斯基所著《稳定不稳定的经济——一种金融不稳定视角》一书中。在这一著作中，作者对货币是什么、银行业怎么供给货币、供给的货币对经济社会发生的影响，进行了评述。

在这一著作中，明斯基指出：“货币不仅仅是一种即使双方需求不相满足也能使交易得以进行的通货；它是一种债券，来自银行为资本和金融资产头寸进行融资的活动。”明斯基这里所谓的“通货”就是金属本位制下的金属货币；而所谓“它是一种债券”指的就是信用货币，它以中央银

行发行的纸质债券形式存在，或以商业性金融机构存款形式存在。明斯基从当时的实际出发指出货币是什么，无可非议。值得关注的是，他提出了“货币创造是市场机制的一部分”的观点。他指出：“货币数量的变化产生于经济主体之间的相互作用，这些经济主体渴望支出超过收入，而银行为这些开支提供资金支持。在资本主义经济中，大多数支出越过收入（债务融资）的部分是通过企业进行投资和购买资本资产实现的，尽管家庭和政府的债务融资也占有一定比重。因家庭进行赤字支出所形成的债务是否能长期存在，要取决于就业和工资的变化情况。”因政府进行赤字支出所形成的债务，通过税收的增加来解决。这是明斯基的“市场机制”理论。

这种“市场机制”作用的发生和发挥，要通过银行业。在明斯基那里，银行业包括中央银行和商业银行。美国的中央银行是联邦储备银行，联邦储备体系由若干会员银行构成，联邦储备银行发生和发挥作用。首先，成员银行必须将其存款按负债的一定比例以存款或现金的形式放在联邦储备银行。联邦储备银行持有的存款是银行之间相互支付的工具，而持有的现金则成为其他主体支付的工具，它会流入和流出银行。

商业性银行市场机制作用的发生和发挥，主要通过贷款和投资。贷款意味着银行为换取企业、家庭在未来某个时期的付款承诺，而向它们进行付款。购买证券或者投资，反映的是银行运用现有资金或以市场上取得的资本在金融市场上进行的购买行为，这些证券同时也是在未来各个不同时间进行付款的承诺。这样的叙述，已经是市场机制中的常识。值得关注的是，明斯基提出："银行之所以能做出融资承诺，是因为它们能在金融市场上进行操作以获得所需资金。为进行这种操作，它们持有能在市场上转让的资产，同时从其他银行获得授信额度。我们的企业体系之所以能正常运行，依赖于一系列融资承诺和货币市场，这种融资承诺并不表现为实际的资金借贷，而货币市场让金融机构之间建立起联系，使所有的融资承诺具有良好信用，并且在需要的时候能随时得到履行。"他还指出："银行和银行家们不是那些用于贷款或投资的货币的被动管理者，他们为了获取最大利润而从事经营活动。他们积极地寻求需要借款的客户，进行融资承诺，建立与企业和其他银行家的关系，并四处寻找资金。他们的利润来源于对他们所提供资金的收费，同时他们也为使用资金而付出成本。实际上，银行用别人的钱来放大自身的资产数量，通过接受债务、提供资金以及多种多样的服务来获取利润，同时也通过赚取收入利率和支付利率之间的差价来获利。"银行贷款表面上是用当前货币换取未来货币的一种契约，实际上是把今天银行账户上的借方转换为未来银行账户上的贷方。借方，表示现在的付出；贷方，表示未来的收入，这样的契约关系呈现为"收大于支"，能反映在银行对家庭和企业的融资中，也能反映在银行对政府的融资中。明斯基明确指出：在一种经济中，如果政府债务是存款银行账面上的主要资产，需要付税的这个事实给经济中的货币赋予了价值。就货币的商品价值（购买力）而言，平衡预算并保有盈余的优势在于，缴税的必要性意味着人们需要工作和生产来获取收入用于缴税。

他还指出："在美国，联邦储备体系的成员银行必须把其存款按负债的一定比例作为联邦储备银行的存款或者以现金形式持有。银行家对其他银行家的支付就通过这种存款进行，对银行家来说，它们就是货币，而其他主体的支付则要通过从银行领取的支票或者现金（它会流入和流出银行）进行。当支票进入流通并用来对银行付款时，这笔款项就记入银行在美联储账户中的贷方或借方（对于非成员银行，贷方和借方的发生额会记入代理银行的账户中）。这个账户增加量和减少量的净额就是这家银行准备金头寸的变化量。银行要么通过出售资产或者借入资金，要么使用超额准备金偿还债务或者购买资产，通过以上活动形成头寸，使得银行的准备金账户达到所要求的数量。"如果联邦储备银行是政府的行为，则表明：在明斯基时代，已经有了政府行为与市场机制的互动和相互配合。

二、兰德尔·雷的"现代货币论"想揭示什么

明斯基的资本主义银行业的认知，传授给了他的弟子L. 兰德尔·雷，而L. 兰德尔·雷和他的课题组在明斯基研究的基础上，把它作为"主权货币体系的宏观经济学"考察，并上升为"现代货币理论"，这就不得不引起学术界的热议。

《现代货币理论》的核心思想——"先支后收"，扼要地说，就是通过金融系统创造货币，推动经济社会发展，就业增加，人们收入增加，政府税收增加，实现货币供给与需求的良性循环。对此，学术界把这一过程称为"财政

赤字货币化。”

“新货币理论”发生和发展的历史背景是“罗斯福新政”。1933 年 3 月 4 日，富兰克林·德拉诺·罗斯福（Franklin Delano Roosevelt，1882—1945）宣誓就任美国第 32 任总统。当时面临的是前一任总统胡佛政府反危机失败的局面，于是罗斯福上台以后立即实施了被人们称为“三个 R”即救济（relief）、复兴（recovery）和改革（reform）的“新政”。从 1933 年 3 月 9 日至 6 月 16 日这 100 天中就制定、推出了 15 项立法，其中关于金融方面的占 1/3，如：授权复兴金融公司，用购买银行优先股的办法给商业性金融机构提供流动资金，监督银行尽快重新复业；放弃金本位制，让美元与黄金脱钩，促使美元贬值，保护银行储备，阻止黄金外流、禁止储藏和输出黄金；制定实施银行法和证券交易法，推动货币改革和金融业务管理；节约政府开支和降低退伍军人津贴等。对此人们又称“百日新政”。此外，还制定实施了《农业调整法》《工业复兴法》，采取了支持中小企业发展、“以工代赈”“保护民间资源”“增加就业和社会保障”等措施，推动了美国走出经济危机，避免了经济崩溃。应当说罗斯福的“新政”取得了值得肯定的效果。但“冰冻三尺，非一日之寒”，当时失业的人依旧很多。虽然这些“新政”增强和扩大了联邦政府的权力，但造成了巨大的财政赤字。所以从 20 世纪 30 年代开始，随着财政刺激经济政策的推出，西方一些国家包括美国在内财政赤字不断扩大。

“新货币理论”发生和发展的社会环境，主要是以货币利率进行金融宏观调控的失灵。货币利率的失灵也始于 20

世纪30年代的经济危机。危机过后，在美国1933年制定实施的《银行法》中对商业性金融机构的经营管理做出了一系列规定，其中禁止商业银行吸收活期储蓄存款付息。这一立法的理念是为了避免商业银行扩大吸收活期储蓄存款，支付过多的利息，增加风险性资产，产生经济危机的可能性。同时，美联储还被授权对商业银行的存款利率上限实施管理，即实行所谓的《Q条例》。对这样的限制和管理一直持续到20世纪80年代。以后，随着金融服务业的发展，在美国不仅禁止商业银行对吸收储蓄存款付息，还进一步发展为商业银行提供活期存款都要收取一定费用。20世纪90年代，在美国，所有开展无息支票存款的商业银行中，对无息支票存款收取费用的在95%左右。

除美国外，1997年亚洲金融危机以后，为了刺激经济复苏，加大财政政策的力度，日本也实行了零利率的政策。实行这一政策后财政赤字大幅增加，1998年中央政府和地方政府发行的政府债券超过了当年的GDP。这使日本的国债利率升高，造成长期利率与日元汇价双双攀升的局面。1999年，日本中央银行即日本银行又将银行间隔夜拆借利率从0.25%诱导到0.15%。受此影响，日本银行间的隔夜拆借利率不断下降，最终降至0.02%到0.03%左右，这使银行间拆借利率的利差几乎为零。从此，日本进入了“实际利率为零”的时期。

进入新世纪以后，不到3个月的时间内，美联储连续3次降息（每次都降0.5个百分点），试图扭转美国经济的下滑，但成效甚微。这种状况给我们提出一个问题，即利率还能不能成为经济调控的杠杆。

利率成为经济调控的杠杆，其经济学的原理在于：利率是投资的递减函数和储蓄的递增函数。它表明利率越低，投资越多，储蓄越少；利率越高，投资越少，储蓄越多。利率是投资的递减函数理论假定的条件是：投入产出要素的价格不变。在投入产出要素的价格不变的条件下，由于利率的变动，影响到投资的成本，从而影响到经济人的利益，而利益变动又支配着经济人的行为，故而利率与投资是反函数关系。利率是储蓄的递增函数理论假定的条件是：货币的价值不变。在货币价值不变的条件下，由于利率的变动，影响到储蓄的回报，从而影响到经济人的利益，而利益的变动又影响到经济人的行为，故而利率与储蓄是正函数关系。从这样的推理来看，利率成为经济调控的杠杆，离不开利益机制，而利益机制能发生作用，是假定了若干条件的。如果条件变了，或假定的条件不存在了，利益机制的作用就不能发挥，则利率成为经济调控的杠杆的作用就自然被削弱了。

美国连续降息，之所以成效甚微，美国学术界有两派观点：有一派可谓乐观派，也是主流派。这一派中包括格林斯潘在内的多数经济学家认为，目前经济低迷和 1945 年之后的历次经济萧条一样，主要是因为需求疲软，使企业采取措施降低库存而导致经济增速下降。如果这一判断正确，到目前为止的降息和政府即将采取的后续措施，将可能有效地重振经济。美国经济界的这种主流学派坚信，一次次降息将像强心针一样，先刺激华尔街股市产生牛市，再刺激消费者和企业走出对经济前景预期悲观的阴影，提高消费和投资，进而重振美国经济 10 年来的雄风。另一派可谓悲观派。这一派中包括卸任的美国前财长萨默斯在内的部分经济学家认为，这一轮经济低迷与美国战后经历的9次经济萧条周期有根本上的区别，而与第二次世界大战前的经济危机却有更多的相似之处。第二次世界大战后历次经济危机的根本原因，是通货膨胀迫使美联储提高利率进而导致衰退，而低迷的主要原因，是在没有通货膨胀的情况下消费者和企业过度借贷而引起，与第二次世界大战前的危机特点如出一辙。这一特点恰恰造成此次经济萧条的严重性。无通货膨胀的长期扩张，形成了个人和企业债务的超常积累。银行降低放贷标准，借方肆无忌惮地贷款，借贷双方都在冒越来越大的风险。这种状况发展下去，使企业的过度投资降低了资本利益，消费者发现自己的债务已经达到了极限，进而企业决定削减资本开支，消费者决定降低消费提高储蓄，对经济前景的悲观情绪开始笼罩在人们的心头，需求突然大幅下跌。美国的这种现象，正是19世纪末和20世纪初期经济周期的特点，即“过度借贷→投资增长→导致衰退”的周期模式。既然目前的低迷不是第二次世界大战后的“通货膨胀→提高利率”周期模式，美联储惯用的降息措施的作用就很有限。其中首要的原因是消费者和企业并不关心利率，从而降息无法有效刺激需求。其次，如果此次经济减速的确是“投资增长过度”引起的，那么早在经济扩张阶段，美联储就应根据债务状况而非通货膨胀形势来提高利率，从而及时抑制过度投资，以防止泡沫性经济扩张。持悲观态度的经济学派认为，此次经济低迷也将像第二次世界大战前的衰退那样，难以在半年之间就出现回升，而会持续相当长的时间。

两派的争论虽然各执一词，但也有他们的共识，即美国经济能不能继续增长，取决于两个因素：一是能否刺激消费或需求；二是能否消除消费和企业家对经济前景预期的悲观阴影。只不过乐观派认为能够消除，而悲观派认为不能消除。乐观派认为能够消除的原因，是降低利率能推动股市上涨，产生财富效应；悲观派认为不能消除的原因在于：从宏观层面讲是经济周期处于危机阶段，从微观层面讲主要是企业和个人负债太重。由于企业和个人负债太重，对降低利率并不关心，所以难以刺激投资需求和消费需求。

这样的分析，给人的启示是：①利率杠杆能否发挥作用不取决于人们的主观愿望，而取决于客观经济过程。如果客观经济过程处于危机阶段，利率是难以有效发挥作用的，换句话说，利率只能在经济复苏和繁荣阶段发挥作用。②利率能不能发挥作用又取决于经济主体的资产负债结构。如果经济主体资产负债结构不合理，负债过重，则利率难以有效地发挥作用。③利率发挥作用需要其他经济杠杆的配合，如以股票为代表的金融资产价格上涨，产生财富效应。

据笔者所知，反映利率发挥作用的因素，在美国主要有下列指标：①全美经理采购指数（NAPM）。这一指数全面反映生产者的状况，它是衡量经济动态的指标。②消费者价格指数（CPI）。这一指标，反映消费者的消费状况和信心。③生产者价格指数（PPI）。这一指标，反映生产者的投资状况和信心。④就业报告中的就业率、平均时薪和劳动力的成本。这一组指标，反映劳动力市场上的供求状况，特别是反映劳动者的接受力。如果劳动力市场上供大于求，就业率降低，平均时薪下降，劳动力难以接受，则利率效用降低。⑤住房特别是新住房的建设和销售指标。这一指标反映人们消费的结构变动和新的增长点，是反映经济增长的领先指标，它的变动反映经济增长的状况，从而反映利率的效用程度。实际的状况是：近来美国企业为减轻负债，急速处理前几年累积下来的过量库存商品，降价销售。而在这种情况下，企业便只好减少生产甚至停产。美国消费者信心指数下降，2001 年 1 月份的信心指数为 114.4 点，已降至 1996 年 12 月以来的最低点。其原因除去年利率上升、股市下滑等因素外，能源价格上涨对民众和公司的消费信心也形成了明显的打击。企业大幅裁员。据美国劳工部统计，2000 年美国有大小 15 738 次裁员行为，涉及 184 万人次，其中人数最多的是制造业，占裁员人数的 42%，其次是服务性行业，占 22%。企业裁员，收入减少，增大了社会公众预期的不确定性，从而不利于经济增长。

这种状况为利率效应的经济学解释提出了新的课题：①降低利率能减少企业的负担，也能增加企业的负担，比如降低利率可能刺激企业过度负债。②提高利率会增加企业的融资成本，也能减少企业的融资成本。比如在提高利率抑制企业过度负债的同时，企业将寻求新的融资渠道，改变融资结构。③影响企业和消费者信心的因素很多，不是单靠降低利率能刺激起来的。④如果政府或企业的行为增大了社会公众的负担，增加了他们预期的不确定性，不利于经济增长，则不利于正常地发挥利率的效应。换句话说，只有预期稳定的条件下，利率才能正常地发挥作用。

⑤利率作用于资金短缺者和盈余者，如果资金短缺和盈余的形势趋弱，利率的作用趋弱。⑥利率的作用存在于特定的融资方式中，比如借贷。如果不存在这种融资方式，或企业和个人不选择这样的融资方式，当企业缺资金时，不是求助于银行借债，而是求助于发行股票和债券，则难以发挥利率的作用。⑦利率变动的幅度与利率能否发挥作用、作用大小相关。当企业必须按8%以上的利率从银行借款成为筹措资金的唯一手段时，降息100个基点（一个基点相当于0.01个百分点），仍然是杯水车薪。（为什么是唯一手段？因为发行股票、债券受限）。此外，在债务增加的情况下，小幅降息也是杯水车薪（小幅降息没有激励作用）。⑧利率变动效应的传导过程。有人说降息首先在资本市场上产生效果，然后需要半年的时间才能影响到实体经济。一种货币利率变动对经济的影响，不能只考虑所在国，还应考察对相关货币的影响，从而考察对相关货币所在区域的经济影响。比如美元降息对欧元、港币的影响，美元降息对中国香港地区经济的影响等。美联储降息是放松银根的信号，它能使商业银行的存贷款利息下降，也能使持有美元的单位和个人利息所得减少，由此会改变他们持有货币的选择，比如有可能将一部分美元兑换成其他货币，这样就会改变美元和其他货币的供求形势，从而引起汇率波动。美联储第二次降息的当日即1月31日，伦敦外汇市场1欧元兑换0.926 4美元，而次日1欧元便兑换0.936 4美元，欧元升值了，美元贬值了。

中国香港地区实行联系汇率制，港币与美元挂钩。为了保持港币的汇率稳定，主要通过联系汇率制的机制发挥作用。一般情况下，美元降息，港币也跟着降息，只有这样，才能使港币汇率稳定。因为港币与美元可自由兑换，美元降息就可能使商业银行和储户美元存款利息减少，如果港币不降息，他们就会抛出美元，购进港币，从而不利于汇率的稳定。自然，港币降息对中国香港地区经济要产生正面影响，也会产生负面影响。

这样的分析表明：一种货币的利率变动，会导致人们持有货币量的变动，会导致相关货币供求形势的变动，会使汇率变动，而所有这些变动，都会给经济带来影响。这可谓利率变动的传递效应和扩张效应。

三、“现代货币理论”的体系

在兰德尔·雷出版的《现代货币理论》中，对于“现代货币理论”的含义，经过概括，能形成如下体系：

（一）“先支后收理论”

他在该书第10章中提出了耐人寻味的三个问题：“①政府需要获得税收收入才能支出吗？②中央银行需要获得存款准备金才能贷款吗？③私有银行需要获得活期存款才能贷款吗？”经过一番分析，他对这三个问题的回答是“不需要”。为什么不需要？首先他认为货币是个计价单位（准确地说，货币应当是“记账单位”），表示的是一种责任和义务的关系。在货币产生以前，一个国家可以选择一个“标的物”来进行记账，让人们以“标的物”作为单位记账，以履行要承担的责任和义务。他举例说，在200多年前，“大多数美国人都熟知‘拿出一根符木’（raise a tally）”这一短语。欧洲君主将有特定刻痕的符木作为当时的货币，这一短语即指使用这些货币的行为。符木是分离的（分为主干与根部），在缴税日由税务部门将两部分进行匹配。当税款缴纳后，王室接受纳税人符木，债务人的责任将“一笔勾销”，而纳税人也就完成了缴纳税收的义务。显然，王室需先行支出这些符木，纳税人才可以缴纳税款。

兰德尔·雷用这个事例来说明纳税人纳税后责任和义务“一笔勾销”，但没有回答：①纳税人承担的责任和义务是怎样产生的；②税务机构又凭什么在缴税日将“符木”匹配给纳税人呢？兰德尔·雷的回答是：货币制度的本质是债务的证明，货币是记账的单位（如美元、日元、英镑等），“符木”是一种“货币”，用来记录债权人与债务人之间的关系。一根“符木”有没有缺口不重要，只要存量与存根经过国库或其代表验证，两者完全匹配就行。我们认为，这样的回答又把以下两个问题搅在一起了：①货币是否记账单位；②没有针对第1个问题，阐明“先支后收”的实现机制。在《现代货币理论》中，兰德尔·雷说，把货币定性为“记账单位”是凯恩斯在《货币论》中首先提出来的。对于这样的肯定，我们不敢苟同，要指出的是：凯恩斯在《货币论》中，开始脱离了马歇尔剑桥学派的货币数量论，着力探索货币价值的变动及其效应。对此，他在《货币论》中建立了10个货币价值基本方程式，对货币的价值进行考察，并指出货币在一定的条件下，其价值变动所产生的影响。在这里需要强调的是把货币看成一种记账单位，仅仅是一种名称。早在19世纪20年代（即1825年），英国晚期重商主义的主要代表人物、货币数量论的反对者约翰·斯图亚特·穆勒（John Stuart Mill，1806—1873）就提出来了，并受到了马克思的批判。穆勒认为，货币作为观念的尺度，只要能表示相互交换的比例关系就够了，而不需要它本身具有价值或没有价值。马克思指出：由于货币的价值尺度职能，只是观念上表示货币的存在，以它的名称（如美元、英镑、法郎）和单位（磅、盎司、克等）作为商品价值的尺度，表示为价格，就使人们在认识上产生了混乱，即把价值尺度与价格标准混为一体，把计算货币等同于记账单位。针对一些人认识上的混乱，马克思指出，一定要把货币的名称与货币的单位区分开来：货币的名称是人为的，一个国家的货币可以有不同的名称；但货币的单位是客观的，在金属货币制度下，货币的单位通常是权威部门规定的一定的金属量。一定的金属量是劳动的产品，凝结着一定的价值量。在商品交换中形成比例关系的绝不是货币的名称，而是具有名称的货币的单位。马克思指出："斯图亚特（穆勒）固执地认为，我必须给它加上某种名称。可是这个名称，作为任意的单纯的单位名称，作为比例本身的单纯符号，又不能固定在金银量或任何其他商品量的某一部分上。这样，穆勒在观念货币问题上，就脱离了劳动价值论，就步入了唯心主义的泥潭。"为了深入地揭示这一点，马克思还简明扼要地阐述了观念货币产生的历史。他指出，观念的价值尺度的理论最早是在 18 世纪初提出的，后来在 19 世纪 20 年代又被重提。英国约在一个半世纪内，就有多达 100 本的专门研究性的著作。当时讨论这些问题，既不是把货币当作尺度，也不是当作交换手段，而是当作不变的等价物，即当作不变的价值尺度，当作自为存在的（第三种规定）价值，从而当作契约上的一种材料。这两个时期的争论，大致涉及两个方面：一是是否应当承认并且使用足值的货币偿还按已经贬值的货币签订的国家债务和其他债务。这个问题实质上只不过是国债债权人同国民大众之间争论的问题。二是后来转到错误的方面，即讨论是否应当改变货币标准的问题。正是在这种情况下，国债债权人把“镑”这个名称所表示的金的相应部分的重量撇在一边，而抓住这个名称，即抓住观念的标准不放。因为这个标准实际上只是充当价值尺度的那种金属的某一部分的重要计算名称。然而，奇怪的是，正是他们的对手提出了这种观念标准的理论，而他们自己却反对这种理论。他们的对手不是简单地要求重新调整，而是要求按照贬值的情况把标准降低。而这个标准的降低就称作货币价值的提高。例如，1 盎司现在等于 5 镑，而不是像过去那样等于 4 镑。所以，马克思指出，“‘观念的单位’这种学说归根到底是要求某种货币能直接代表劳动”。应当说，兰德尔·雷与穆勒一样，犯了同样的错误。此外，他把税收收入与支出联系起来，又违背了纳税是货币发挥支付手段职能的马克思主义经济学的原理。而发挥支付手段职能的货币是“卖后产物”，即价值的实现形式。明白这个道理，并不复杂，因为众所周知，纳税者，只有把商品销售出去取得货款收入后，才能纳税，而不是在这一个过程之前。

兰德尔·雷对上述三个问题中第②个问题的回答是含混的，甚至是矛盾的。在《现代货币理论》引言“现代货币理论基础”中，他强调“要明白一个要点：主权政府不需要为了支出而借入本国的货币！它们提供付息的国库证券作为银行、公司、家庭以及外国人挣得利息的工具。这是一种政策的选择，而非必需品。政府永远都不需要在支出前出售债券，事实上也无法出售，除非政府事先已经提供了银行购买债券所需的货币和准备金。政府可以通过支出（财政政策）或者借出（货币政策）的方式来提供货币和准备金”。这样的论述，表明了两种可能性：前一种是政府不需要在支出前出售债券获得货币和准备金；另一种是政府可以通过支出或借入的方式来获得货币和准备金。该书第 10 章在论述“主权货币的现代货币理论”时，又说，“中央银行发行准备金存款作为其债务……这使中央银行产生负债”，并且指出中央银行发行准备金存款通常在其向私人银行贷款或在公开市场购买国债时发生。当中央银行将准备金借给私人银行时，成为该银行的负债，贷记其在中央银行的准备金账户上，表示私人银行欠了中央银行的债务，应当归还，但同时中央银行也可能背上债务，比如发行借据。这表明：中央银行的债权债务关系都是双方的，而且是现实的。既然如此，“问题②中央银行需要获得存款准备金才能贷款吗?”这样的设问，就是虚拟的，是不能成立的。

兰德尔·雷对上述三个问题中第③个问题的设问，在我看来，会有可能。可能的条件之一是，先发放贷款，然后成为活期存款，再发放贷款。私人银行将活期存款贷给借款人时，贷记借款人的存款账户也表示借款人欠了私人银行的债，应当归还。

总之，兰德尔·雷的“现代货币理论体系”中的“先支后收”论，在他论著中，以三个设问为对象，回答不完整、不充分，难以得出“先创造，再偿还”的结论。

（二）主权货币供给不会使主权政府破产论

在《现代货币理论》中，兰德尔·雷声称：“主权政府在本国的货币制度下不可能破产，政府完全可以偿还任何以该国货币支付的债务。”其理由是：①在“先支后收论”的理论支撑下，主权政府供给的主权货币，完全能够通过征税来“回归”。对此，他还从“税收”的词义上做了诠释。他说，“税收”的英语表述为revenue，而英语单词源于法语revenue，而法语源于拉丁语中的reditus，意为“偿还”“回归”。他还指出，从这个意义上说是“税收驱动货币”。既然如此，那么当税款缴纳后，政府自己发行的货币，就回到了政府手中。②主权货币的供给者是中央银行。中央银行在供给主权货币时，产生中央银行对持币人的负债，同时形成中央银行自己的资产，比如对私有银行的存款准备金。在这种状况下，中央银行要收回所供给的主权货币，就收回对持币人的债权（比如贷款）。所以，不怕主权货币的供给泛滥，更不会使主权政府破产。这种逻辑的存在实际上是鼓吹不要怕政府财政赤字的扩张。

（三）政府部门的财政赤字等于非政府部门的盈余论

在《现代货币理论》的“定义”中，兰德尔·雷提出了“三部门均衡”的理论。他说：“我们可以将经济分为三个部门：本国政府、本国私有部门（或非政府部门，包括家庭、公司以及非营利组织）以及国外部门。从整体来看，总支出=总收入，但单个部门的支出可能会多于收入（即出现赤字）或少于收入（即出现盈余）。从宏观上看，如果一个部门出现盈余，那么至少有另一个部门出现赤字。设 E=支出，Y=收入，那么我们可以得出：（政府收入-支出）+（私有部门收入-支出）+（国外部门收入-支出）= 0，或：政府部门结余+私营部门结余+国外部门结余=0。国内生产总值（Gross Domestic Product，GDP）是消费（Consumption，C）、投资（Investement，I）、政府支出（Govemment，G）以及净出口（出口-进口，X-M）的总和。就 GDP 来看，三部门均衡就是指：政府部门结余（T-G）+私营部门结余（S-I）+国外部门结余（M-X）= 0。无论以哪一种方法计算，其总和均为 0。其中，S 为储蓄（Saving），T 为税收（Taxes）。”

这一理论要表明的是：一个部门的资产等于其他部门的负债，如果将国外部门除外或假定不变，则在国内就分为政府部门与非政府部门。假定政府部门是货币负债，则非政府部门就是货币资产；假定政府部门是财政赤字，则非政府部门就盈余。这样的逻辑表明：不仅政府的财政赤字并不可怕，而且不需要追求财政收支的平衡，甚至认为财政收支不平衡是正常的、有益的。财政政策目标就是要通过财政收支的不平衡来实现充分就业。

（四）财政赤字不会导致通货膨胀论

在《现代货币理论》中，兰德尔·雷声称财政赤字不会导致通货膨胀。其理由是：①财政赤字能够扩大就业。在实现充分就业的条件下，就业人口增加，GDP 增加，人们收入增加，供给多余的货币就能被需求吸收，不会导致通货膨胀。②即使供给的货币过多，发生了通货膨胀，也能够增加税收，把过多的货币收回来，抑制通货膨胀。

其实，通货膨胀是货币贬值的表现，而货币贬值体现在货币的购买力上，货币的购买力是物价的倒数，货币过多能够引起货币贬值，购买力降低。但引起货币贬值的因素很多，不能受当代货币数量论的影响，把货币贬值、购买力降低的主要因素都归结为货币供给过多。所以，兰德尔·雷这样的立论是片面的、简单化的，它不能深刻揭示一些国家通货膨胀的实际。

（五）财政部门和中央银行协调运作论

在《现代货币理论》一书中，兰德尔·雷强调："现代货币理论最重要的贡献当属详细研究了财政部门与中央银行是如何协调运作的，而其运作的过程则可掩盖政府究竟如何收支。"按他的论述，二者的协调运作，可以被概括为两个方面：一是财政部代表政府供给货币，进行"先支后收"，而中央银行成为财政部的"出纳"，进行现金和存款的收付。这样的收入能维持货币流通有序进行；二是政府发债不是为了借入资金而是与货币政策操作配合，帮助中央银行维持市场利率，比如政府发债，商业银行购买，减少商业银行超额准备金，就能推动市场利率上行，而政府从市场上购买国债，就是相应地投放基础货币，就能减轻利率上行的压力。

应当说兰德尔·雷的立论，有一定的可行性，在某些国家也反映出这种态势。但有一点必须指出：在《现代货币理论》中，兰德尔·雷一再强调中央银行的独立性。既然这样，财政部能代表政府供给货币，进行"先支后收"吗？而中央银行能成为财政部的"出纳"，进行现金和存款的收付吗？应当说，这样的立论，既脱离某些国家的实际，又在理论上自相矛盾。

四、对于现代货币理论争论的简要评价

关于现代货币理论的争论，应当是在该书于 2012 年正式出版之后。该书作者兰德尔·雷说，该书出版以后经过了三个阶段："第一阶段，被嘲笑；第二阶段，遭到强烈反对；第三阶段，不言自明。"为什么被嘲笑？在我们看来，有人认为作者不自量力，公然命名为"现代货币理论"，向传统的主流货币理论挑战。要知道，传统的主流货币理论确立：①政府收入是政府支出的保障；②中央银行应与财政独立，避免政府直接从中央银行获得资金；③政府的财政赤字受到约束，过度的财政支出会引发高通货膨胀。这些理论是学术界、决策部门已达成共识并付诸实行的，现在有人背叛这些理论，自然会被人嘲笑不自量力。至于说第二阶段遭到强烈反对，在我们看来，是反对者出于种种原因有各自的立场。据报道，支持现代货币论的有民主党人 Alexandria Ocasio Cortez，有野村证券综合研究所首席经济学家辜朝明，有石溪大学教授史蒂芬妮·凯尔顿，有前 PIMCO 首席经济学家保罗·麦卡利等。这些人的核心思想是，按现代货币论的观点和主张，政府有钱能够为民办事，比如实施"绿色新政和全民医保"，而且能避免 2008 年那样的经济金融危机。而持反对意见的有：诺贝尔经济学奖得主保罗·克鲁格曼，美联储前主席鲍威尔，美国财政部前部长劳伦斯·萨默斯，布鲁金斯学会专家 Warwick J. Mcklbbin 等，这些人的核心思想是：美国政府不能扩大赤字，一味地发债，因为发债要推动利率的提高，会削弱人们对美元的信心，降低美元在世界储备货币中的地位等。应当说对立双方都是一些有身份的重量级人物，他们的意见并不是侧重于学术见解，而是基于各自的政策主张。至于说第三阶段不言自明，在我们看来未必如此，也许叫做“自我安慰”更为适当。为什么这一理论近年来还这么热闹？这表明学术界和决策部门还有很多话要说。

五、“先支后收”论从特定的意义上说是能成立的

有资料说，热议的焦点集中在财政赤字和通货膨胀两个方面。其实这是同一个问题，即财政赤字会不会导致通货膨胀，甚至恶性的通货膨胀。在上面梳理现代货币理论的体系中，已经从作者的角度正面回答了这个问题。这里需要从反对者的角度顺理成章。媒体上有人的理解是：“财政赤字货币化”就是“政府缺钱，中央银行印钱给政府花”。这样的理解，通俗易懂，而且激起了各界人士的反对，但过于朴实。有人还把“财政赤字货币化”，理解为不通过银行购买财政债券，而是中央银行直接拿钱给政府用。对于这样的理解，我们认为这是过分的解读，在该书中并没有这样的论述，而是刚好相反。在该书中，反复地讨论着政府债券成为银行准备金的问题，从学术讨论的角度说，理解“财政赤字货币化”要深入分析现代货币论体系中政府“先支后收”的立论。这一立论，在我们看来讨论的也就是货币供给与货币需求的循环：在《现代货币理论》中，

作者考察货币供给的“金字塔式”，金字塔的底层由家庭借据构成，金字塔的中层由银行借据构成，金字塔的顶层由政府借据构成。作者对“借据”这个概念有特定的规定，即从发行者（供给者）来说是他们的负债，而同时也是持有者的金融资产。以金字塔形式来说明政府的负债处于金字塔的顶层，具有“启发”的意义，其意义就是由顶层供给的主权货币由主权政府的信用作为担保，数量较小，能量较大，无信用风险，而从上到下看金字塔，则供给的货币逐步扩大，风险也逐渐上升。作者遵循明斯基的理念：“每个人都可以创造货币”，“问题在于其是否被接纳”，货币的金字塔式的供给，表明人们分级地对货币供给的接受程度。在《现代货币理论》中，作者专门考察了“主权国家的税收政策”，提出了“税收驱动货币”论，分析税收政策、税收规模、税收征缴怎样推动供给的货币的“回归”。在我们看来，这也就是考察货币需求。只有在社会成员能就业、能展业、有收入、有利润的条件下，才有纳税的需求。所以从货币供给到货币需求，是货币流通或货币运动的一个循环。按马克思主义的货币经济学，流通中有作为卖的货币，有作为买的货币。作为卖的货币是商品价值的实现形式，实现了商品的价值形式后，货币退出流通，成为贮藏手段的货币。而作为买的货币，在实现了商品的使用价值（即进入消费领域）后，仍然留在流通中，继续发挥着购买手段进而流通手段的职能。按商品流通决定货币流通的理论，从增量考察，假定货币流通速度不变，如要新增加进入流通的商品，就要相应地增加进入流通的货币量，这从货币供给与货币需求的关系考察，也可称为“先进后出”。马克思还指出，作为再生产的货币流通，先要资本家进行货币资本（货币资本也是货币）的垫付，从这个意义上说，也是“先进后出”。所以“先进后出”的立论，用来考察经济社会的运动，在一定范围内或在一定条件下，是能够成立的。在实际生活中，在推动经济发展时，往往是先贷款给借款人，再把借款变存款，成为货币资金并作为购买手段，借款者购买生产资料、销售产品、归还银行借款，更是一种形象的货币循环。我国房地产的开发，金融系统巨额的资金投入便是佐证。特别是经济发展有资源、有潜力的状况下，“先拿钱，后发展，再收回”更是决策者的常态。所以现代货币论体系中政府“先支后收”的立论，不是没有道理的，而是随着时代的变迁，金融业态的变化，人们认知上所做出的理性概括。由于作者把一国分作三个部门而排除国外部门不论，即只有政府部门与非政府部门，把政府部门设定为货币供给者，把非政府部门设定为货币需求者，把货币供给大于货币需求的差额，即“支大于收”的差额视为财政赤字，则这一赤字，可以被理解为存在于流通中的货币量。从这个角度考察，“财政赤字货币化”，也就意味着流通中的货币量要靠政府增加货币供给来弥补。这是为了寻求货币供给与货币需求的平衡，避免发生货币危机，特别是周期性的货币危机。关于这一方面，兰德尔·雷的导师明斯基有专门论述。不可否认，其弟子的立论受到了导师的深刻影响。

还要指出的是，在现代货币理论体系中，财政赤字不会导致通货膨胀的立论，是需要进一步分析的。在当代，在某些国家，财政赤字不断增大，对通货膨胀的影响却很小，或没有相应地导致通货膨胀。对这种状况的理性认知，不能只看眼前作为消费资料的物价变动和消费者购买力的变动，必须考察持有的固定资产和主要金融资产的升值或贬值。它们的升值或贬值会导致金融的不稳定。所以财政赤字也许不会导致通货膨胀，但会导致金融的不稳定，这也是某些国家的事实，不能视而不见。应当把金融稳定状况的评析纳入现代货币理论体系的立论中，否则它就不是“主权货币体系的宏观经济学”。这就是我们对当前这场争论的评价。

参考文献

[1] 艾伦·格林斯潘. 格林斯潘重磅演讲，谈全球经济、中美贸易摩擦和数字货币等热点话题［EB/OL］. https://baijiahao.baidu.com/s? id=1650570687692143176&wfr=spider&for=pc.

[2] 本刊综合. “石油人民币”带动人民币国际化［J］. 中国石油企业，2012（5）：118.

[3] 戈德史密斯. 金融结构与金融发展［M］. 周朔，等译. 上海：上海三联书店，1990：1-2，32.

[4] 共产党员网. 中共中央关于坚持和完善中国特色社会主义制度 推进国家治理体系和治理能力现代化若干重大问题的决定［EB/OL］. http://www.12371.cn/2019/11/05/ARTI15729485162 53457.shtml，2019-11-05.

[5] 谷颖楠. 发达国家企业融资模式比较研究与借鉴［J］. 现代经济信息，2009（10）.

[6] 观研报告网. 2017 年我国汽车行业产销量增速及市场空间分析［EB/OL］. http://free.chinabaogao.com/qiche/201710/10242b1U2017.html.

[7] 光明时政. 推动金融业高质量发展，习近平这样部署［EB/OL］. https://politics.gmw.cn/2019-02/24/content_32554886.htm.

［8］兰德尔. 现代货币理论：主权货币体系的宏观经济学［M］. 张慧玉，王佳楠，马爽，译. 北京：中信出版社，2017.

［9］李静. 中国奢侈品消费人群及市场研究［D］. 天津：南开大学，2005.

［10］刘师媛. 我国发展社区银行的创新性分析［J］. 现代经济信息，2012（9）：231.

［11］马克思，恩格斯. 马克思恩格斯全集：第 24 卷［M］. 北京：人民出版社，2002：503.

［12］马克思，恩格斯. 马克思恩格斯全集：第 26 卷［M］. 北京：人民出版社，2002：328.

［13］马克思，恩格斯. 马克思恩格斯全集：第 46 卷（上）［M］. 北京：人民出版社，1979：316.

［14］马克思，恩格斯. 马克思恩格斯全集：第 46 卷（下）［M］. 北京：人民出版社，1979：331-366.

［15］马克思，恩格斯. 马克思恩格斯全集：第 49 卷［M］. 北京：人民出版社，2002：263.

［16］米尔顿·弗里德曼. 货币稳定方案（原文第十版）［M］. 刘国晖，王晗霞，译. 北京：中国人民大学出版社，2015：8.

［17］明斯基. 稳定不稳定的经济：一种金融不稳定视角［M］. 石宝峰，张慧卉，译. 北京：清华大学出版社，2015：195-202.

［18］欧阳洁. 绿色金融助力高质量发展［N］. 人民日报，2020-07-19.

［19］祁斌，查向阳. 直接融资和间接融资的国际比较［J］. 新金融评论，2013（6）：102-117.

[20] 琴岛搜. 人民币的锚定物是什么? 为什么? [EB/OL]. http://www.licaixu.com/touzi/202004/16480.html.

[21] 搜狐网. 2019 新中产报告中，隐藏着 2020 的财富密码? [EB/OL]. https://www.sohu.com/a/366969069_100258799.

[22] 苏应蓉. 东亚地区钉住汇率制度与外向型经济发展 [D]. 武汉：华中科技大学，2006.

[23] 腾讯网 .2019 中国居民理财：可投资资产规模突破 200 万亿 存款占半壁江山 [EB/OL]. https://finance.qq.com/a/20191226/031729.htm，2019-12-26.

[24] 托马斯·皮凯蒂. 21 世纪资本论 [M]. 巴曙松，等译. 北京：中信出版社，2014：56-78.

[25] 王君晖. 发展普惠金融要建立多层次制度体系 [N]. 证券时报，2018-08-07.

[26] 西南财经大学调研组，曾康霖，黄铁军，胡正. 论乡村振兴战略：切入点、压舱石与推进地——从当前农村变与不变论起 [J]. 征信，2018，36 (11)：1-11.

[27] 谢红阳. 如何缓解老龄化对养老保险制度的压力——基于延迟退休政策的分析 [J]. 现代经济信息，2018 (12)：60、62.

[28] 新华网. 习近平：金融活经济活　金融稳经济稳 [EB/OL]. http://www.xinhuanet.com/politics/2017-04/26/c_1120879349.htm，2017-04-26.

[29] 新华网. 习近平在“一带一路”国际合作高峰论坛开幕式上的演讲 [EB/OL]. http://www.xinhuanet.com/politics/2017-05/14/c_1120969677.htm，2017-05-14.

[30] 评论. 中央提建设现代中央银行制度，新提法“新”在哪儿 [N]. 新京报，2019-11-07.

[31] 胥会云. 财富差距扩大速度令社会政策效果不彰 [EB/OL]. http://opinion.jrj.com.cn/2014/11/13015418344155.shtml.

[32] 薛巍峰. 我国银行监管问题研究 [D]. 济南：山东大学，2001.

[33] 姚瑞基. 中国特色社区银行发展探析 [J]. 区域金融研究，2015 (4)：64-67.

[34] 易纲. 坚守币值稳定目标 实施稳健货币政策 [EB/OL]. http://www.qstheory.cn/dukan/qs/2019-12/01/c_1125288270.htm.

[35] 易纲. 坚守币值稳定目标，实施稳健货币政策 [J]. 求是，2019 (23).

[36] 张海星. 后危机时期积极财政政策的优化思考 [J]. 宁夏社会科学，2010 (4)：24-30.

[37] 曾康霖. 论中央银行的社会性 [J]. 财经科学, 1994(1).

[38] 曾康霖，等，金融学教程 [M]. 北京：中国金融出版社，2011.

[39] 曾康霖，等. 百年中国金融思想学说史 [M]. 北京：中国金融出版社，2011.

[40] 曾康霖，等. 商业银行经营管理研究 [M]. 北京：中国金融出版社，2006.

[41] 曾康霖，徐培文，罗晶. 研究我国货币供给超额增长要有创新思维 [J]. 财贸经济，2014 (2)：11-18.

[42] 曾康霖. 曾康霖读书笔记 [M]. 成都：西南财经

大学出版社，2021.

[43] 曾康霖. 曾康霖文集：回顾与反思 [M]. 成都：西南财经大学出版社，2013.

[44] 曾康霖. 曾康霖文集：理论与实际 [M]. 成都：西南财经大学出版社，2014.

[45] 曾康霖. 曾康霖文集：进言与献策 [M]. 成都：西南财经大学出版社，2015.

[46] 曾康霖. 曾康霖文集：育英与咀华 [M]. 成都：西南财经大学出版社，2015.

[47] 曾康霖. 曾康霖文集：基础与前沿 [M]. 成都：西南财经大学出版社，2018.

[48] 曾康霖. 大国金融及其特色：为中国金融立论 [J]. 中国高校社会科学，2019 (3)：19-34，157.

[49] 杜振兴. 浅析对金融稳定的认识 [J]. 商情，2017 (31).

[50] 知乎. 美元为什么能成为世界级的货币？[EB/OL]. https://www.zhihu.com/question/300860235.

[51] 中国《资本论》研究会《〈资本论〉研究资料和动态》编辑组.《资本论》研究资料和动态：第四集 [M]. 南京：江苏人民出版社，1983：39-53.

[52] 中国经济网.《中国家庭财富调查报告2019》发布：家庭人均财产超20万，房产占比仍居高不下 [EB/OL]. http://www.ce.cn/xwzx/gnsz/gdxw/201910/30/t20191030_33477567.shtml.

[53] 中国人民银行. 中国金融稳定报告 (2021) [EB/OL]. https://finance.sina.com.cn/china/2021-09-03/doc-iktzs-

cyx2111917.shtml.

[54] 中华人民共和国民政部. 居家社区养老如何实现? [EB/OL]. http://www.mca.gov.cn/article/xw/mtbd/202107/20210700035320.shtml.

[55] 周小川. 全面深化金融业改革开放，加快完善金融市场体系 [M] //本书编写组. 党的十八届三中全会《决定》学习辅导百问. 北京：党建读物出版社，学习出版社，2013.

[56] 周小川. 在2016中国发展高层论坛上的讲话及答问 [EB/OL]. https://www.sohu.com/a/64868246_119663.

[57] 邹平座. 金融稳定的概念和内涵 [EB/OL]. http://www.360doc.com/content/14/0328/22/6968828_364551714.shtml, 2005-09-21.

[58] ALLARD J, BLAVY R. Market Phoenixes and Banking Ducks Are Recoveries Faster in Market-Based Financial Systems? [J/OL]. Social Science Electronic Publishing, 2011 (11): 213.

[59] KUZNETS S. Shares of Upper Income Groups in Income and Savings [J]. Nber Books, 1950 (6): 40.